Llyfr Agored

I fy niweddar fam,

Diolch o galon am osod seiliau cadarn
yn ystod pedair blynedd ar hugian cyntaf fy mywyd,
'nath ganiatáu (hefo lot fawr o gymorth magu hyder)
imi ddod yn ddyn oedd yn ddigon hyderus
i sgwennu'r gyfrol hon.

Caru chdi.
XXXX

Llyfr Agored

Ant Evans

y lolfa

Argraffiad cyntaf: 2026

Dymuna'r cyhoeddwyr gydnabod cymorth ariannol Cyngor Llyfrau Cymru

Cynllun y clawr: Cyngor Llyfrau Cymru
Syniad y clawr: Cedron Sion
Llun y clawr blaen: Jon Gower

Rhif Llyfr Rhyngwladol: 978 1 80099 831 5

Cyhoeddwyd, rhwymwyd ac argraffwyd yng Nghymru gan
Y Lolfa Cyf., Talybont, Ceredigion SY24 5HE
gwefan www.ylolfa.com
e-bost ylolfa@ylolfa.com
ffôn 01970 832 304

Cynnwys

Diolchiadau

HOFFWN DDIOLCH YN fawr iawn i bawb yng ngwasg Y Lolfa am eu ffydd ynof, a'u hanogaeth a'u cymorth wrth sgwennu'r gyfrol hon. Diolch yn fawr i 'nghyfaill annwyl Nia, wnaeth grybwyll y syniad o sgwennu fy hunangofiant am y tro cyntaf yn ystod ein cyfnod yn astudio ym Mhrifysgol Bangor, flynyddoedd lawer yn ôl bellach. Gwell hwyr na hwyrach! Hoffwn yn yr un modd gynnig fy niolch diffuant i 'nghyfaill annwyl Jon Gower am blannu hedyn y gyfrol hon yn y Four Alls yng Nghaernarfon fis Mawrth 2023. Diolch anferth i 'nheulu a'm ffrindiau oll am eu cefnogaeth yn ystod y broses sgwennu. Diolch hefyd i Shine am eu cefnogaeth i fi a Mam yn ystod fy mhlentyndod (os hoffech wybod mwy am Shine a Hydroseffalws, ewch i www.shinecharity.org.uk).

Agor Llyfr Agored

RHAI BLYNYDDOEDD YN ôl cyfarfûm â hen fenyw oedd yn darllen hunangofiant y gyrrwr ceir Fformiwla Un Sterling Moss, oedd yn ymddangos fel dewis annisgwyl braidd. Pan ofynnais pam ei bod hi wedi dewis darllen am yrru ceir ar ras wyllt ac am fywyd dyn wnaeth ennill 16 *Grands Prix*, dyma hi'n esbonio ei bod yn awyddus i ddysgu sut i yrru'n gyflymach.

Beth felly wnawn ni ei ddysgu o droi tudalennau *Llyfr Agored*? Yn gyntaf byddwn yn gweld pwysigrwydd gonestrwydd, oherwydd mae Ant Evans yn gwybod yn iawn bwysigrwydd glynu wrth wirionedd. Sy'n esbonio pam fod ei hunangofiant yn hynod onest a chignoeth, wrth iddo gyflwyno ei fywyd i ni. Bywyd plentyn siawns sydd wedi wynebu sialensiau sylweddol a niferus, yn enwedig byw 'da'r cyflwr hydroseffalws – gan arwain at gyfnodau hir mewn ysbytai megis Alder Hay yn Lerpwl – a phroblemau gweld, heb sôn am gyfnod o ddigartrefedd a chymhlethdodau teuluol lluosog. Daw'r cwbl oll dan chwyddwydr yr awdur, sy'n delio'n graff, hyd at fod yn fforensig, gyda sawl cyfnod anodd yn ei hanes, os nad anodd ar y naw.

Ond dysgwn hefyd pa mor dda mae fy ffrind Ant yn ysgrifennu, gan ein tywys, ie, drwy droeon trwstan bywyd, ond oedi hefyd i fwynhau y digwyddiadau da mewn iaith rymus, fywiog a chlir. Darllenwch y llyfr ac fe ddowch i adnabod un o gywion Harlech, darllenwr brwd a dyn sbeshal. Ac fe ddowch i adnabod ei fam, oedd yn ffynhonnell cariad a chraig mewn storom – a hi, mewn un ystyr, yw is-thema'r llyfr. A gweld tipyn o'r byd hefyd, oherwydd nid yw Ant yn un i gadw'n llonydd; ac os daw cyfle i fod yn fwtler yn Awstralia, bydd y bag wedi'i bacio cyn ichi gael cyfle i ddweud "Oz". Heb sôn am chwerthin, oherwydd mae lot fawr o hiwmor ar waith ac ychydig bach o 'wherthin am ei ben ei hunan. Sy'n rhyw fath o onestrwydd dadlennol ac arbennig.

Pleser o'r mwyaf, felly yw eich cyflwyno i'r llyfr godidog a gonest hwn, cyn i Ant, yn ei dro, gyflwyno'i hun. Does 'na'r un llyfr yn Gymraeg yn debyg i *Llyfr Agored*, oherwydd does 'na neb yn debyg i Ant Evans. Dyn dewr, deallus ac yn Gymro i'r carn. Ga' i gyflwyno ffrind i chi, a gwneud hynny gyda balchder yn ei lyfr cyntaf a chariad mawr tuag ato ef.

Jon Gower

"Paid BYTH â sgwennu unrhyw beth lawr sy'n debygol o ddŵad 'nôl i dy frathu di!"

Mam

Pennod 1

Celwyddau

CYN MYND DIM pellach, dwi'n teimlo ella bod angen cynnig eglurhad ynglŷn â theitl y gyfrol hon. Mi fydd hynny'n rhoi syniad i chi pam fy mod wedi dewis cychwyn fy hunangofiant yn trin a thrafod celwyddau.

Cyfeirio ata' i fel llyfr agored "hefo print bras a lluniau" fyddai Mam. Doedd yna ddim rhaid i mi agor fy ngheg, a byddai hi'n medru dweud p'un a oedd rhywbeth yn fy mhoeni, ac yn amlach na pheidio, roedd yn medru dyfalu'n gywir beth oedd yn bod. Ychydig ddyddiau cyn marwolaeth Mam yn 2012, mi wnaeth hi fy ngalw i'w llofft am sgwrs. Roedd un agwedd o'n sgwrs yn troi o gwmpas y syniad yma fy mod i'n llyfr agored. Ac felly, yn y bôn, roedd hi'n medru dweud 'mod i yn mynd i fod yn iawn. Roedd Nick, fy mrawd iau ar y llaw arall, yn llyfr caeedig, cyn belled ag oedd Mam yn y cwestiwn. Ac mi oedd hyn yn destun pryder mawr iddi, oherwydd doedd hi'm yn bosib iddi ddarllen teimladau Nick fel roedd hi'n gallu gwneud hefo 'nheimladau i. O ganlyniad, roedd hi'n awyddus i mi gadw llygad barcud ar Nick, er mwyn sicrhau bod fy mrawd yn mynd i fod yn iawn. Dwi'n hynod o falch ei fod, hyd y gwela i, yn fodlon ei fyd erbyn hyn. Ond fel yn achos Mam, mae'r adolygydd llyfrau yma'n gweld Nick yn llyfr anodd iawn i'w ddarllen a'i ddalld.

A finna wedi egluro'r ystyr y tu ôl i deitl y llyfr sydd

gennych yn eich dwylo, dwi am droi fy sylw at bwnc y bennod hon. Sef celwyddau. Mae pawb wedi dweud celwydd ryw bryd neu'i gilydd, decini, gan gynnwys finna. Nid sant mohonof o bell ffordd! Mae rhai yn gelwyddau golau, ac os oes gwir angen, dyna'r math o gelwyddau dwi'n eu dalld, hyd yn oed os ydyn nhw'n brifo eraill.

Dyma ambell enghraifft o gelwydd golau dwi un ai wedi'i ddweud neu wedi'i glywad…

Ers fy ngeni dwi'n byw hefo'r cyflwr hydroseffalws; cyflwr niwrolegol, ac ystyr yr enw ydi dŵr ar yr ymennydd. Hynny ydi, mae'r ymennydd fel arfer yn medru rheoli lefelau'r hylif CSF (*cerebrospinal fluid*) o gwmpas yr ymennydd. Tydi fy ymennydd i erioed wedi medru gwneud hynny. O ganlyniad, dwi'n byw hefo teclyn, sef shynt VP, i gadw'r lefelau CSF yn yr ymennydd yn gyson. Mae'r celwydd golau cyntaf un ddwedais i yn seiliedig ar yr hydroseffalws. Pan oeddwn yn yr ysgol, a finna'n "wahanol" i bawb arall, cefais fy mwlio nid yn unig gan fy nghyd-ddisgyblion, ond roedd yr athrawon wrthi hefyd. Dwi'n cofio pan oeddwn i tua wyth neu naw mlwydd oed penderfynu, rhyw dair neu bedair o weithiau (doeddwn i ddim yn pasa gwneud hyn yn rhy aml, rhag codi amheuon yr athrawon), cocio bach fy mod wedi llewygu ar iard yr ysgol. Trwy wneud hyn, y bwriad oedd cael fy hel adra, ac o ganlyniad, denig rhag y bwlio – hyd yn oed am ambell brynhawn yn unig. Roedd y dacteg yma i'w gweld yn gweithio, a finna'n aros yn 'anymwybodol' am tua phum munud ar y tro cyn dod ataf fi'n hun. Wedyn, byddai Mam yn derbyn galwad ffôn gan yr ysgol i ddod i 'nghasglu. Rŵan, doedd neb yn fy nabod i gystal â Mam. Neb. O ganlyniad, a finna'n cerdded tuag at ei char yn ddigon hapus, ac yn 'holliach' ar ôl cyrraedd adra, roeddwn i dan yr argraff ei bod hi'n dalld fy mod yn dweud celwydd. A hynny oherwydd yr holl fwlio roeddwn yn ei brofi yn yr ysgol – a hitha'n ceisio taclo hyn rhwng yr ysgol a'r Awdurdod Addysg Lleol, am flynyddoedd.

Ychydig cyn fy arholiadau TGAU, roeddwn i angen shynt newydd, ar ôl i'r hen un (oedd gen i ers yn bum wsnos oed, cofiwch, sy'n anarferol iawn o be' dwi'n ddalld) flocio. Roeddwn i wedi llewygu yn y bath (boi cawod ydw i byth ers hynny, mae gen i ormod o ofn boddi yn y bath), felly un o'r cwestiynau ges i yn Lerpwl oedd, "Wyt ti wedi llewygu fel hyn o'r blaen?"

"Naddo, erioed," medda fi.

"Do, tad!" medda Mam.

"Naddo, wir yr!"

"Do mi 'nes di, fwy nag unwaith pan oeddach chdi yn yr ysgol gynradd."

Roeddwn i wedi bod yn actor rhy dda felly, a finna rhywsut wedi llwyddo i dwyllo Mam, hyd yn oed! Ddwedais i ddim byd ar y pryd. Ond ar ôl i mi ddod allan o'r ysbyty, a ninna yn y car, mi nes i ddatgelu'r gwir ac ymddiheuro am achosi cymaint o boen meddwl iddi, gan egluro pam roeddwn wedi gwneud. Chwarae teg iddi, roedd hi'n dalld yn iawn. Ond, roeddwn i'n dal yn teimlo'n uffernol fy mod i wedi llwyddo i dwyllo'r ddynes oedd yn fy nabod yn well na neb.

Yn ei thro, dwedodd Mam dri celwydd golau wrtha i. Yr unig gelwyddau ddwedodd hi wrtha i erioed.

Yn gyntaf, a finna tua pedair oed, dwi'n cofio bod ar y prom yn Bermo hefo hi. A dyma fi'n ei holi a oedd gan bawb yr un sŵn yn eu pennau. Heb yn wybod i mi ar y pryd, y shynt oedd yn gyfrifol am y sŵn. A dyma Mam yn egluro, a hitha eisiau osgoi codi ofn arna i decini, a finna mor ifanc, bod pawb yn clywad y sŵn yr un fath â fi.

Yn fuan wedyn, ges i gi bach Labrador melyn fel anrheg o'r enw Bouncer. A finna heb unrhyw ffrindiau yn sgil fy anableddau, roeddwn yn caru'r ci hwnnw i'r cymylau. Un diwrnod, ddwy flynedd yn ddiweddarach, dwedodd Mam wrth fy nghasglu o'r ysgol bod Bouncer wedi rhedeg i ffwrdd. Yr ail gelwydd. Roeddwn wedi torri 'nghalon o glywad hyn. Am ddwy flynedd wedyn, bues i wrthi'n holi cymaint o bobl â phosib tybed a oedden nhw wedi gweld Labrador lliw melyn oedd yn gwisgo colar glas tywyll. Ar ôl dwy flynedd o holi, a finna'n wyth oed erbyn hynny, mi ddoth Mam i wybod fy mod i'n dal i chwilio am fy ffrind annwyl. Felly dyma hi'n eistedd i lawr hefo fi yn fy llofft a dwedodd hi'r gwir. Hynny ydi, doedd Bouncer (Pero bellach) ddim wedi rhedeg i ffwrdd. Ond yn hytrach, a hitha hefo alergedd i gŵn lliw golau, roedd Mam wedi gorfod dod i hyd i gartref newydd iddo, a hynny yn Bermo. Roedd hi'n ei weld yn eithaf aml, felly roedd hi'n gwybod yn iawn ei fod yn iach ac yn hapus.

Serch hynny, o'n i'n teimlo'n ofnadwy. Nid oherwydd celwydd golau Mam. Ond oherwydd ei bod hi wedi dioddef hefo'r alergedd yma am ddwy flynedd, heb sôn o gwbl cyn ein sgwrs y diwrnod hwnnw yn 1996. A hynny oherwydd ei bod hi wedi gweld a dalld pwysigrwydd cyfeillgarwch y Labrador hwnnw i mi, a finna heb unrhyw ffrindiau eraill ar y pryd.

"Pam na nes di egluro? 'Swn i wedi dalld yn iawn."

"Anthony, chwe blwydd oed oeddet ti ar y pryd. Basat ti wedi dalld go iawn?"

Dyma fi'n meddwl am chydig cyn ymateb yn onest, "... 'Dwn i'm."

Os oedd y celwydd uchod wedi torri 'nghalon, roedd trydydd celwydd fy mam yn llawar gwaeth. Er, ar ôl cyfnod o bwyso a mesur, roeddwn yn dalld ei rhesymeg yn iawn.

Fel pawb arall, roeddwn wedi cael gwybod ym mis Ionawr 2011 bod Mam wedi cael diagnosis o gancr y pancreas. Ond yn wahanol i bawb arall, roedd hi am i fi goelio ei bod hi am wella, wedi rhywfaint o driniaeth cemotherapi. Wrth gwrs, es i at Dr Gŵgl yn syth i ymchwilio, a darganfod na dim ond 5% o bobl hefo salwch Mam oedd yn goroesi am fwy na phum mlynedd.

"Paid â choelio popeth ti'n ei ddarllen ar y we, 'sdi, Ant," medda hi.

"Mi wyt ti'n mynd i wella, felly?"

"Yndw siŵr, paid â phoeni."

Rhwng mis Ionawr 2011 a Mawrth 2012, felly, roeddwn yn barod i'w choelio pan ddwedai ei bod hi'n mynd i wella o'i salwch. Rhywbeth roeddwn yn ei weld yn rhyfedd am ei hymddygiad yn ystod y cyfnod yma, serch hynny, oedd y ffordd y gwnaeth hi fygwth ambell aelod o'r teulu i beidio â fy ypsetio. Er enghraifft, yn fuan ar ôl clywad newyddion Mam, aethon ni i weld fy modryb Bethan. Dyma oedd ei geiriau cyntaf ar ôl camu i mewn i'r gegin:

"Paid ti â dweud unrhyw beth i ypsetio'r hogyn 'ma, neu mi ladda i di."

Mi gododd hyn ofn arna i, yn bennaf oherwydd 'mod i'n medru dweud bod Mam o ddifri. Beth yn union 'sa Bethan wedi medru'i ddweud i fy ypsetio gymaint â hynny, tybed?

Roeddwn wedi gofyn am gael dŵad hefo hi i'w hapwyntiadau *chemo* ym Mangor o'r cychwyn. A hitha wedi bod yno i mi trwy fy holl apwyntiadau a llawdriniaethau, roedd yn naturiol i mi fod eisiau bod yno iddi hi yn yr un modd. I ddechrau, gwrthod 'nath Mam, a finna'n methu dalld pam. Ond un styfnig fues i erioed, felly ar ôl ychydig fisoedd mi ddaru hi gytuno i adael i mi ddŵad hefo hi.

Roedd y *chemo* yn ei llorio hi am o leiaf diwrnod bob tro. Felly ym mis Mawrth 2012, a hitha'n wsnos ei phen-blwydd yn chwe deg un oed, doeddwn i'n synnu dim pan aeth Mam i'w gwely yn gynnar ddiwrnod ei thriniaeth.

"Gad i mi wybod os wyt ti angen glasiad o ddŵr, tabledi lladd poen neu rywbeth yn ystod y nos," medda fi.

Y bora canlynol, mi ddeffrais i am chwech o'r gloch yn clywad sŵn clicio llygoden o'r swyddfa, drws nesaf i fy llofft. Roedd Mam ar ei thraed yn gynnar ac yn chwarae *Spider Solitaire*.

"Bora da! Wyt ti'n teimlo'n well ar ôl noson o gwsg?" medda fi, yn sefyll wrth ddrws y swyddfa. Wna i byth anghofio ymateb Mam, a hynny mewn ffordd gwbl ffwrdd â hi. Er, o'i safbwynt hi, dweud y gwir heb falu awyr oedd y ffordd orau o ddweud yr isod, decini.

"Dwi'n mynd i farw, Ant."

Does gen i'm cywilydd datgelu'r ffordd nes i ymateb i hyn. Doeddwn i'n methu anadlu. I ddweud y gwir, doeddwn i'n methu hyd yn oed aros ar fy nhraed. Roeddwn i'n beichio crio ac yn methu stopio. Hyd at y bora hwnnw, roedd Mam wedi mynnu fod popeth yn mynd i fod yn iawn wedi i'r driniaeth ddod i ben. Ei bod hi'n mynd i fod yn holliach eto. A rŵan dyma hi'n cyfaddef na fu ganddi erioed unrhyw obaith o wella. Roedd pawb arall, ar wahân i fi, wedi cael gwybod hyn ers tro. Y fi oedd yr olaf i wybod y gwir. A hynny oherwydd ei bod hi'n poeni'n fawr am y peryg i'r newyddion achosi i fy shynt flocio a pheri i mi fod angen llawdriniaeth arall ar yr ymennydd. Mae'n debyg bod straen (fy arholiadau TGAU, fel y soniais yn gynharach, a fy nhrydedd flwyddyn yn y brifysgol) hefo'r gallu i effeithio ar fy shynt (os nad shynts pobl eraill). Chwarae teg felly, mi oedd rhyw fath o sail i bryderon Mam.

Dwi'n dalld hynny'n iawn erbyn hyn, ac mi oeddwn i ar y pryd, wedi i mi osod caead ar fy emosiynau. Ond eto, byddai wedi bod yn llawar gwell gen i gael gwybod ynghynt, er mwyn dod i delerau'n iawn hefo'r syniad bod

Mam yn mynd i farw. Cafodd pawb arall gymaint mwy o amser na fi. Yn y diwedd, a Mam yn marw ar yr unfed ar ddeg ar hugian o Awst 2012, dim ond ychydig dros bum mis ges i. Er, roedd ei cholli yn mynd i fod yn boenus ni waeth faint o amser gawn i rhwng dysgu'r gwir a'i marwolaeth, decini.

Dyna oedd celwydd golau a hanner, yn de? A hynny er mwyn iddi geisio gwneud yr hyn roedd hi wedi'i wneud erioed, sef fy amddiffyn i. Yn anffodus, yn y bôn, mae'n amhosib amddiffyn y sawl rydych yn eu caru rhag popeth.

Yn ogystal â chelwyddau golau, mae yna gelwyddau sy'n wirioneddol faleisus; a hyd heddiw, dwi wir methu dalld pobl sydd bron yn byw a bod yn rhaffu celwyddau tebyg, a hynny'n gyson. Yna mae cael dy gyhuddo ar gam o ddweud celwydd, pan nad wyt ti wedi gwneud y ffasiwn beth, yn eithriadol o boenus.

Mae Tad y Ganrif (yndw, dwi'n foi ofnadwy o sarcastig yn (an)ffodus, yn dibynnu ar eich barn – "sarcasm is the lowest form of wit," chwedl Mam 'stalwm) yn un uffernol am ddweud celwyddau! O'r celwyddau dwi'n ymwybodol iddo'u dweud mae o wedi, er enghraifft, bod yn anffyddlon tra'n briod â Mam; wedi dweud celwydd (yn ôl beth ddwedodd hi wrtha i) am ei sefyllfa ariannol pan oedd o a Mam yn ysgaru (wnaeth, maes o law, arwain at gyfnod o ddigartrefedd i mi a fy mrawd); ac wedi dweud celwydd wrth un o swyddogion y Cyngor Sir (oedd, i fod yn deg, i'w weld yn foi hynod o naïf – fel tasa fo ar brofiad gwaith neu rywbeth) am gyflwr y cartref teuluol, oedd ar werth yn sgil ysgariad fy rhieni. Yn bersonol, dwi'n methu dioddef pobl felly (nid Tad y Ganrif yn unig, o bell ffordd, sy'n rhaffu celwyddau o'r fath). Yn sicr does 'na'm rhesymau amlwg dros ddweud celwyddau felly, nad ydyn nhw'n hollol hunanol – yn wahanol iawn i gelwyddau golau.

Wedyn, mae yna'r cyhuddiadau dy fod wedi dweud celwydd ar gam. Dwi'n cofio'n glir y diwrnod y ces i fy nghyhuddo o ddweud celwydd am fy anableddau yn ystod fy nghyfnod mewn un swydd benodol, a hynny pan gyflwynais i lythyr apwyntiad er mwyn cael diwrnod off i fynd i'r Ganolfan Walton yn Lerpwl. Siawns, taswn i wedi dymuno dweud celwydd am fy hydroseffalws a'i guddio, 'swn i'm wedi cyflwyno'r llythyr apwyntiad, naf'swn?! Rhwng y diwrnod hwnnw a phan gollais fy swydd yn 2019, roedd yr awyrgylch yn y gwaith yn eithriadol o annifyr, i ddweud y lleiaf.

Pam ydw i wedi penderfynu sôn am gelwyddau yma, felly? Oherwydd 'mod i'n gwybod o brofiad cymaint mae celwyddau yn brifo eraill. O ganlyniad, dwi'n benderfynol o sicrhau bod pobl yn darllen dim byd ond y gwir yn y llyfr hwn. Ni fydd y gwir bob amser yn adlewyrchu'n dda arna i. Ond, er na fy hunangofiant i sydd yma, y gwir sy'n bwysig yn y bôn, nid fi.

Pennod 2

Fy enw i ydi...?

GANWYD ANTHONY DYKSTRA yn blentyn siawns i Margaret Elspeth Dykstra, dynes tri deg saith oed yn enedigol o Harlach a oedd, cyn iddi feichiogi, yn gweithio dwy neu dair swydd er mwyn cadw dau ben llinyn ynghyd, ac Eric John Barnard, plymar tri deg a dwy oed o'r Bermo, yn Ysbyty Maelor, Wrecsam, ar yr ail ar hugian o Fawrth 1988.

Dwi'n eich clywad chi i gyd yn barod: "Ant, dy hunangofiant di ydi hwn. Pwy 'di'r Anthony Dykstra 'ma, a pham wyt ti wedi penderfynu ei gynnwys o wrth drafod dy hanas di?" Yn gryno, fi ydi hwnnw. Neu fi oedd hwnnw. Fel y soniais i, doedd fy rhieni ddim yn briod pan ges i fy ngeni. O ganlyniad, i ddechrau o leiaf, cyfenw Mam ges i, nid cyfenw fy nhad. A hyd yn oed wedyn, i gymhlethu pethau ychydig yn fwy, roedd cyfenw Mam yn deillio o'i phriodas gyntaf yn y 1970au. Ond, er iddyn nhw ysgaru erbyn diwedd y Saithdegau, parhau i ddefnyddio cyfenw ei chyn-ŵr (ac felly cyfenw Mandy a Jamie, fy hanner chwaer a brawd hynaf) wnaeth Mam, cyn iddi briodi Tad y Ganrif yn 1992, gan gymryd ei gyfenw yntau.

Felly doeddwn i'm yn Anthony Dykstra am yn hir iawn, cyn derbyn yr enw Anthony John Barnard (dyna sydd ar fy nhystysgrif geni). Rhaid cyfaddef, ni fues i erioed yn or-hoff o'r cyfenw 'Barnard'. Drwy gydol fy nghyfnod yn yr ysgol roedd rhaid ymdopi hefo cael fy ngalw'n bethau megis "Barnyard" a "Barn Owl" (creadigol, mi wn) yn gyson. Ac yna, fel oedolyn, roedd rhaid cywiro pobl (staff ysbyty, y brifysgol, banc, yr adran gwaith a phensiynau ac yn y blaen) nad 'Bernard' ond 'Barnard' oedd fy nghyfenw. Does 'na neb (hyd yma, mae yna dro cyntaf i bopeth, decini) erioed wedi camynganu, na chamsillafu 'Evans'.

Dyna hanes y ddau gyfenw cyntaf ges i, a'r rhesymau y tu ôl iddyn nhw. Ond, o ble daeth fy enw cyntaf a'r enw canol, felly? Fy enwi ar ôl Marcus Antonius – cadfriog a gwleidydd Rhufeinig, a chymar i Cleopatra – wnaeth Mam. A hynny, medda hi, oherwydd iddi sylweddoli fy mod i am orfod ymladd cyfres o frwydrau yn ystod fy mywyd, yn sgil fy anableddau. Fel heddychwr, rhaid cyfaddef fy mod i wedi hen laru ar orfod brwydro dros gymaint; cael cartref addas, sicrhau gwaith, cael fy nhrin yn deg yn y gwaith, ceisio darbwyllo pobl fy mod i yn "anabl go iawn" ac nad cocio bach ydw i, ac yn y blaen. Yn wir, buaswn wrth fy modd cael deffro fory heb yr hydroseffalws, hefo golwg perffaith a heb y gwendid lawr ochr dde fy nghorff. Ond yn anffodus, tydi hynny byth yn mynd i ddigwydd. Parhau i frwydro sydd raid, felly, nes bod agweddau cymdeithas yn ehangach yn newid. Un cwestiwn sydd gen i ynglŷn â fy enw cyntaf: pam oedd rhaid i Mam fy enwi ar ôl rhywun â diweddglo mor drist i'w fywyd (cyflawnodd yr hen Marcus Antonius hunanladdiad)?

Mae yna agwedd arall ar fy enw cyntaf sydd angen sylw; y ffaith fy mod yn ei dalfyrru. Prin iawn ydi'r unigolion sy'n fy nghyfarch i wrth yr enw "Anthony" erbyn hyn, ar wahân i fy nghyn-landlord a Thad y Ganrif (a fy chwaer Mandy, weithiau, 'dwn i'm pam – tydw i erioed wedi'i galw hi'n 'Amanda'). Roedd Mam, hyd yn oed, yn fy ngalw i'n "Ant" o fy arddegau ymlaen, a hi oedd yn gwybod yn well na neb sut mae fy enw yn cael ei sillafu a'i ynganu. Wedi'r cyfan, Mam ddaru fy enwi i yn y lle cyntaf.

Ond eto, mi fyddai hi'n defnyddio "Anthony" weithiau. Oedd yn gwneud i mi deimlo 'mod i wedi gwneud rhywbeth o'i le, rhaid cyfaddef...

Mam:	*(yn galw o'r swyddfa yn ein cartref)* Anthony!
Fi:	Be' dwi wedi'i neud rŵan?
Mam:	Dim byd, pam?
Fi:	Prin iawn wyt ti'n 'y ngalw i'n "Anthony".
Mam:	Wnei di banad i mi plis? A ga i KitKat a pacad o grisps hefyd?
Fi:	*(dan chwerthin)* Cei siŵr!

Pryd a pham y dechreuais i dalfyrru fy enw? Dwi'n eithaf sicr 'mod i tua naw oed ar y pryd ac wedi blino ar yr holl ffyrdd roedd pobl yn camsillafu fy enw; Antony (heb 'h'), Antoni (heb 'h' ac hefo 'i' yn lle 'y'), Anthoney ('e' cwbl ddi-angen rhwng yr ail 'n' a'r 'y') ac yn y blaen. Dwi'n dalld ac yn derbyn, wrth gwrs, bod yr enghraifft gyntaf yn sillafiad amgen cyffredin o fy enw a bod yr ail yn bodoli yng Nghatalwnia (er enghraifft, y pensaer Antoni Gaudi). Ac os digwydd iddyn nhw lwyddo i sillafu fy enw yn gywir, ei gamynganu fydden nhw wedyn – fel mae nifer yn ei wneud hyd heddiw. Oes, mae yna 'th' yn 'Anthony', ond mae fy enw yn cael ei ynganu fel tasa'r 'h' yn absennol.

Camgymeriad arall mae pobl yn ei wneud yn weddol rheolaidd ydi, er eu bod yn cofio bod fy enw yn cychwyn hefo 'A', maen nhw i'w gweld yn anghofio yr hyn sy'n dilyn. 'Dwn i'm faint o weithiau dwi wedi cael fy ngalw'n "Andrew", "Adam", "Aled", neu "Alan".

Weithiau (yn Lerpwl, gan amlaf) mae fy enw yn cael ei

dalfyrru i "Tony" neu "Tone". Yn enwedig felly yn yr ysbyty gan y nyrsys. Dyma enghraifft o fy arhosiad diwethaf yn Y Ganolfan Walton yn 2016:

"Good mornin', Tone! Do ya wanna cuppa tea, Tone?"

'Dwn i'm pam, dwi'n gwybod eu bod yn ceisio bod yn gyfeillgar, ond tydw i erioed wedi bod yn or-hoff o'r naill na'r llall. Mae llawar gwell gen i "Ant". Ac mae hyn wedi bod yn wir ers i mi gychwyn talfyrru fy enw. Wedi dweud hynny, pwy dwi i gwyno? Dwi'n cofio yn un o'r gwelyau cyferbyn ar y ward roedd yna hen foi o'r enw Dilwyn, o ochrau Dolgellau. "Clive" oedd y nyrsys yn galw hwnnw! Tua'r adeg yma, mi 'nath cyfaill i mi ar Drydar – Dilwyn, digwydd bod – ddechra 'ngalw i'n "Tone". Dwi wedi cael fy ngalw'n bethau llawar gwaeth yn ystod fy oes, decini.

Yn amlach na pheidio, felly, wrth gyflwyno fi'n hun i eraill, "Ant" dwi'n ei ddefnyddio. A hynny yn y Gymraeg ac yn Saesneg. Rhaid cyfaddef, yn ieithyddol beth bynnag, mai Ffrangeg ydi'r eithriad i'r rheol fan hyn – a tydw i ddim yn hollol siŵr pam. Diffyg cyfeillion sy'n siarad yr iaith honno (ac felly pan dwi yn siarad Ffrangeg, mae pobl yn defnyddio "*vous*", sef "chi", i 'nghyfarch i, a finna felly yn cyfeirio atyn nhw yn yr un modd) ydi'r rheswm pam, decini.

Tu hwnt i ystyriaethau ieithyddol, mae yna adegau eraill ble dwi wedi cwestiynu a oedd hi'n addas i dalfyrru fy enw ai peidio wrth gyflwyno'n hun i eraill. Wrth geisio am swyddi, er enghraifft, dwi wedi defnyddio "Anthony" bron bob tro ar ddiwrnod y cyfweliad. Yr unig eithriadau i hyn ydi pan fo aelodau o'r panel yn fy nabod yn barod (digwyddiad cyffredin iawn wrth geisio am swyddi yng Ngwynedd) neu mewn un achos pan oeddwn wedi ceisio am swydd yng nghanolfan hamdden Caernarfon – mi lwyddodd yr unigolyn oedd yn fy nghyfweld i wneud i mi ymlacio yn syth, ac felly mi ges i fod yn "Ant" y diwrnod hwnnw.

Rhywbeth arall roeddwn yn ei ystyried ers talwm wrth gyflwyno'n hun i eraill oedd oedran yr unigolyn. Mi oeddwn i ar un adeg yn fwy tebygol o gyflwyno'n hun fel "Anthony" i bobl hŷn. Ond rhaid cyfaddef, tydw i ddim yn gwneud hynny erbyn hyn. A hynny am gwpl o resymau. Yn gyntaf, mae'r mwyafrif helaeth o fy ffrindiau dwi'n teimlo'n agosach atyn nhw yn hŷn na fi. Ac, yn sicr, 'swn i ddim yn dymuno iddyn nhw 'ngalw i'n Anthony!

Ond hefyd, mae'n deimlad braf clywad rhywun oedd yn fy ngalw i'n "Anthony" 'stalwm yn cyfeirio ata' i fel "Ant". Un enghraifft o hyn sydd wedi aros yn y cof ydi pan oedd fy nghyfaill Alan yn siarad ar raglen Geraint Lloyd ar Radio Cymru yn 2019. Ac yntau wedi byw yn Awstralia ers hanner can mlynedd yn 2019, cafodd ei holi sut oedd o wedi llwyddo i gadw ei Gymraeg cystal. Yn ogystal â sôn am rai o'r pethau amlwg, megis darllen yn Gymraeg mor aml â phosib a gwrando ar Radio Cymru, dyma Alan yn ychwanegu, "O! A 'wi'n siarad 'da bachan o'r enw Ant Evans, sy'n byw lan yng Nghaernarfon bob 'chydig wthnose!"

Rhaid cyfaddef, er ei bod hi'n braf clywad Alan yn cynnig unrhyw glod i mi am safon ei Gymraeg (roedd ei Gymraeg yn wych beth bynnag), roedd ei glywad yn cyfeirio ata' i fel "Ant" am y tro cyntaf yn deimlad arbennig iawn. Er, ar y cyfan, "Anthony" (neu "Shnookums" yn achos Alan) mae o a'i wraig Larraine yn fy ngalw i. Nid bod hynny'n fy mhoeni rhyw lawar. Mae'n deimlad braf bod rhywrai, sydd gystal â theulu i mi, yn fy ngalw wrth fy enw llawn. A hynny mewn ffordd cwbl gyfeillgar.

Wrth gwrs, fy enw llawn dwi'n ei ddefnyddio ar gyfer popeth swyddogol (doctor, deintydd, cyngor sir ac yn y blaen).

Ond eto, pan dwi'n cyflwyno'n hun i bobl, "Ant" dwi'n ei ddefnyddio gan amlaf.

O ran yr enw canol 'John', yn syml, fe wnes i etifeddu'r enw hwnnw gan Eric.

Ond o ble y daeth y cyfenw sydd ar glawr y gyfrol hon, felly? Fel dwi wedi crybwyll yn gynharach, roedd nifer o gelwyddau Tad y Ganrif yn seiliedig ar ei anffyddlondeb tra'n briod â Mam. Pan glywais gan fy mam (a hitha'n derbyn triniaeth am gancr ar y pryd) bod Tad y Ganrif yn pasa priodi'r ddynes 'ma, roeddwn i wedi gwylltio cymaint fel nad oeddwn yn fodlon rhannu'r un cyfenw â 'nhad mwyach. Yn sicr doeddwn i ddim yn fodlon rhannu cyfenw hefo'i ddarpar wraig. Felly dyma fi'n holi Mam a fyddai'n fodlon i mi newid fy nghyfenw yn ôl i Dykstra.

"Na chei. Ond mae croeso i chdi gymryd fy enw morwynol, os wyt t'isho."

"Be' am fy enw canol, felly? Wir yr, y ffordd dwi'n teimlo am Eric ar hyn o bryd, dwi ddim isho unrhyw gysylltiad hefo fo."

"Be' am Caradog?"

"Pam felly?" gofynnais.

"'Dwn i'm," medda Mam. "Dwi wedi bod yn hoff o'r enw erioed."

Sut wnaeth y pobl o 'nghwmpas i ymateb i'r newid yma, felly? Doedd neb yn gwrthwynebu. Mi oeddwn i yn poeni ynglŷn â sut fyddai Nick (a taswn i'n gorfod dewis ffefryn o blith fy mrodyr a'n chwaer, Nick ydi hwnnw) yn ymateb i'r newid. Roedd hyn yn mynd i'w adael o fel yr unig un o feibion Eric – o'i briodas gyntaf, a'i briodas hefo Mam – hefo'r cyfenw 'Barnard'. Doedd fawr o ots ganddo fo, i'w weld. Ond eto, yn wahanol i mi, llyfr caeedig ydi fy mrawd annwyl, felly dwi'n methu bod yn hyderus ynglŷn â hyn.

Dyna ni felly, unwaith y cafwyd trefn ar ystâd Mam

wedi ei marwolaeth, es i ati i archebu ffurflen *deed poll*. Gofynnais i gyfnither i mi, Judith, ei harwyddo ar y cyd â mi, ac yna'n ei phostio. A byth ers hynny, Anthony Caradog Evans ydi fy enw i wedi bod. A na, does gen i'm bwriad ei newid yn ôl.

Do, dwi wedi cael cwpl o enwau gwahanol yn ystod fy mywyd. Dim am resymau cyffrous na chyfreithiol, megis er fy niogelwch fy hun fel tyst mewn achos troseddol. Ond Ant Evans (neu Anthony/Tone/Shnookums i ambell un!) dwi'n dymuno bod i'r bobl bwysig yn fy mywyd. A hynny am weddill fy oes.

Pennod 3

Colli pennod o *EastEnders*!

BYDDAI MAM YN tynnu 'nghoes i 'stalwm na fy mai i oedd o iddi golli pennod o *EastEnders* ar nos Fawrth, yr ail ar hugian o Fawrth 1988. Ond mae'n debyg nad testun chwerthin oedd noson fy ngenedigaeth!

Genedigaeth anodd oedd fy un i, yn ôl Mam. A doedd hi ddim yn un i fod yn ddramatig! Dwi'n cofio iddi sôn unwaith nad oedd geni babanod yn boenus. A finna'n ddyn, wrth gwrs, dwi'n ddim callach yn hynny o beth; efallai bod Mam hefo'r gallu i ymdopi hefo poen eithafol yn well na merched eraill yn yr un sefyllfa, oedd "'mond isho sylw" medda hi. Felly iddi hi ystyried bod fy ngenedigaeth i yn anodd, mi oedd pethau'n wael, mae'n rhaid. Cyrhaeddais am ugian munud wedi wyth y nos, ychydig cyn i Mam gael ei hebrwng am *c-section*. Ac yna, tawelwch.

Ond ar ôl tua phum munud (amser llawar rhy hir, yn nhyb Mam), roeddwn yn llawn bywyd. Er i staff y ward geisio ei darbwyllo fy mod i'n holliach, roedd Mam yn synhwyro o'r cychwyn bod rhywbeth o'i le. Ond doedd neb yn fodlon gwrando arni. Yn fuan wedyn, ymddangosodd y geiriau 'paranoid mother' ar fy nodiadau. Mi alla i ei dychmygu hi'n gwylltio mewn ymateb i hynny! "I'll show you fucking 'paranoid'!"

Tua phythefnos wedi fy ngenedigaeth, dyma hi'n codi un bora er mwyn fy mwydo. Y bora hwnnw, a maint fy mhen wedi chwyddo'n sylweddol dros nos, sylweddolodd Mam beth oedd yn bod. Yn ystod ei chyfnod fel nyrs yn Ysbyty Plant Alder Hey yn Lerpwl, roedd hi wedi gofalu am sawl babi a phlentyn hefo hydroseffalws, felly roedd yn gyfarwydd iawn â'r symptomau. Aeth hi â fi at gyfaill iddi oedd yn feddyg teulu, wnaeth gadarnhau'r hyn roedd hi'n ei ofni yn syth. Doedd 'na'm angen archwiliad arna i hyd yn oed. Y cyfarwyddyd gafodd Mam oedd mynd â fi i'r ysbyty ar unwaith!

Heb os, roedd fy ngenedigaeth a 'mhythefnos cyntaf ar y ddaear hon hefo ychydig mwy o gyffro yn perthyn iddyn nhw na phennod o *EastEnders*! Dwi'n cofio, ychydig flynyddoedd yn ôl, es i ar YouTube i geisio dod o hyd i'r bennod roedd Mam wedi'i cholli yn sgil fy amseru gwael. Ar ôl darganfod a gwylio'r bennod honno, mi alla i ddatgan yn ddigon hyderus nad oedd hi wedi colli llawar o bwys!

Pennod 4

Mewn ac allan o'r ysbyty

FY ARHOSIAD CYNTAF un yn yr ysbyty (wedi fy ngenedigaeth, o leiaf) oedd er mwyn gosod shynt i reoli, yn hytrach na gwella'r hydroseffalws.

Cwestiwn digon naturiol gan unrhyw un sydd ddim yn gyfarwydd hefo hydroseffalws ydi beth yn union ydi shynt? Dyma felly chydig o wybodaeth ynglŷn â fy shynt i, a'r hyn mae'n ei wneud.

Mae ymennydd pawb, fel arfer, yn medru rheoli lefelau'r hylif CSF (*cerebrospinal fluid*) o gwmpas yr ymennydd. Wrth gwrs, tydi fy ymennydd i erioed wedi medru gwneud hynny. O ganlyniad, dwi'n byw hefo shynt VP, i gadw'r lefelau CSF yn yr ymennydd yn gyson. Pan fo shynt yn blocio mae angen 'adolygiad' ar y claf, sy'n golygu llawdriniaeth, naill ai i ddadflocio'r shynt, neu – os tydi hynny ddim yn bosib – i osod shynt newydd.

Nid pawb hefo hydroseffalws sydd angen shynt, chwaith. Dwi'n cofio cael sgwrs hefo Mam, a hitha'n crybwyll bod gen i gyfaill pan oeddwn yn dair oed o'r enw Thomas. Roedd gan Thomas hydroseffalws hefyd, ac roedden ni wedi cyfarfod yn ystod digwyddiad ASBAH (Association for Spina Bifida and Hydrocephalus, sef yr elusen Shine erbyn hyn). Mae gen i gywilydd mawr cyfaddef nad oes gen i yr un atgof o Thomas, yn anffodus. Yn enwedig a finna wedyn yn tyfu i fyny yn cyfri'r llond tŷ o anifeiliaid anwes fel fy ffrindiau pennaf, oherwydd 'mod i'n cael fy mwlio gymaint y tu hwnt i ddiogelwch fy nghartref yn sgil fy anableddau.

Yn wahanol i fi, yn ôl Mam, doedd dim angen shynt ar Thomas. Dyma finna'n datgan, yn hollol ddifeddwl, mor ffodus oedd o yn hynny o beth – o ystyried y sŵn mae shynts yn ei wneud a'r perygl iddyn nhw flocio. Dyma Mam yn datgelu: ella nad oedd gan Thomas shynt, ond mi oedd ganddo fo heriau ychwanegol. Pwyll pia hi cyn agor dy hen geg, Evans!

Fel y soniais i, gosod shynt i drin yr hydroseffalws oedd y rheswm dros fy arhosiad cyntaf yn yr ysbyty, a hynny pan oeddwn yn bum wsnos oed. Ma' siŵr bod gennych chi yr un cwestiwn â sydd gen i; pam, os cafodd ofnau Mam eu cadarnhau bythefnos wedi fy ngenedigaeth, y bu'n rhaid aros tair wsnos arall cyn y llawdriniaeth? Yr ateb syml (ond rhwystredig) ydi, dwi ddim yn gwybod. 'Dwn i'm a oedd o oherwydd lefelau staffio, dim digon o le ar y wardiau ar fy nghyfer i ar y pryd, ta be'. Ond roedd rhaid aros tair wsnos wedi'r diagnosis cyn i mi gael fy llawdriniaeth gyntaf erioed. Wsnos arall, yn ôl beth ddwedodd Mam wrtha i, a beryg 'swn i wedi marw.

Er i'r shynt gael ei osod yn llwyddiannus (o safbwynt rheoli'r CSF) mi gododd problem yn ystod y llawdriniaeth. Yn ôl Mam, doedd 'na'm y ffasiwn beth â 'llawfeddygon arbenigol' yn 1988. Roedd disgwyl iddyn nhw wneud bach o bob dim. Felly pan aeth rhywbeth o'i le yn ystod fy llawdriniaeth i osod y shynt, ges i rywbeth tebyg iawn i strôc. O ganlyniad, roedd ochr dde fy nghorff wedi ei pharlysu'n llwyr. Er mwyn adfer y defnydd o fy mraich, llaw, troed a choes dde (er, hyd heddiw, does gen i ddim defnydd cystal ohonyn nhw â'r ochr chwith) roedd llawdriniaethau niferus ar fy nghoes a 'nhroed dde a blynyddoedd lawar o ffisio poenus ar y gorwel.

Digwyddodd rhywbeth annisgwyl wedi'r llawdriniaeth. Bu bron i Mam fy ngollwng ar y llawr! A hynny oherwydd ei bod hi'n clywad sŵn y shynt, rhywbeth nad oedd hi'n disgwyl ei glywad. A hitha wedi arfer edrych ar ôl cymaint o gleifion hefo hydroseffalws yn ystod ei chyfnod fel nyrs yn Ysbyty Alder Hey, doedd Mam erioed wedi clywad sŵn shynt. Wrth gwrs, y rheswm pam oedd hi'n ei glywad oedd diolch i'r ffaith bod penglogau babanod cymaint yn fwy meddal na phenglogau plant ac oedolion. O ganlyniad i hynny felly, mi oedd yn bosib i bawb glywad sŵn fy shynt i ddechrau. Ond wedyn, wrth i 'mhenglog galedu wrth i mi fynd yn hŷn, roedd y sŵn yn llai amlwg. Ac fel y soniais yn gynharach, erbyn i mi holi Mam pan oeddwn yn bedair oed a oedd pawb hefo'r sŵn rhyfedd yn eu pennau, dim ond y fi oedd yn ei glywad.

Ac mi ydw i wedi clywad synau gwahanol gan y shynt (yr un cyntaf, a'r rhai newydd ges i yn 2005 – pan diffoddwyd y shynt cyntaf – ac yn 2009). Y synau cynharaf dwi'n eu cofio ydi synau tebyg (o safbwynt yr Ant ifanc iawn, tair i bedair oed) i synau peiriant sychu dillad ac injan awyren. Tipyn o gur pen, felly! Ac erbyn hyn mae'n swnio'n debyg iawn i *flatline* peiriant cynnal bywyd! Diolch i'r drefn, dwi'n dal yma!

Pan dwi ar fy mhen fy hun ac yn ceisio canolbwyntio ar dasg (fel sgwennu'r gyfrol hon, er enghraifft) mae sŵn parhaus y shynt yn medru gwneud canolbwyntio yn anodd iawn ar adegau. Mae mynd i gysgu'n anodd weithiau hefyd, yn enwedig felly pan mae sŵn y shynt yn uwch na'r arfer (disgyrchiant, yr hyn sy'n rheoli fy shynt, sy'n gyfrifol am hyn hefyd). Ond ar y llaw arall, pan dwi'n sgwrsio hefo perthnasau a chyfeillion – er fy mod yn ymwybodol bod fy shynt yn gwneud sŵn parhaus yn y cefndir – mae'r ffaith fy mod i'n canolbwyntio'n llwyr ar y sgwrs yn golygu bod y sŵn ddim yn amharu arna i.

Ffordd arall mae'r hydroseffalws yn effeithio arna i ydi fy nghof. Ac eto, dwi ar fin gwrth-ddweud fy hun yma. Mewn ymdrech i wella fy nghof, dwi'n cofio Mam yn chwarae gemau cof hefo fi pan oeddwn i tua chwech neu saith oed, gan defnyddio cardiau hefo lluniau arnyn nhw. Roedd gan bob delwedd ei dwbl yn y dec. Diben y gêm oedd gosod y cardiau ar y bwrdd yn wynebu i lawr, troi cerdyn drosodd, ac yna trio darganfod y ddelwedd oedd yr un fath â'r cerdyn hwnnw – gan drio cofio ble roedd y cerdyn gwreiddiol. Ar ôl llwyddo i ddarganfod y pâr cyntaf, roedd angen eu gadael nhw wyneb i fyny er mwyn osgoi dryswch, ac yna symud ymlaen i chwilio am y pâr nesaf ac yn y blaen, hyd nes bod y cardiau i gyd yn wynebu i fyny.

Er gwaethaf ymdrechion Mam i geisio helpu i wella fy nghof, un anobeithiol am gofio enwau dwi wedi bod erioed. Byddai'n cymryd wsnosau, os nad misoedd, i mi ddysgu enwau pobl, tan yn gymharol ddiweddar. Dim ond yn ystod y pum mlynedd ddiwethaf dwi wedi sylweddoli bod fy nghof yn gwella hefo enwau. Er hynny, dwi'n parhau i ymddiheuro wrth gwrdd â rhywun am y tro cyntaf, gan egluro ella y gneith hi gymryd peth amser i mi ddysgu eu henw yn iawn – rhag ofn i mi ei chael hi'n anodd i ddwyn yr enw cywir i gof, a phechu o ganlyniad. O ystyried hynna, does gen i fawr o hawl i gwyno bod pobl yn fy ngalw i'n 'Andrew', 'Alan', 'Aled' ac ati, nac oes?

Ffordd arall dwi'n stryglo hefo fy nghof ydi hefo cyfeiriadau. Do, hyd yn oed yn oes Gŵgl Maps, dwi wedi mynd ar goll cyn heddiw! Yr enghraifft sydd wedi aros yn y cof fwyaf ydi pan es i draw i'r Ariannin yn 2015...

Y diwrnod blaenorol, roedd criw ohonom ni wedi gweld

morfilod oddi ar arfordir Puerto Madryn. Felly dyma fi'n penderfynu codi'n gynnar y diwrnod canlynol i weld a oedd hi'n bosib i mi eu gweld eto. Ar ôl cerdded y daith gymharol fer i'r pier ac aros yno am chydig (roedd y gwynt yn eithriadol o fain y diwrnod hwnnw, felly doeddwn i ddim yn pasa aros yn hir), welais i ddim byd. Troi yn ôl am y caffi ble roeddwn wedi mynd am frecwast y diwrnod cynt amdani, felly.

A dyma fi, rywsut, yn llwyddo i fynd ar goll am tua hanner awr (Alan, dwi'n gwybod yn iawn y byddi di'n darllen y gyfrol hon, felly paid â gwylltio!). 'Dwn i'm sut, ond roedd Gŵgl Maps wedi fy arwain i'r cyfeiriad hollol anghywir! Wrth ryw lwc, mi ddoth y caffi i'r fei yn y diwedd. Ond nes i benderfynu wedi hynny nad oeddwn i am drio gwneud yr un peth eto.

Rhywbeth sy'n fy nharo i'n rhyfedd ydi sut mae pobl, ymwelwyr yn amlach na pheidio, hefo digon o hyder i holi dyn diarth hefo ffon wen sut i gyrraedd rhywle penodol. Diolch i'r drefn, a finna wedi byw yng Nghaernarfon ers 2017 bellach, dwi'n teimlo'n weddol hyderus fy mod (hyd yn hyn) wedi anfon pobl i'r cyfeiriad cywir.

Dwi'n cofio'r tro cyntaf erioed i rywun fy stopio i (a finna hefo fy ffon wen ar y pryd). Roeddwn yn dal i fyw yn Harlach, ac yn cerdded heibio'r orsaf drenau, naill ai ar fy ffordd i fyny i'r fynwant neu ar fy ffordd 'nôl adra. Dyma'r car 'ma'n dŵad i stop, ffenast y gyrrwr yn agor:

Gyrrwr: Where's Harlech Castle?
Fi: *(yn pwyntio i fyny heibio'r orsaf, tua'r castall)* Can you see that large, stone structure up there?
Gyrrwr: Oh!

Dyma'r ffenast yn cau eto, a ffwrdd â fo.

Na, doeddwn i'm 'di bod mor gwrtais â hynny. Ond mae'n rhaid i chi gofio, yn gyntaf – yn sgil blynyddoedd lawar o fwlio – 'mod i'n ddrwgdybus o bobl yn gyffredinol ar y pryd. Yn ail, ond newydd golli fy mam yn gymharol ddiweddar i'r hyn dwi'n ei ystyried fel y salwch gwaethaf erioed oeddwn i. Ac yn drydydd, roeddwn i'n stryglo i ddŵad o hyd i waith i dalu biliau a chartref newydd, gan fod y cartref teuluol ar werth yn sgil celwyddau Eric am ei sefyllfa ariannol yn ystod ei ysgariad o a Mam. Cafwyd dyfarniad yn y Llys Teulu mai'r peth gorau i'w wneud, er tegwch, oedd gwerthu'r cartref teuluol a rhannu pres y gwerthiant yn gyfartal rhwng Mam ac Eric. Nid fi oedd y person mwyaf cwrtais a charedig ar y pryd felly, mae arna i ofn. I'r gwrthwyneb, o'n i'n dipyn o goc oen!

Erbyn meddwl, ac yntau wedi dŵad i fewn i Harlach ar y ffordd isaf – lle mae'n eithaf amhosib i beidio â gweld y castall wrth yrru i mewn i'r dref – os nad oedd o wedi gweld y castall, dwi'n cwestiynu a oedd y boi 'ma'n ffit i yrru car!

***

Y llawdriniaeth nesaf ges i ydi'r gyntaf dwi'n ei chofio. A finna'n bedair oed, roedd Mam wedi mynd â fi i weld llawfeddyg yn Ysbyty Great Ormond Street yn Llundain. Dyma hwnnw'n datgan bod gen i "lygaid rhyfeddol", a hynny yn sgil y stagma (*nystagmus*) oedd gen i yn y ddwy lygad. Cyflwr ydi stagma ble mae'r llygaid yn symud yn gyflym ac yn afreolus. Roedd y llawfeddyg yn hyderus y byddai modd iddo wella'r stagma. Dyma Mam (ac Eric, decini; doedd Mam ddim yn gyrru ar y pryd, dwi'm yn meddwl – felly er mwyn i ni gyrraedd Llundain, fo fyddai wedi gorfod gyrru) felly'n cytuno i'r llawdriniaeth.

Dyma diwrnod y llawdriniaeth yn cyrraedd. Yr unig bethau dwi'n eu cofio o'r diwrnod hwnnw ydi gorwedd ar wely a chael y drops gwyrdd 'ma yn fy llygaid. Dyma fi'n deffro ac yn dychryn am fy mywyd, oherwydd roeddwn i'n medru gweld dwy o fy mam. Roedd y llawdriniaeth wedi cywiro'r stagma, ond roedd gen i olwg dwbl! Rhyfedd meddwl, fel plentyn pedair oed, fod gweld dwy o fy mam – a hynny'n hollol annisgwyl – wedi codi ofn arna i. Heddiw, 'swn i'n fodlon rhoi unrhyw beth er mwyn cael gweld un ohoni eto.

Rhywbeth arall dwi'n ei gofio'n glir o 'nghyfnod yn Great Ormond Street ydi syrthio allan o 'ngwely un noson. Byth ers y noson honno dwi'n methu dioddef gorwedd ar fy nghefn. Mae'r teimlad fy mod i'n mynd i syrthio yn dod yn ei ôl bob tro dwi'n gorfod gwneud (er enghraifft, ar gyfer sgan CT ar fy ymennydd).

Wsnos yn unig barodd y golwg dwbl. 'Dwn i'm be' nes i, ond yn ôl Mam, rhywsut mi lwyddais i i ddad-wneud y llawdriniaeth i gywiro'r stagma. O ganlyniad, roedd y golwg dwbl wedi mynd, ond roedd y stagma yn ei ôl.

Rhag ofn i chi ddechrau meddwl bod yna batrwm yn dechrau amlygu ei hun yma ohona i yn cael llawdriniaeth ond i rywbeth fynd o'i le, peidiwch â phoeni. Dwi'n falch o adrodd na'r enghreifftiau uchod ydi'r unig adegau i rywbeth fynd o'i le yn ystod un o fy llawdriniaethau (hyd yma). O ystyried fy mod wedi cael cynifer ohonyn nhw, dwi'n ystyried fy hun yn lwcus.

***

Cyfres o lawdriniaethau yn Ysbyty Alder Hey trwy fy nghyfnod yn yr ysgol gynradd tan y llawdriniaeth olaf ar fy nhroed dde yn yr uwchradd pan oeddwn yn dair ar ddeg oed sydd nesaf. A'r rheini'n llawdriniaethau er mwyn sythu fy nhroed dde yn barhaol, ac er mwyn (ar y cyd â'r ffisio) cryfhau fy nghoes.

Yn sgil y gwendid yn ochr dde fy nghorff, doeddwn i'm yn medru sefyll am yn rhy hir, na chwaith cerdded yn bell. O ganlyniad, roeddwn yn defnyddio cadair olwyn lliw glas tywyll hefo olwynion llwyd golau yr oedd angen i rywun ei gwthio pryd bynnag y bydden ni'n mynd fel teulu am ddiwrnod allan i Landudno, Caer, Lerpwl ac ati.

Mae hyn yn wir yn achos fy holl lawdriniaethau, wrth gwrs, ond y prif beth dwi'n ei gofio am bob llawdriniaeth ar fy nhroed a 'nghoes ydi teimlo'n nerfus. Dwi ddim yn meddwl bod y ffaith bod angen i mi orwedd ar fy nghefn ar droli o unrhyw gymorth yn hynny o beth! Na chwaith fy mod yn ofni pigiadau pan yn blentyn, er nad ydi'r rheini'n poeni dim arna i bellach. Dwi'n cofio Eric yn dŵad i lawr i'r theatr hefo fi, fwy nag unwaith. 'Dwn i'm a oedd hyn oherwydd nad oedd Mam yn or-hoff o 'ngweld i'n poeni, neu oherwydd y ffordd nes i ymateb iddi wedi'r llawdriniaeth i drin y stagma (dwi'n derbyn bod hynny'n rheswm annhebygol). Tybed oedd hyn yn ymgais (aflwyddiannus) gan Mam i geisio creu perthynas tad a mab, o ryw fath, rhwng Eric a finna?

Agwedd arall ar y llawdriniaethau yma dwi'n ei chofio'n glir ydi'r cyfnod o adfer. Diolch i fy ngwendid ochr dde, fuodd gen i erioed yr hyder i geisio defnyddio ffyn baglau. Cadair olwyn amdani, felly. Hyd yn oed wedyn, y brif her oedd mynd o stafell i stafell (roedd fframiau drysau 'nghartref chydig yn gul).

Mae yna un digwyddiad penodol yn ystod fy nghyfnod olaf un mewn cadair olwyn, wedi fy llawdriniaeth olaf ar fy nhroed yn ystod Hydref 2001, sydd wedi'i serio ar y cof. Erbyn hynny, roedd y gwir am anffyddlondeb Eric wedi dŵad i'r amlwg, ac roedd hwnnw wedi gadael, am y tro beth bynnag. Dwi'n cofio Mam a finna yn y stafell fyw hefo'r teledu ymlaen. Dwi'm yn siŵr lle roedd Nick (yn ei lofft, ella?) na Nat (oedd yn byw hefo ni ar y pryd – allan hefo ffrindia, decini). Roedd Mam yn gorwedd ar y soffa fawr hefo'i llygaid wedi cau. Fel arfer, ar ôl swper, byddai hi'n dueddol o gysgu ar y soffa. Doedd y sain ar y teledu ddim yn arbennig o uchel, ac fel arfer byddai Mam i'w chlywad yn glir yn chwyrnu neu'n anadlu. Ond y noson honno, dyma fi'n sylweddoli nad oeddwn i'n clywad dim. Mi nes i alw arni rhyw ddwywaith, dair, heb ymateb. Wel, mi es i i banics go iawn wedyn, do?! Dyma fi'n lluchio'n hun o'r gadair olwyn a llusgo fy hun tuag at y soffa a'i hysgwyd. Roeddwn i wedi colli un rhiant, doeddwn i ddim am golli'r llall.

Diolch i'r drefn, dyma Mam yn deffro a gofyn beth oedd yn bod a pham diawl 'mod i ar y llawr. Ar ôl imi egluro dyma hi'n fy helpu yn ôl i'r gadair, cyn mynd i'r gegin – i smygu un o'r hoelion arch Lambert & Butler Gold afiach 'na, tybiais. Ond dyma fi'n clywad ffrwydriad:

"Hello, it's me! YOUR WIFE!!"

Mi oedd hi ar y ffôn, felly. Dyma hi'n mynd ati i ddweud wrth Eric beth oedd newydd ddigwydd. Afraid dweud, fo gafodd y bai. Roedd gen i gyn lleied o hyder fel ag yr oedd hi, ac roedd ei ymadawiad o wedi fy llenwi hefo chwanag o ansicrwydd. Ma' siŵr 'sa seicolegydd plant wedi cytuno hefo'r ddamcaniaeth yma, er mewn termau mwy diplomyddol na Mam.

Dwi'n methu cofio am faint y bues i yn y gadair olwyn wedi hynny. Ond yn sicr, roeddwn i allan ohoni am y tro olaf erbyn y Nadolig y flwyddyn honno.

***

Ar wahân i ymweliadau cyson â Lerpwl i weld sut oedd pethau'n mynd o ran yr hydroseffalws a fy llygaid, tawelodd pethau o ran arosiadau yn yr ysbyty a llawdriniaethau wedyn. Tan 2004. Dwi'n cofio eistedd yn neuadd Ysgol Ardudwy tua mis Mehefin 2004 yn ystod arholiad "moc" Saesneg. Ac yna, heb unrhyw fath o rybudd yn y byd, teimlais y boen erchyll yma yn fy mhen, gwaeth na'r un cur pen oeddwn i wedi'i brofi o'r blaen. Fy ymateb cyntaf i hyn oedd meddwl i fi'n hun... *paid â gwneud sŵn, paid dangos dy fod di mewn unrhyw boen. Mae'r bastads yma'n chwilio am unrhyw esgus i gael gwarad arna chdi. Gorffenna'r papur arholiad, dos adra amser cinio a dweud wrth Mam be' sy'n bod*. A dyna nes i. Ar ddiwedd yr arholiad, dyma fi'n gadael y neuadd a cherdded allan o brif fynedfa'r ysgol. A dyna Mam yn ei char, fel arfer. Roedd hi wedi fy hebrwng adra am ginio bob dydd ers pan oeddwn i ym Mlwyddyn 7. Dyma fi'n egluro'r boen. Yn y bôn roedd y ddau ohonom ni'n gwybod beth oedd yn bod. Er nad oeddwn erioed wedi profi shynt yn blocio yn y gorffennol, dyna oedd yr unig beth oedd yn gwneud synnwyr. Ar ôl i ni ddychwelyd adra, dwi'n cofio cymryd y lladdwr poen cryfaf un oedd yn y tŷ. Dim effaith. Doedd gen i fawr o awydd bwyd chwaith. Afraid dweud, ches i ddim fy nghludo 'nôl i'r ysgol y pnawn hwnnw.

Doedd dim synnwyr i'w gael gan y staff yn adran argyfwng Ysbyty Gwynedd: "Mae o wedi etifeddu meigrens ei Dad." Wel, mae lladdwyr poen cryf yn delio hefo meigrens Eric. Doedd 'na'm byd yn gwella'r hyn oedd gen i. Aethon ni i Lerpwl yn y diwedd, ble ges i sgan. A wyddoch chi be? Roedd fy shynt wedi blocio! Roedd angen llawdriniaeth i'w drin cyn gynted â phosib. Dwi'n cofio sôn wrth Mam gymaint o'n i wirioneddol yn cachu brics y noson cyn y llawdriniaeth. Dyma hi'n f'atgoffa i nad dyma'r tro cyntaf i mi gael llawdriniaeth o'r fath. Ac oes oedd yna unrhyw risg fy mod i'n mynd i farw yn ystod llawdriniaeth ar yr ymennydd, byddai hynny wedi digwydd pan oeddwn yn bum wsnos oed. Mam oedd yn iawn, wrth gwrs, fel oedd yn wir bob tro.

Y bora wedyn, mi ddigwyddodd y peth rhyfeddaf erioed. Mi ddeffrais i yn holliach! Dim cur pen, dim taflu i fyny, roeddwn i'n cerdded yn iawn. Dyma fi'n cael sgan, ac roedd hi'n ymddangos bod y shynt wedi dadflocio ei hun! Wrth gwrs, dyma'r unig enghraifft o hynny'n digwydd yn achos y shynt a finna. Y flwyddyn ganlynol, chydig wsnosau cyn fy arholiadau TGAU, ddaru'r shynt flocio eto. Ond y tro yma, doedd 'na'm arwydd ohono fo'n dadflocio ei hun. Felly ar yr ugeinfed o Fai 2005 ges i fy ail shynt.

Wedi iddyn nhw lwyddo i ddadflocio'r shynt gwreiddiol, daeth hi'n amlwg nad oedd hi'n bosib i'r llawfeddygon ei dynnu o'i le (wedi dwy flynedd ar bymtheg, a'r ffaith ei fod wedi blocio flwyddyn ynghynt hefyd, y teimlad oedd bod angen un newydd arna i). A chofio bod hwn gen i ers imi fod yn bum wsnos oed, roedd fy mhenglog wedi caledu o gwmpas y shynt. O ganlyniad roedd yn amhosib i'w symud o'na. Felly ei ddiffodd a gosod shynt newydd ar ochr dde fy ymennydd oedd raid.

Ar ôl deffro wedi'r llawdriniaeth roeddwn yn teimlo'n wych (er, mi oedd y morffin o gymorth mawr yn hynny o beth, decini). Y diwrnod wedyn, a finna wedi goresgyn sgil-effeithiau'r anaesthetig a'r morffin, ges i dipyn o ymwelwyr, gan gynnwys Iona a John, ffrindiau i fy mam. Dyma un ohonyn nhw'n dangos fideo i mi o seremoni adael Blwyddyn 11 roedd John wedi'i ffilmio ar ei gamera. A dyma'r prifathro, Tudur Williams, yn dechrau siarad amdana i fel taswn i wedi marw! Erbyn iddo fo orffen darllen fy marwnad, roeddwn i'n gandryll!

"Os ydi Tudur Williams mor sicr â hynny fy mod i

wedi marw, geith o weld ysbryd yn yr ysgol dydd Mercher nesa!"

Dydd Mercher, wrth gwrs, oedd diwrnod fy arholiad cyntaf – Llenyddiaeth Saesneg. Fy mhrif atgof o'r arholiad ydi i mi syrthio i gysgu hanner ffordd drwy'r papur! Yn amlwg, roedd fy nghorff yn trio dweud nad oedd sefyll fy arholiadau yn syniad da. Ond doeddwn i ddim yn fodlon gwrando. Diawl styfnig fues i erioed!

Heb fod isho brolio, cyn i fy shynt flocio, roedd disgwyl i mi gael A neu A* yn fy arholiad TGAU Llenyddiaeth Saesneg (felly hefyd yn Saesneg Iaith, Ffrangeg a Hanes). C oedd fy ngraddau disgwyliedig ym mhob pwnc arall, ac eithrio Mathemateg, ble roedd hi'n amlwg i bawb 'mod i'n mynd i fethu – beth bynnag fo cyflwr fy iechyd! Ond, diolch i fy styfnigrwydd (dyna rywbeth sydd gen i yn gyffredin hyd heddiw â'r Ant dwy ar bymtheg oed), roedd fy nghanlyniadau'n dipyn salach. B yn Ffrangeg oedd fy ngradd uchaf, ac C yr un ar gyfer Llenyddiaeth Saesneg, Saesneg Iaith a Llenyddiaeth Gymraeg. Roeddwn wedi methu â chyrraedd yr A/A* yn Hanes a'r C ar gyfer y pynciau eraill. O bosib, Mathemateg oedd yr unig bwnc ble roeddwn i wedi gwneud cystal ag oedd pawb wedi'i ddisgwyl! Hyd heddiw, er fy mod i wedi mynd i'r coleg ac wedi ennill MA mewn Polisi a Chynllunio Ieithyddol, mae fy nghanlyniadau TGAU yn destun cywilydd i mi. Pam oedd rhaid i mi fod mor blydi styfnig?!

Diolch i'r drefn, mi fuodd popeth yn iawn wedyn. O ran fy iechyd, o leiaf (yndw, dwi'n gwybod yn iawn na dyna'r peth pwysicaf). Ar wahân i ymweliadau M.O.T ar gyfer y shynt (gan iddyn nhw ddigwydd bob deuddeg mis, dyna beth o'n i'n galw'r apwyntiadau yma) i'r Ganolfan Walton – ble roeddwn bellach yn glaf ar ôl gadael Alder Hey, a finna'n sicr ddim yn blentyn mwyach – bu popeth yn iawn, tan y pedwerydd ar ddeg o Ragfyr 2009.

Roeddwn i wedi bod yn teimlo'n sâl ers chydig wsnosau cyn y diwrnod tyngedfennol hwnnw. Roedd yn teimlo fel annwyd pen difrifol neu ffliw i ddechrau. Ac yna, un ar ddeg diwrnod cyn y Nadolig, dyma'r salwch bora a'r cur pen eithafol o boenus cyfarwydd yn dychwelyd. Diolch i'r drefn, roedd Mam, Nick a finna yn hen gyfarwydd â'r drefn erbyn hynny. Dyma fi'n cael fy nghludo i'r Ganolfan Walton ble bues i'n ddigon ffodus i gael shynt newydd yn syth y diwrnod hwnnw. Anrheg Dolig arbennig! Os cofia i'n iawn, doeddwn i ond yno am ddiwrnod wedyn cyn dychwelyd adra i Harlach.

Yn sgil pwysau y CSF yn cronni yn fy mhen ar gefn fy llygaid, roedd fy llygad chwith wedi'i gwthio allan chydig. Felly, roedd rhaid dychwelyd i'r ysbyty yn 2010 er mwyn ei ailosod. Diolch i'r drefn, roedd honno'n broses ddigon syml ac unwaith eto, hefo patsh ar fy llygad chwith, roeddwn i 'nôl adra yn Harlach heb fawr o oedi.

Mae'r llawdriniaeth ddiwethaf ges i, yn 2016, yn peri dryswch i mi hyd heddiw. Un o'r pethau roedd Mam yn ei wirio ers talwm pan oedd gen i gur pen oedd fy llygaid, i weld a oedd canhwyllau fy llygaid yr un maint. Os oedden nhw, yna cur pen arferol oedd gen i. Os nad oedden nhw, yna roedd hynny'n arwydd bod rhywbeth yn bod hefo'r shynt. Ar noson y pumed o Chwefror 2016, nes i ddigwydd sylwi ar anghysondeb ym maint canhwyllau fy llygaid wrth sbio yn y drych yn yr ystafell molchi. Roeddwn wedi bod yn teimlo'n sâl ers peth amser, heb wybod yn iawn beth oedd yn bod. Dyma fi'n ffonio Nick a gofyn am bàs i'r Walton.

Erbyn hynny, wrth gwrs, roedd cryn dipyn wedi newid ers fy llawdriniaeth flaenorol. Roedd Mam wedi marw ers 2012 ac roedd y byngalo teuluol wedi'i werthu ers 2013.

Felly, roeddwn i yn byw yn Y Felinheli a Nick yn St Helens, ger Lerpwl. Tipyn o daith iddo fo, felly. Dyma fi'n rhoi ugian punt iddo fo ar gyfer tanwydd. Yr hyn ddigwyddodd nesaf sy'n rhyfedd. Roedd rhaid mynd i ysbyty Aintree i gael sgan cyn mynd i'r Walton. Dyma nhw yn Aintree yn dweud bod fy shynt wedi blocio. Rhyfedd, doedd gen i'm y symptomau arferol. Ond 'ta waeth am hynny, ffwrdd â fi i'r Walton wedyn, ble roedden nhw'n cadw llygad arna i am rai dyddiau (eithaf rhwystredig i mi). Nid fi oedd yr unig un oedd yn bryderus, wrth gwrs. Daeth Mandy a Jamie i ymweld â fi, hefo'i gilydd! Roedden nhw wedi ffraeo ers cynhebrwng Mam ac felly doedd yna fawr o Gymraeg (neu Sgowseg yn yr achos yma) rhyngddyn nhw, a finna wedi ceisio bod yn ddyfarnwr/canolwr o ryw fath, heb fawr o lwyddiant. Mae'n rhaid eu bod nhw'n poeni iddyn nhw ddŵad i'r ysbyty hefo'i gilydd, felly. Yn ogystal, wrth gwrs, roedd gen i Alan, fy nghyfaill yn Awstralia, yn poeni'n fawr amdana i. Roedden ni yn e-bostio'n gyson, ac Alan yn holi pam nad oedden nhw'n gwneud hyn, llall ac arall. Dyma fo'n datgan mewn un e-bost y byddai'n well ganddo fo, os oedd yn rhaid i mi fod yn sâl, i hynny ddigwydd yn Awstralia (roeddwn i fod i deithio draw ddiwedd mis Mawrth) er mwyn iddo fo allu sicrhau 'mod i'n derbyn y gofal gorau bosib. Yn amlwg felly, doedd gan Alan fawr i'w ddweud o blaid y Ganolfan Walton, na'r Gwasanaeth Iechyd yn gyffredinol, ar y pryd.

Ar ôl iddyn nhw gymryd sampl o fy CSF, dyma fi'n cael fy rhyddhau o'r ysbyty o'r diwedd. Es i i dreulio'r noson yng nghartref Mandy. A'r bora canlynol? Dyma ni'r salwch bora a'r cur pen (a fy nghoesau yn teimlo fel plwm) wedi dychwelyd i fy mhoenydio drachefn! Taith arall i'r Walton amdani, felly, ble ges i fy nhrin yn syth. Y peth rhyfeddaf oedd, doedd dim unrhyw arwydd bod y shynt wedi blocio, yn ôl yr hyn glywais i wedyn. Hyd heddiw, dwi'n methu â dalld be' digwyddodd. Ac yn wahanol iawn i'r adegau eraill pan oeddwn wedi bod yn yr ysbyty, roeddwn wedi cymryd mwy o amser na'r arfer i gryfhau digon i fynd adra. Am rai dyddiau, doeddwn i'n methu cadw bwyd i lawr na chwaith cerdded heb gymorth. Roedd hyn yn destun pryder mawr i mi. Ges i hyd yn oed sgan rhag ofn bod y shynt wedi dŵad yn rhydd!

Yn y diwedd, roeddwn yn teimlo yn ddigon cryf i ddychwelyd adra i'r Felinheli, wedi treulio chwanag o amser yn yr ysbyty nag oeddwn i wedi'i ddymuno, ac yn dal ddim callach beth oedd wedi mynd o'i le yn y lle cyntaf. Pam oedd y sgan yn Aintree wedi dangos bod y shynt wedi blocio, er bod llawdriniaeth wedi profi nad oedd y shynt wedi blocio? A pham oeddwn i mor wan wedi'r llawdriniaeth ddiweddaraf o gymharu â phob achlysur arall imi gael un, gan gynnwys llawdriniaethau ar yr ymennydd? Does 'na'm gobaith cael atebion i'r cwestiynau uchod, decini. Ond, hefo'r llawdriniaeth yn 2016 y ddiweddaraf imi ei chael, dwi'n gobeithio'n fawr na fydd rhaid i mi ddychwelyd i'r ysbyty am un arall eto'n fuan.

Wrth gwrs, yn sgil yr holl lawdriniaethau, mae gen i gasgliad o greithiau ar hyd fy nghorff. Ma' siŵr y buasai nifer yn eithaf balch ohonyn nhw; tystiolaeth eu bod wedi goresgyn sawl her feddygol. Ond mae'n well gen i guddio fy nghreithiau – tydw i ddim yn or-hoff o'u gweld. A gan bod pobl yn syllu arna i beth bynnag, dwi ddim yn awyddus i roi chwanag o esgusodion iddyn nhw wneud.

Wedi 2016, mi ddaru'r M.O.Ts blynyddol barhau, wrth gwrs, tan 2021. Dwi wedi cael cyfarwyddyd i gysylltu â'r tîm yn Y Walton os oes 'na rywbeth yn codi hefo'r shynt. Afraid dweud, dwi'n sicr o wneud hynny!

Pennod 5

Mam a Fi yn erbyn y Byd

YN FY MARN i 'sa hi wedi bod yn well, tasa Mam dal yn fyw, iddi hi fod wedi sgwennu'r bennod hon. Fel mae pethau'n sefyll, bydd rhaid i mi ei sgwennu hi, gan drio llenwi'r bylchau yn seiliedig ar yr hyn dwi'n ei wybod am fy mam, a'r sgyrsiau gawson ni'n dau ar hyd y blynyddoedd.

Doedd Mam erioed wedi dymuno cael plant yn wreiddiol. Ond doedd hynny ddim yn golygu nad oedd hi'n caru Mandy, Jamie, fi a Nick. Yn wir, teimlais fôr o gariad gan fy mam bob diwrnod – o f'atgofion cynharaf hyd ei marwolaeth. Ac yn fwy na hynny, doedd hi ddim yn gyfrinach gan Mam mai fi oedd ei ffefryn chwaith. Weithiau, byddai hynny'n achosi ambell i anghydfod, yn benodol hefo Mandy a Jamie. Er enghraifft, dyma ran o sgwrs dwi'n ei chofio o 2012:

Mandy: Pam fod Ant yn dal i fyw adra? Oeddach chdi'n disgwyl i fi ddod o hyd i rywle i fyw pan o'n i'n ddau ddeg pedwar.

Mam: Mae Ant yn y brifysgol. Erbyn i chdi gyrraedd ei oedran o, oedd gen ti ddau o blant, Mandy. Felly, wrth gwrs mi oedd rhaid i chdi ddod o hyd i rywle arall i fyw!

Doedd 'na'm byd mympwyol am y ffafriaeth roeddwn yn ei derbyn gan fy mam, chwaith. O'r cychwyn, a hitha'n gwybod fod rhywbeth o'i le efo'n iechyd, roedden ni'n agos iawn. Yn wir, yn enwedig ar ôl i Mam dderbyn cadarnhad mai hydroseffalws oedd gen i, doedd hi ddim yn fodlon ymddiried yn yr un enaid byw ble roeddwn i yn y cwestiwn.

Ac yn wir, roedd y nifer o bobl o'i chwmpas yn lleihau. Mi oedd Jamie, ac yntau'n bymtheg oed ar y pryd, wedi dychwelyd i Lerpwl er mwyn gweithio fel labrwr hefo'i Dad. Ac mi adawodd Eric am gyfnod ychydig wedi hynny. Roedd o wedi dymuno i'w feibion o'i briodas gyntaf – fy hanner brodyr Neil, Danny ac Adam – ddŵad i'r fflat yn ystod hanner tymor wythnos y Sulgwyn. Dyma Mam yn gwrthod caniatáu hyn, oherwydd diffyg lle a'r ffaith fy mod i wrthi'n gwella ar ôl fy llawdriniaeth gyntaf erioed i osod fy shynt cyntaf. Dyma Eric yn pacio ei fagiau wedyn, wedi pwdu hefo penderfyniad Mam. Oherwydd fy niagnosis, doedd Eric ddim yn fodlon derbyn ei fod yn dad i mi chwaith, gan nad oedd yr un o'i feibion eraill yn anabl. Yn ei dyb o, felly, roedd hyn yn dystiolaeth (anghywir) bod Mam wedi bod yn anffyddlon. Dwi'n sicr bod darllenwyr y gyfrol hon yn dalld yn iawn nad fel'na mae anableddau'n gweithio! Ond, roedd Mam dros ei phen a'i chlustiau mewn cariad hefo Eric hyd ei marwolaeth. Doedd dynion eraill dim yn bodoli ble roedd hi yn y cwestiwn. Ddwedwn i mai camgymeriad ar ran fy mam oedd croesawu Eric yn ei ôl. Ond eto, tasa hi heb wneud hynny, 'sa Nick ddim yn bodoli. A dwi'n ddiolchgar dros ben am fodolaeth fy mrawd iau!

Am gyfnod wedyn, dim ond Mam, Mandy (oedd yn disgwyl Nat yn ystod ei blwyddyn olaf yn yr ysgol) a finna oedd yn y fflat. Ar ôl fy llawdriniaeth i osod y shynt, roedd Mam yn poeni am fy iechyd. Mi fuodd hi'n cadw cofnodion manwl amdanaf yn y cyfnod wedi'r llawdriniaeth gyntaf, gan gynnwys y nodyn: 'Started sleeping through the night aged six weeks'. O achos y llawdriniaeth yr wsnos gynt, decini. Yn wahanol iawn i'r mwyafrif o rieni newydd, 'sa wrth eu boddau hefo babi oedd yn cysgu trwy'r nos yn chwech wsnos oed – ac yn manteisio ar hynny i gael digon o gwsg eu hunain, dwi'n siŵr – roedd y ffaith fy mod i'n cysgu trwy'r nos yn destun pryder i Mam. O ganlyniad, roedd hi'n cadw llygad barcud arna i trwy'r nos, bob nos. Diolch i'r drefn am hynny, oherwydd un noson – tra bo Mam yn fy ngwylio i'n cysgu – nes i stopio anadlu. Dyma Mam yn sylweddoli'n syth ac yn fy mhrocio hefo'i bys ac yn dweud, "Breathe." Dim byd. Dyma hi'n fy mhrocio'n sydyn nifer o weithiau eto, hefo'r gorchymyn, "Breathe, you stupid baby!" Dyma fi'n dylyfu gên, heb agor fy llygaid, ac yn cychwyn anadlu eto.

Does gen i'm cof o Mam yn fy ngalw i'n stiwpid erioed. Dyna pam dwi'n hyderus na'r noson honno yn y fflat oedd yr unig dro i hynny digwydd. Chwarae teg iddi, doedd stopio anadlu yn fy nghwsg ddim yn rhywbeth arbennig o glyfar i'w wneud, nac oedd? Ond o ddifri rŵan, dwi'n arbennig o ddiolchgar na mab fy mam ydw i. Oherwydd fel y soniais i uchod, ma' siŵr 'sa unrhyw fam arall wedi gwirioni bod babi mor ifanc yn cysgu trwy'r nos. Taswn i wedi bod yn fab i unrhyw un arall, felly, dwi'n sicr y baswn i wedi marw'r noson honno. A dwi'n gwybod bod y ffaith 'mod i wedi stopio anadlu a Mam yn marw o gancr yn hollol wahanol, ond mi ydw i'n dal i deimlo'n euog nad oedd hi'n bosib i mi achub bywyd Mam fel y gwnaeth hi achub fy mywyd i bedair blynedd ar hugian ynghynt.

Un peth oedd edrych ar ôl plant hefo hydroseffalws fel rhan o dy swydd, fel oedd Mam wedi'i wneud yn ystod ei chyfnod fel nyrs. Peth arall oedd edrych ar ôl dy blentyn dy hun hefo'r cyflwr trwy'r dydd, bob dydd.

O ganlyniad, roedd Mam yn teimlo bod angen cymorth arni – ond heb wybod yn iawn, i ddechrau, at bwy i droi. Un o'r pethau cyntaf 'nath hi, oedd mynychu darlith oedd yn trafod hydroseffalws. Yn ystod y ddarlith, cafodd delwedd sgan o 'enghraifft difrifol' o hydroseffalws ei dangos i'r gynulleidfa. Rhywsut, ddaru Mam adnabod y sgan fel fy un i. Ar ddiwedd y ddarlith, dyma hi'n mynd i gyflwyno'i hun i'r darlithydd, Mr Paul May, gan egluro mai sgan ei mab ifanc oedd y ddelwedd gafodd ei dangos a'i thrafod yn ystod ei ddarlith. Dyma nhw'n sgwrsio am ychydig, a'r sgwrs yma wnaeth arwain at Mam yn ei gyfrif ymysg y nifer fach o bobl roedd hi'n fodlon ymddiried ynddyn nhw ble o'n i yn y cwestiwn. O ran fy hydroseffalws wedyn, o safbwynt clinigol, dan ofal Paul May – neu un o'i rejistrârs – fues i hyd ei ymddeoliad yn 2021. A phob tro roeddwn yn ei weld, hyd yn oed yn blentyn ifanc, roeddwn i'n teimlo ei fod yn gwneud pwynt o drafod popeth hefo fi, nid fy mam yn unig.

Mae yna un apwyntiad sy'n codi cywilydd arna i hyd heddiw. Pan o'n i'n ifanc iawn, roedd hi'n amhosib i mi deithio'n bell yn y car heb fod yn sâl. 'Dwn i'm faint o weithiau y bu'n rhaid i Mam druan fy nhaclo i i'r llawr a'n lapio i mewn tywel, fel rhyw gath wyllt, er mwyn rhoi tabledi gwrth-salwch i mi. Roedd hi'n frwydr oherwydd roeddwn i wedi tagu ar dabledi fwy nag unwaith, ac o ganlyniad, doeddwn i'n methu dioddef eu cymryd nhw. 'Ta waeth, ar ôl un siwrna hir i Alder Hey yn y car, dyma fi a Mam yn eistedd yn swyddfa un o'r bobl brin hynny roedd Mam yn ymddiried ynddyn nhw ble o'n i yn y cwestiwn (roedd Eric ar y llaw arall yn chwyrnu'n braf yn yr ystafell aros – rhywbeth oedd o'n ei wneud yn ystod pob apwyntiad), a dyma Mr May yn holi:

"Hello, Anthony. How are you feeling today?"

Dyma fi'n agor fy ngheg i ymateb, ac yna'n taflu i fyny ar draws ei swyddfa! Dim oherwydd unrhyw broblem hefo'r shynt, ond oherwydd y daith hir – er gwaetha'r dabled ddieflig!

***

Cam arall gymerodd Mam wrth chwilio am gefnogaeth oedd cysylltu hefo ASBAH, sef yr Association for Spina Bifida and Hydrocephalus, neu Shine erbyn heddiw. Gan eu bod yn cefnogi unigolion hefo spina bifida a/neu hydroseffalws a'u teuluoedd yng Nghymru, Lloegr a Gogledd Iwerddon, os oedd Mam isho cefnogaeth, dyna oedd y lle gorau i fynd. A chofio fy mod i wedi sôn am Thomas a'i fam yn barod, roedd dŵad yn aelod o'r elusen arbennig yma yn cynnig nid yn unig cefnogaeth arbenigol, ond hefyd cyfla i Mam ymgysylltu hefo rhieni oedd yn yr un cwch â hi. Doedd Eric ddim yn gwneud rhyw lawar hefo Shine. Yn ogystal â chynnig cyfla i rieni plant hefo spina bifida a/neu hydroseffalws sgwrsio â'i gilydd, rhannu profiadau ac ati, roedd gan Shine swyddogion oedd ar gael i gynnig cyngor a chefnogaeth i unigolion a theuluoedd. Presenoldeb eithaf cyson yn ystod fy mhlentyndod oedd Elin Ifan, dynes eithriadol o garedig oedd – yn ogystal â Paul May – ar restr Mam o bobl roedd hi'n fodlon ymddiried ynddyn nhw ble o'n i yn y cwestiwn. Dwi wedi sbio trwy hen albwms lluniau oedd Mam wedi'u cadw o fy mlynyddoedd cynnar, ac mae 'na gryn dipyn o luniau o ymweliadau Elin. Wrth gwrs, lleihau wnaeth yr ymweliadau wrth i fi fynd yn hŷn, ac ma' siŵr, wrth i Mam fagu mwy o hyder o ran magu plentyn hefo hydroseffalws. Er hynny, mae gen i feddwl mawr o Elin hyd heddiw, fel roedd yn wir yn achos Mam am weddill ei hoes. Braf iawn oedd ei gweld eto rai blynyddoedd yn ôl ym Mangor yn ystod digwyddiad yn Storiel (amgueddfa ac oriel gelf y ddinas).

***

Pryder arall oedd gan fy mam yn ystod fy mlynyddoedd cynnar, oedd fy niffyg ymwybyddiaeth o geir ar y ffyrdd. Gyda phob tegwch, prin iawn ydi'r plentyn ifanc sydd hefo ymwybyddiaeth o geir a synnwyr cyffredin hefo ffyrdd. Wedi dweud hynny, fy nam golwg, a'r ffaith nad oeddwn i'n fodlon gwisgo sbectol oedd wrth wraidd pryderon Mam. Yn enwedig felly a finna wedi prin osgoi cael fy nharo gan geir ar fwy nag un achlysur. Dwi'n cofio'n glir, er enghraifft, gweld Mandy yn sefyll y tu allan i Swyddfa Bost Bermo pan o'n i allan hefo Mam un diwrnod; a heb feddwl ddwywaith am y perygl, dyma fi'n rhedeg dros y ffordd tuag ati, a bron iawn â chael fy nharo gan gar. Afraid dweud, ddaru hynny ddychryn pawb! O ganlyniad, dyma Mam yn trefnu i mi gael sesiynau un i un i godi fy ymwybyddiaeth o draffig hefo dynes o'r enw Wendy. 'Mond rhyw ddwy neu dair sesiwn dwi'n eu cofio'n iawn, a'r rheini'n cynnwys croesi ffyrdd tawel ger y byngalo yn Harlach roedden ni wedi symud iddo fo erbyn hynny. Y casgliad ar ddiwedd y sesiynau oedd fy mod i'n anobeithiol ac nad oedd gen i unrhyw ymwybyddiaeth o beryglon traffig. Tua chwe mlwydd oed oeddwn i ar y pryd. A dyma fi yn fy nhridegau hwyr yn sgwennu hyn. Taswn i mor anobeithiol â hynny, siawns 'swn i wedi cael fy lladd gan gerbyd o ryw fath ddegawdau yn ôl?

Wedi dweud hynny, wrth gwrs, dwi'n gwisgo fy sbectol erbyn hyn ac wedi mynd yn fwy gwyliadwrus wrth i mi fynd yn hŷn. Eto i gyd, er fy mod i mor ofalus, ac yn defnyddio ffon wen ers fy amser yn y coleg, dwi wedi colli cyfrif faint o weithiau dwi wedi bod o fewn dim i gael fy nharo lawr gan yrwyr oedd, yn amlwg, wedi cael eu trwyddedau gyrru allan o gracyrs Dolig! Rhywbeth arall sydd wedi gwneud y ffyrdd hyd yn oed yn fwy peryg i mi yn ddiweddar ydi cerbydau trydan. Does dim ots pa mor ofalus ydw i, hefo'r cerbydau yma mor dawel, dwi wedi colli cyfrif faint o weithiau dwi wedi gorfod neidio allan o'r ffordd i osgoi cael fy nharo! Onid ydi hi'n hen bryd sicrhau bod rhaid i gerbydau o'r fath wneud rhywfaint o sŵn, er diogelwch y cyhoedd? Yn enwedig felly y sawl sydd hefo ffon wen!

***

Nid yn unig oedd Mam yn poeni am fy mywyd a fy iechyd a diogelwch, ond am fy nyfodol hefyd. Yn enwedig ar ôl sylwadau un 'arbenigwr meddygol' yn dilyn fy llawdriniaeth gyntaf:

"Your son will likely be a wheelchair-bound vegetable, unable to move, speak or do anything for himself. It is highly unlikely that he will learn one language, let alone two. So, it would be in Anthony's best interests if you spoke to him in English."

Mae gen i deimladau cymysg am yr uchod hyd heddiw. Ar yr un llaw, roedd y boi 'ma'n anghywir (a dwi wrth fy modd yn profi pobl yn anghywir). Ond roedd ei awgrymiad y dylai fy mam siarad hefo fi yn Saesneg yn awgrymu ei bod hi, cyn y diwrnod hwnnw, wedi bod yn siarad o leiaf rhywfaint o Gymraeg hefo fi. Os oedd hynny'n wir, mi ddoth hynny i ben wedyn. Ar wahân i sgyrsiau yng nghwmni perthnasau sy'n siaradwyr Cymraeg – ar ôl i mi feistroli'r iaith yn yr ysgol – ac ambell i sgwrs brin un i un, Saesneg oedd yr iaith rhyngof fi a fy mam tan ei marwolaeth. Fel yr eglurodd Mam flynyddoedd wedyn: ym mhob apwyntiad ysbyty yn Lerpwl, roedd hi'n awyddus i sicrhau fy mod i yn dalld bob dim oedd yn cael ei drafod amdana i, a'i bod yn bosib i mi hefyd gyfathrebu hefo'r meddygon a'r nyrsys. Tasa rhywbeth yn digwydd iddi hi, roedd Mam yn awyddus i sicrhau nad oeddwn i'n gorfod dibynnu ar gyfieithydd yn ystod fy apwyntiadau nag arosiadau yn yr ysbyty. Er, flynyddoedd wedyn, mi fyddai hi'n awyddus i mi gyfarfod a dibynnu ar un cyfieithydd yn benodol, am resymau nad oedden nhw o natur feddygol.

Mi oedd gan Mam brofiad o ddelio hefo claf uniaith Gymraeg yn ystod ei chyfnod yn Alder Hey, a dwi'n eithaf sicr i'r profiad hwnnw ddylanwadu ar ei pharodrwydd i siarad hefo fi yn Saesneg... Yn ystod shifft nos eithaf tawel, cafodd Mam ei galw i ben draw'r ysbyty. Mam oedd yr unig aelod o staff Cymraeg ei hiaith oedd yn gweithio'r noson honno, ac roedd gofyn iddi siarad hefo claf uniaith Gymraeg – oedd tua wyth oed, medda Mam – oedd wedi ypsetio.

"Be' sy'n bod?!" medda Mam, hefo chydig bach o rwystredigaeth yn ei llais, a hitha wedi gorfod cerdded mor bell.

"Dwi 'sho Mam a Dad!" medda fo.

"Mae dy rieni wedi mynd i'r gwely. Bydd y ddau ohonyn nhw 'nôl erbyn amser brecwast bora fory. Dos i gysgu."

Ar ôl iddo fo fynd i gysgu, roedd gofyn i Mam aros wrth ochr ei wely rhag ofn iddo fo ddeffro eto yn ystod y nos. Y bora wedyn, cafodd ei rieni lond ceg gan fy mam. Er ei bod hi'n Gymraes i'r carn, roedd Mam yn ei gweld hi'n ofnadwy nad oedd yr hogyn 'ma wedi dysgu Saesneg eto, a fy mam yn ddwyieithog ers iddi droi'n chwe mlwydd oed! Er, ella nad diffyg Saesneg oedd y broblem, ond diffyg Sgowseg. Dwi'n cofio Mam yn sôn iddi'i gweld hi'n amhosib dalld pobl Lerpwl pan symudodd hi yno gyntaf.

"Roedd rhaid i mi ddysgu iaith newydd sbon, Ant," medda hi, yn taeru bod Sgowseg yn iaith hollol wahanol i'r Saesneg safonol, barchus roedd hi wedi'i meistroli yn yr ysgol.

Ofn arall oedd gan Mam, a rheswm arall iddi ddechrau siarad Saesneg hefo fi, oedd beth oedd yn mynd i ddigwydd i mi wedi ei marwolaeth. Un o'r penderfyniadau cyntaf wnaeth Mam oedd bod rhaid i mi gael brawd neu chwaer oedd yn agosach ata' i o ran oedran na Mandy a Jamie, rhywun o'n i'n mynd i gael chwanag yn gyffredin hefo fo neu hi na'r ddau Sgowser yn eu harddegau. Chwarae teg, tydi Nat ond ychydig fisoedd yn iau na fi. Ond fy nith, nid fy chwaer, ydi hi. Ac o safbwynt Mam, doedd hynny ddim yr un peth. Cyrhaeddodd Nick y byd fis Tachwedd 1991. Dwi'n cofio'n glir y diwrnod cyntaf i mi ei gyfarfod, yn Ysbyty Wrecsam Maelor. Y peth cyntaf dwi'n cofio meddwl i fi'n hun oedd pa mor ddiflas oedd o. Chwarae teg, a finna'n hogyn tair oed, dwi'n meddwl bod hynny'n ymateb digon naturiol i fabi newydd-anedig oedd yn cysgu. Dyma Mam yn gofyn i mi sbio o dan flanced Nick, oherwydd roedd ganddo anrheg i mi. Dyma fi'n gwneud, ac yn gwirioni o weld gitâr felyn, blastig! Dwi'n siŵr 'mod i wedi treulio gweddill yr ymweliad yn chwarae'r gitâr, gan anwybyddu fy mrawd newydd yn llwyr! Dros dri degawd yn ddiweddarach, mae yna nifer o ansoddeiriau y gallwn i eu defnyddio i ddisgrifio fy mrawd iau. Ond tydi 'diflas' ddim yn un ohonyn nhw!

Dim ond tri deg saith oed oedd Mam pan ges i fy ngeni, a hitha'n poeni cymaint amdana i ar y pryd, ond roedd y dyfodol yn destun pryder anferth iddi hi hyd ei marwolaeth yn 2012. Yn bennaf, roedd Mam yn poeni y baswn i'n treulio gweddill fy oes mewn cartref gofal. Dyna sbardun arall iddi hi brofi'r 'arbenigwr' honedig yn anghywir; roedd hi am sicrhau fy mod i'n medru byw yn gwbl annibynnol heb ymyrraeth gan neb arall. Felly profi'r 'arbenigwr' yn anghywir a sicrhau fy annibyniaeth oedd nod fy mam am bron i chwarter canrif. Y cam cyntaf, yn hynny o beth, oedd sicrhau fy mod yn dysgu siarad. I gyflawni hyn, penderfynodd Mam bod rhaid siarad hefo fi trwy'r amser. Cael sgyrsiau (er yn unochrog) go iawn hefo dyfnder iddyn nhw. Gan gynnwys, yn ôl Mam, sgyrsiau pan fydden ni allan am dro a hitha'n lladd ar Maggie Thatcher. A finna'n fab i genedlaetholwraig rhonc, doeddwn i fyth yn mynd i gael bod yn Dori, mae hynny'n sicr! Yn aml, medda Mam, byddai hen wragedd yn sbio'n syn arni, a hitha'n cael y sgyrsiau dwys yma hefo'i babi bach oedd yn cysgu yn ei bram.

Wedi peth amser, dyma Mam yn penderfynu bod rhaid fy nysgu i sut i ddweud gair hir fel fy ngair cyntaf. 'Sa'r mwyafrif o rieni wrth eu boddau hefo'u plentyn yn dweud 'Mam' neu 'Dad' fel eu gair cyntaf. Nid felly Mam. '*Hippopotamus*' oedd hi am i fi ei ddysgu'n gyntaf! A hynny er mwyn profi bod gen i'r gallu i ddysgu siarad. Dyma Mam yn mynd ati i gynnwys y gair cymaint â phosib yn ein sgyrsiau, ac mewn unrhyw straeon. A dyma fi yn chwe mis oed, medda Mam, (er dwi ddim yn siŵr ydw i'n coelio 'mod i mor ifanc â hynny ai peidio) yn dweud "pippopotamus". Iawn, doedd yr ynganiad ddim yn berffaith. Ond i Mam, dyna oedd yr arwydd gorau bosib bod gen i'r gallu i ddysgu siarad. Mam: 1, Arbenigwr: 0!

Cam arall ymlaen pan oeddwn i'n fabi oedd yr asesiad ar fy ngolwg, er mwyn i Mam gael gwybod faint oedd gen i mewn gwirionedd. Ar ddiwedd yr asesiad yn ein cartref, dyma'r ddynes oedd wedi cynnal y profion yn troi at Mam a chadarnhau fy mod i'n gwbl ddall. Wrth iddi godi goriadau ei char i adael, dyma fi'n troi i sbio arnyn nhw.

"Mae Anthony newydd weld y golau'n fflachio oddi ar eich goriadau," medda Mam.

"Naddo," medda hi. "Ymateb i sŵn fy ngoriadau oedd o. Fedrith o'm gweld dim byd."

Cyfla i brofi rhywun arall yn anghywir, felly! Mae pobl yn gwneud hyn yn llawar rhy hawdd i mi. Wrth gwrs, o'm atgofion cynharaf roeddwn i'n medru gweld. Dim ond ar y pedwerydd ar bymtheg o Chwefror 1993, chydig dros fis cyn fy mhen-blwydd yn bump oed, ges i fy nghofrestru'n *rhannol* ddall. Mam: 2, Arbenigwr: 0.

Roedd hi'n dipyn o her i Mam ddwyn perswâd ar yr awdurdodau bod gen i rywfaint o olwg. Ond, yn debyg iawn i hanes y tabledi gwrth-salwch, dwi'n cofio'n glir cau gwisgo sbectol yn dair oed. Dim ond yn yr ysgol uwchradd nes i ddechrau gwisgo sbectol yn wirfoddol. A hynny yn ystod gwersi yn unig. Roeddwn i'n eu tynnu wrth newid o 'ngwisg ysgol ar ôl cyrraedd adra. Dim ond yn 2007, a finna wedi cychwyn yn y brifysgol, nes i ddechrau gwisgo fy sbectol o'r funud imi ddeffro yn y bora nes i mi fynd i'r gwely gyda'r nos.

***

Un o'r atgofion cyntaf, os nad y cyntaf un, sydd gen i ydi Mam yn gwneud ymarferion ffisio ar fy nghoes dde. Y prif reswm pam bod hyn wedi aros yn y cof ydi oherwydd mor boenus oedd y profiad, decini. Ond er bod y ffisio yn boenus, roedd Mam yn gwybod mai dyma oedd yr unig obaith oedd gen i o adfer defnydd yn fy nghoes a 'mraich dde, ac ella, dysgu sut i gerdded. Ond yn anffodus, a finna mor ifanc, roedd hi'n amhosib egluro hynny i mi. Felly, er gwaetha'r boen, parhau i ddioddef y ffisio oedd raid. A hynny hyd yn oed ar ôl i mi ddysgu cerdded heb gymorth, yn dair oed.

Fel y soniais i, roedd angen fy nghadair olwyn arna i'n dal i fod os oedden ni fel teulu am fynd i lefydd fel Llandudno neu Gaer. Dim ond hefo chwanag o ffisio a llawdriniaethau oeddwn i am lwyddo i ffarwelio'n llwyr â'r gadair olwyn, a hynny ddegawd ar ôl i mi ddysgu cerdded. Taswn i ond yn gallu troi'r cloc 'nôl ac egluro hyn i'r Ant ifanc, oedd yn casáu sesiynau ffisio hir a phoenus, dim ond er mwyn cael dangos iddo fo, "Mi gei di warad ar y gadair olwyn a'r sblint (o'n i'n ei wisgo trwy'r dydd i geisio sythu 'nhroed dde). Ond mi fydd rhaid iti wneud chwanag o waith gyntaf er mwyn neud yn saff bod hynny'n digwydd." Wedi dweud hynny, a finna mor styfnig, dwi'n siŵr 'swn i'n dal yn anfodlon hefo'r holl beth. "Dwi'n cerdded, felly be' 'di'r ots?" 'sa'r ymateb wedi bod, mwy na thebyg.

Er 'mod i ar fy nhraed erbyn 1991, mi ydw i'n cofio'n glir gorfod cropian i fyny'r staer yn ein cartref ar y pryd, a dŵad i lawr y staer ar fy mhen-ôl. Doedd fy nghydbwysedd ddim yn wych o gwbl! Mae hynny'n parhau'n wir hyd heddiw, ond mae o wedi gwella'n fawr ers y 90au cynnar. Dyma oedd un o'r rhesymau pam bod Mam mor awyddus i ni symud i fyngalo yn Harlach, er mwyn gwneud petha'n haws i fi. Rheswm arall oedd, a ninna'n byw yn Bermo ar y pryd, bod Mam yn poeni ella 'sa Nick – er nad oedd yn dair oed eto pan ddaru ni symud yn 1994 – yn dechrau cymysgu hefo'r crowd anghywir wrth iddo dyfu'n hŷn. O oedran ifanc iawn roedd Nick gymaint yn fwy hyderus na fi o gwmpas pobl eraill. Cymaint felly, nes bod rhaid i Mam gadw llygad barcud arno fo pan fyddai o'n cyfarfod plentyn arall pan fydden ni'n mynd ar wyliau fel teulu. Os byddai Nick yn gwneud ffrind, byddai'n ddigon hapus i geisio cerdded i ffwrdd hefo teulu'r plentyn hwnnw! Mam fu'n gyfrifol am achub fy mywyd i pan nes i stopio anadlu, a hitha hefyd oedd yn gyfrifol am sicrhau nad oedd Nick yn mynd ar goll wrth geisio mynd i grwydro hefo rhyw deulu arall, neu'n waeth, cael ei gipio gan ddyn diarth!

Doedd 'na'm rhaid i Mam boeni 'mod i'n mynd i gymysgu hefo'r crowd anghywir, na chwaith am fynd i ffwrdd hefo ffrind newydd a'i deulu na dynion diarth. A hynny oherwydd, o oedran ifanc iawn, fod pobl yn codi ofn arna i. Ac yn wir, byddai degawdau'n mynd heibio cyn i mi fagu o leiaf rhywfaint o hyder yng nghwmni pobl nad oedd yn deulu i mi.

Dwi'n cofio'n glir y diwrnod nes i ddysgu ofni pobl. Yn Woolworths Bermo hefo Mam o'n i, a finna newydd ddysgu cerdded heb gymorth, yn 1991. Dwi'n cofio bod wrth fy modd yn mynd i Woolworths 'stalwm, yn bennaf oherwydd y *Pick 'n' Mix*! Y diwrnod hwnnw dwi'n cofio colli 'nghydbwysedd. A dyma rhyw hen wrach yn fy nharo i hefo'i ffon gerdded!

"Mab pwy 'dach chi'n meddwl 'dach chi newydd 'i daro?!" bloeddiodd Mam.

"Mi ddaru o sathru ar fy nhroed i," mynnodd yr hen ddynes.

"Diawl o ots gen i!" bloeddiodd Mam. "Mae o'n anabl ac newydd ddysgu cerdded yn iawn! Dwi'n siŵr na dim ond colli ei falans 'nath o. Os wela i chi yn y siop yma byth eto, mi gymra i'r ffon 'na a'i lapio hi o gwmpas eich pen chi! Ydi hynna'n glir?!"

Do, mi ddysgais i bod angen ofni pobl y diwrnod hwnnw yn Woolworths. Ond mi nes i ddysgu hefyd nad oedd fy mam yn ddynes i'w chroesi chwaith! Ac yn wir, fel y deuai'n glir yn y blynyddoedd i ddod, nid hwnnw fyddai'r tro olaf imi weld Mam yn colli ei thymer.

Ond y prif atgofion sydd gen i ohoni yn ystod fy mlynyddoedd cynnar, ydi atgofion o fam hynod gariadus oedd hefyd yn athrawes i mi. Fy hoff athrawes erioed!

Mam ddysgodd i mi sut i ddweud faint o'r gloch ydi hi. Mam hefyd ddysgodd fi sut i gyfri, sut i wneud symiau syml fel ychwanegu, tynnu, a'r tablau lluosi. I gyd cyn i mi fynd ar gyfyl yr ysgol gynradd! Mi oedd Mam yn benderfynol o brofi pawb yn anghywir, ble o'n i yn y cwestiwn. I mi, y gwersi mwyaf gwerthfawr ges i gan fy mam oedd sut i ddarllen a sgwennu. A thrwy fy nysgu i i ddarllen, yn arbennig, dyma Mam yn fy nghyflwyno i fy mhrif dihangfa rhag creulondeb pobl eraill. Wrth gwrs, Saesneg oedd iaith yr holl lyfrau yma. Byddai'n rhaid aros nes 'mod i chydig yn hŷn cyn i mi gael fy llyfr Cymraeg cyntaf.

Roeddwn i tua tair mlwydd oed pan ddaru Mam holi beth o'n i am ei wneud ar ôl tyfu i fyny. Dyma fi'n ymateb yn gwbl gadarn; milfeddyg o'n i am fod! Yn bennaf oherwydd 'mod i mor hoff o anifeiliaid. Ond, mi oedd yna anawsterau roeddwn i'n annhebygol o'u goresgyn (fy ngolwg sâl a'r diffyg defnydd llawn o fy llaw dde) oedd yn golygu, yn enwedig o safbwynt cynnal llawdriniaethau ar gleifion, nad dyna'r yrfa ddelfrydol i mi. Ond byddai'n rhaid i'r sgwrs anodd honno aros tan o'n i yn fy arddegau. O safbwynt fy mam, er gwaetha'r ffaith nad oeddwn yn debygol o allu cyrraedd y nod o hyfforddi'n llwyddiannus fel milfeddyg, dwi'n siŵr bod y ffaith fod ei mab anabl hefo'r ffasiwn uchelgais yn destun balchder iddi. Dim yn rhy ddrwg o gwbl ar gyfer "wheelchair-bound vegetable", nac oedd? Ar y llaw arall, po fwyaf oeddwn i'n ei ddysgu a pho fwyaf uchelgeisiol o'n i, y lleiaf roedd un person penodol eisiau cael unrhyw beth i'w wneud hefo fi, tra'n rhoi chwanag o sylw i Nick. Pwy oedd hwnnw, tybed...?

Pennod 6

Tad y Ganrif

MAE'R BENNOD HON yn mynd i fod yn un anodd i'w sgwennu.

Ond, gobeithio'n fawr y byddwch chi'n gweld yr hyn sydd i ddilyn fel darlun teg a chytbwys o Eric. Wel, mor deg a chytbwys â phosib, felly. Tydw i ddim yn pasa crybwyll chwalfa ei briodas â fy mam yn fan hyn. Canolbwyntio ar ei rinweddau fel tad dwi'n pasa ei wneud yma.

Y man cychwyn gorau ydi ei ymadawiad o'r fflat, decini, wedi i Mam wrthod caniatáu i Neil, Danny ac Adam aros hefo ni ar ôl fy llawdriniaeth i osod fy shynt cyntaf. Dwi o'r farn bod Mam yn llygad ei lle i wrthod fel y gwnaeth hi. Nid yn unig oherwydd 'mod i wrthi'n gwella ar ôl llawdriniaeth ar yr ymennydd, ond hefyd – er bod Jamie wedi symud 'nôl i Lerpwl – roedd Mam, Eric, Mandy a finna yno o hyd. Mewn fflat Cyngor roedden ni'n byw ar y pryd, nid Tardis! Wrth gwrs, anghytuno wnaeth mam Eric, gan fy meio i am ddifetha bywyd ei mab. Dwi'n eithaf sicr nad oeddwn i wedi gofyn am gael bodoli. Ac yn berffaith sicr nes i'm gofyn am yr anableddau sydd gen i, felly 'dwn i'm sut o'n i ar fai yn hyn o beth. Disgrifiodd Mam flynyddoedd wedyn sut y byddai fy nain yn arfer rhythu'n gas arni hi, Mandy a finna, pan fydden ni allan am dro. Wedyn, pan o'n i'n blentyn ifanc, dim ond unwaith dwi'n ei chofio hi'n dŵad draw i warchod, ac mi ddaru hi ei gwneud hi'n berffaith amlwg nad oedd hi isho bod yno. Roedd yr awyrgylch yn anghynnes. Na, yn rhyfedd ddigon, chafodd hi erioed enwebiad 'Nain y Flwyddyn' gen i. Beth bynnag, yn y diwedd, yn ei ôl i'r fflat ddoth Eric.

Yn rhyfedd, yr atgof cyntaf sydd gen i ohono fo yn uniongyrchol ydi pan oedden ni ar ein gwyliau yn Sbaen. Dwi'n cofio bod ym mhen bas pwll nofio'r gwesty, a dyma 'na blentyn arall yn fy ngwthio i dan y dŵr! Gobeithio bod y diawl bach wedi treulio gweddill ei wyliau'n dioddef hefo gwenwyn bwyd neu rywbeth, dduda i. Pan oedd y ddwy tua deg i un ar ddeg oed, aeth Mam a fy modryb Rhian i nofio yn y môr. Ar ôl i'r ddwy gael eu sgubo mor bell o draeth Harlach gan y tonnau nes ei bod hi'n amhosib iddyn nhw weld y castell, hyd yn oed, roedd gan Mam ofn dŵr am weddill ei hoes. Yn yr achos yma, felly, cyfrifoldeb Eric oedd achub fy mywyd. Diolch byth ei fod o yno i wneud hynny. Na, cyn i neb holi, doedd sgwennu hynny ddim yn hawdd! Dyna'r atgof cynharaf ohono fo sydd gen i. Sylfaen gadarn ar gyfer perthynas gref rhwng tad a mab 'sa chi'n meddwl, ond nid felly y bu, yn anffodus.

Atgof cynnar arall sydd gen i o Eric ydi ohono fo yn rhoi pàs i mi i'r Ysgol Feithrin yn Bermo, a finna'n diolch iddo fo am y bàs fel tasa fo'n yrrwr tacsi, nid tad imi! Pam hynny felly? Pam doedd gen i ddim perthynas gystal hefo Eric ag oedd gen i hefo Mam? Y ffaith nad oedd o'n coelio fy mod i'n fab iddo fo? Fy anableddau? Y ffaith 'mod i mor hoff o ddysgu pethau newydd? 'Dwn i'm.

Er gwaetha'r uchod, mae gen i atgofion cadarnhaol ohono fo yn ystod fy mhlentyndod. Yn yr ardd gefn yn Harlach, er enghraifft, 'nath o godi caban pren i Nick a finna. Ac er na Mam, yn amlach na pheidio, fyddai'n delio hefo'r problemau bwlio pan oeddwn i'n yr ysgol, mi ydw i'n cofio Eric yn dŵad hefo fi i'r ysgol gynradd un bora. Dwi'n ei gofio fo'n sefyll yn yr iard. I be'? Codi ofn ar y bwlis, gan wneud iddyn nhw sylweddoli bod gen i dad yn ogystal â mam? Beth bynnag oedd o'n ceisio'i gyflawni, chwarae teg iddo fo am drio (eto, roedd hi'n anodd sgwennu hynna), ond ddaru o'm gweithio yn anffodus. Fel y cefais i fy atgoffa yn gymharol ddiweddar, tydi Eric ddim yn un arbennig o dda am ddelio hefo bwlis.

Atgof cadarnhaol arall, ac o bosib yr atgof cadarnhaol olaf, sydd gen i o Eric ydi yn ystod ein gwyliau fel teulu i Florida – naill ai yn y flwyddyn 2000 neu 2001, dwi ddim yn siŵr. O'n i'n dal yn gwneud defnydd rhan amser o gadair olwyn, felly wrth gwrs, roedd cyfyngiadau ar yr hyn oedd yn addas i mi'i wneud. Un peth roedd hi'n bosib i mi'i wneud yno oedd nofio hefo siarcod (pethau lot llai na rhywbeth allan o *Jaws*, wrth reswm). Roedd angen i riant ddŵad hefo fi, ac o gofio ofn fy mam o'r dŵr, diolch i Eric, nes i'm colli cyfla. Be' well na chyfuno fy hoffter o anifeiliaid a nofio? Na, doedd y digwyddiad yn Sbaen heb achosi i mi ofni dŵr. Ond rhwng hynny a'r gansan ges i yn Woolworths, mi oedd gen i ofn pobl – rhywbeth na fyddai'n dechrau gwella tan yn gymharol diweddar.

Dyna'r atgofion gorau sydd gen i o Eric, felly. Fel arall, yn ystod fy mhlentyndod, atgofion eithaf negyddol ohono fo sydd gen i ar y cyfan. Sylweddolais i bod llawar gwell gan Eric Nick, wrth i Nick dyfu i fyny. Mae gen i gywilydd cyfaddef 'mod i'n cofio teimlo'n genfigennus o Nick ar y pryd. Ond wrth gwrs, ar Eric oedd y bai. Yn wahanol i fi, doedd gan Nick ddim llawar o ddiddordeb mewn darllen na dysgu. Ella bod Eric yn teimlo bod ganddo fo chwanag yn gyffredin hefo Nick, felly? Dwi'n cofio Mam yn sicrhau bod yna rai adegau penodol lle roedd rhaid i Eric dreulio amser hefo fi. A dwi'n cofio meddwl ar un o'r adegau yma, a finna tua saith neu wyth oed – *mae Dad yn casáu fi, a dwi ddim yn gwybod pam.*

Dim ond flynyddoedd wedyn, a finna'n oedolyn ifanc, ges i glywad gan Mam mai nid fi oedd Eric yn ei gasáu, ond fy anableddau. Wel, tydw inna ddim yn or-hoff ohonyn nhw chwaith! Ond yn wahanol i Dad y Ganrif, does gen i'm y dewis o gerdded i ffwrdd. Beth bynnag yr esgus, mae'n afiach o beth gwneud i blentyn deimlo dy fod yn ei gasáu. Serch hynny, mi ydw i'n cofio parhau i wneud ymdrech hefo Eric – trwy wylio *The Bill* ar y teledu hefo fo, er enghraifft. Felly er gwaetha'r ffordd roedd o wedi gwneud i mi deimlo, roeddwn i'n dal isho (ta angen?) perthynas hefo fo.

Yn anffodus, gwaethygodd pethau, yn ystod fy arddegau yn enwedig. Ac nid yn unig oherwydd cyflwr priodas fy rhieni. Fuodd yr iaith Gymraeg (ia, y Gymraeg) wrth wraidd sawl dadl. Gwahaniaeth arall oedd wedi sicrhau pellter rhyngom ers i mi ddechrau yn yr ysgol oedd y ffaith 'mod i yn siarad dwy iaith, ac yntau'n uniaith Saesneg.

Mathemateg oedd wrth wraidd y dadlau mawr ieithyddol. Pam? Oherwydd, tu hwnt i'r hyn roedd Mam wedi'i ddysgu i mi cyn i mi ddechrau yn yr ysgol gynradd, roedd y ddau ohonom ni'n anobeithiol ble roedd mathemateg yn y cwestiwn. Roedd Eric, ar y llaw arall, yn gwybod tipyn mwy na ni. Yn enwedig felly o ran algebra. Pan ges i fy nghyflwyno i algebra ym Mlwyddyn 9, roeddwn i'n hollol ddi-glem. Arweiniodd hyn at brofiad anarferol iawn; gofyn i Eric am gymorth hefo 'ngwaith cartref. O'r cychwyn, doedd o ddim yn hapus hefo'r ffaith bod y taflenni gwaith cartref yn Gymraeg, er i fi a Mam eu cyfieithu nhw air am air iddo fo! Gyda llaw, 'sa chi'n meddwl y byddai'r gwaith o gyfieithu yn hwyluso dealltwriaeth, ond na. Roedd Eric am i fi wneud mathemateg fel pwnc trwy'r Saesneg. Wedi cyfnod hir o ddadlau, fy nadl i oedd, "It makes no difference what language you use to explain algebra, or maths in general, to me. I don't understand it in Welsh, and

I won't understand it in English!" Felly parhau i astudio popeth yn Gymraeg nes i. Cymraeg: 1, Eric: 0.

Atgof addysgiadol arall sydd gen i o Eric ydi cyfnod fy wsnos profiad gwaith ddiwedd Blwyddyn 10. Erbyn hyn, wrth gwrs, roedd fy mreuddwydion o ddod yn filfeddyg wedi'u chwalu'n racs. O ganlyniad, pan ddoth yr amser i ystyried opsiynau profiad gwaith, doeddwn i ddim yn siŵr ble ro'n i am fynd. Roedd yna ddiffyg opsiynau amlwg yn Harlach. 'Sa'r llyfrgell wedi bod yn opsiwn, decini, a finna wrth fy modd hefo llyfrau. Ond, mwy na thebyg, gan fod y llyfrgell a'r ysgol feithrin yn rhannu adeilad (ar y pryd), nes i erioed ei ystyried. Ond roedd rhaid i mi wneud rhywbeth, doedd? Felly dyma fi, heb fawr o ddewis arall, yn mynd o gwmpas hefo Eric am wsnos. Dyna oedd y profiad mwyaf diflas dwi wedi'i gael erioed. Wnaeth Eric fawr o ymdrech i neud yr wsnos yn ddiddorol i mi chwaith. Ond, er tegwch iddo fo, doeddwn i byth yn mynd i weld gwaith plymio na weirio yn ddiddorol! A chan ystyried nad oedd ein perthynas yn arbennig o agos ar y pryd, dyma fi'n gwneud y lleiafswm posib yn ystod yr wsnos. Dwi hyd yn oed yn cofio cocio bach 'mod i'n cysgu yn y fan un pnawn, a hynny er mwyn osgoi gorfod siarad hefo fo. Doeddwn i erioed wedi bod mor falch o weld diwedd pnawn dydd Gwener!

Fy enw (Dykstra; yr un cyntaf ges i ar ôl cael fy ngeni, hynny ydi) oedd testun dadl arall. Ar wahân i wylltio, dwi ddim yn cofio beth ddwedodd Eric. Ond mi ydw i'n cofio ymateb Mam: "We weren't married at the time, what did you think his name was going to be?!"

***

Rhywbeth fu'n destun cywilydd i Mam a finna oedd sgwrs rhyngom ni, Eric ac un o'r rejistrârs wedi fy llawdriniaeth i osod shynt newydd pan o'n i'n ddwy ar bymtheg. Dyma Eric yn mynd ati i holi pob math o gwestiynau i'r rejistrâr am hydroseffalws. Yn anffodus, roedd ei gwestiynau yn rhai syml dros ben. Y math o gwestiynau 'sa chi wedi disgwyl iddo'u gofyn yr adeg pan ges i fy shynt cyntaf yn bum wsnos oed. Dyma'r rejistrâr yn sbio i gyfeiriad Mam a finna, bron fel tasa fo isho holi, "Ydi'r boi 'ma o ddifri?" Wrth gwrs, nid er fy mwyn i oedd Eric yn holi'r cwestiynau yma. Roedd ei nith, Melissa, sydd tua'r un oed â fi, wedi cael diagnosis o hydroseffalws (caffaeledig/*acquired*) yn ddiweddar iawn. Felly er mwyn Melissa a'i rhieni hi oedd Eric yn holi'r cwestiynau yma, nid fi.

Wedi diagnosis Melissa, dwi'n cofio holi Paul May pan aeth Mam a fi ar gyfer apwyntiad chydig wedi hynny – gan ystyried diagnosis fy nghyfnither – a oedd hi'n bosib bod yna ffactorau genetig wrth wraidd ei hydroseffalws hi a finna.

"As you know Anthony, it's impossible to be certain about these things. But it is a possibility."

Dyma fi'n penderfynu yn y fan a'r lle, er mai dim ond yn fy arddegau hwyr o'n i, na fyddwn i byth yn cael plant fy hun. Sicrwydd neu beidio, roedd yna ormod o risg yn fy marn i. Roedd byw trwy fy mhlentyndod wedi bod yn ddigon anodd. Roedd y syniad o blentyn arall yn gorfod profi plentyndod tebyg, tra'n gwybod na fi 'sa wedi bod yn gyfrifol am hynny, yn fy nharo i fel rhywbeth hunanol i'w wneud. A fel'na dwi'n teimlo hyd heddiw.

***

Yn sgil Mam ac Eric yn gwahanu am y tro olaf yn 2005, ac ysgaru yn 2009, ches i'm llawar i'w wneud hefo fo wedyn. Ond mi ydw i'n cofio, yn 2011, fel roedd Mam yn benderfynol ei bod hi am i Eric fynychu fy seremoni raddio y flwyddyn honno. Dyna oedd y peth olaf o'n i isho! Felly dyma fi'n rhoi'r dyddiad anghywir i Eric. Mi roddodd Mam y diwrnod cywir iddo fo wedyn. A dyma ni'n mynd 'nôl a 'mlaen fel gêm o ping-pong yn cywiro'n gilydd am gyfnod. Mam gafodd ei ffordd yn y diwedd, wrth gwrs. Os hoffech chi wybod gan bwy nes i etifeddu fy styfnigrwydd, Mam oedd honno!

Dyma ni'r diwrnod mawr yn cyrraedd. Wedi'r seremoni, tynnodd Eric lun o Mam a finna. Fy hoff lun ohona i a Mam, chwarae teg iddo fo. Dyma fo'n holi Mam wedyn:

"So, what are we doing now?"

Wna i byth anghofio ymateb fy mam.

"You can do as you please. I am going to have a family portrait taken with MY sons."

O gofio bod Eric wedi cyhuddo fy mam ar gam o fod yn anffyddlon, mewn ymgais aflwyddiannus i egluro fy hydroseffalws, 'sgwn i pa hyd roedd hi wedi bod yn aros i ddweud hynny?

Wrth gwrs, nid dyna fyddai'r tro olaf i Mam beidio dal 'nôl wrth roi ei chyn-ŵr yn ei le cyn ei marwolaeth... Yn ystod haf 2012, roedd Mam yn cael trafferth cysgu. A hynny oherwydd ei bod hi'n clywad sŵn, ll'godan fawr oedd hi'n tybio, yn yr atig uwch ben ei llofft. Felly dyma hi'n ffonio Eric i holi a oedd ganddo rywbeth i helpu'r achos. Dyma fo'n dŵad i'r tŷ hefo plwg gwyn. Roedd hwnnw i fod i wneud sŵn, rhy uchel ei draw i bobl ei glywad, er mwyn hel unrhyw lygod mawr neu fach o'r tŷ. Dyma fo'n plygio'r peth i mewn i soced tu allan i stafell wely Mam a'i droi ymlaen, a hitha'n dweud yn syth:

"You may as well take it away. It's obviously no good."

"Give it a chance, I've only just plugged it in," medda fo.

Heb oedi, dyma Mam yn ymateb, "Well, you're still here, aren't you?"

O'n i wedi bod yn gwrando ar hyn oll yn fy llofft (oedd drws nesaf i lofft Mam) a doeddwn i'n methu helpu'n hun. O'n i'n crio chwerthin! Rhaid cyfaddef, a finna'n meddwl am y peth rŵan, tydw i ddim yn saff pam mai Eric ddaru Mam ei alw i ddod i ddatrys y broblem, yn hytrach na chwmni difa pla. Costau, ella? Beth bynnag ei rhesymeg, ei chyn-ŵr oedd dewis cyntaf Mam.

***

Hefo'r cartref teuluol ar werth yn sgil ei gelwyddau, dim ond gwaethygu wnaeth pethau rhwng Eric a finna. Doedd dod o hyd i rywle addas i fyw, hynny ydi, byngalo arall, neu fflat llawr gwaelod, oedd yn fodlon derbyn tenantiaid hefo anifeiliaid anwes ddim yn hawdd. Chwilio ar fy mhen fy hun o'n i. Arwyddair Nick ble roedd hyn oll yn y cwestiwn? *Mañana!* Pan oedd o'n iau, "Rho bum munud i mi", neu "wedyn" oedd agwedd Nick at bopeth. Er, dwi'n bod yn annheg â fy mrawd. Ella'i fod o'n ei chael hi'n anodd ymdopi hefo'r syniad o golli ei gartref, fel fi, ac mai peidio gweithredu oedd ei ffordd o o ddelio hefo'r peth. Ag yntau'n llyfr caeedig, mae'n amhosib gwybod yn iawn. Arweiniodd hyn at gyhuddiadau gan Eric 'mod i ddim yn trio'n ddigon caled i ddod o hyd i rywle i fyw. Chwarae teg, stiwdant anabl, di-waith hefo anifeiliaid anwes o'n i. Doedd dod o hyd i gartref arall, oedd yn addas, byth yn mynd i fod yn hawdd! O ganlyniad, es i ati yn fwriadol i geisio prynu chwanag o amser i Nick a finna. Er enghraifft, pan fyddai Eric yn sôn bod ganddo rywun yn dŵad draw i weld y byngalo, mi fyddwn i'n gwneud pwynt o llnau'r lle'n lân er mwyn sicrhau bod ganddo fo byth reswm i gwyno. Ond, fel protest fach dawel, mi fyddwn i hefyd yn codi'r holl faw ci o'r ardd gefn, ar wahân i ddarn digon amlwg iddo fo a'r darpar brynwr ei weld. A phob tro byddai o'n gwylltio hefo fi am ddifetha gwerthiant posib, byddwn i'n ymateb:

"You seem to be forgetting that I am partially sighted and have a white cane. If I fail to find all the dog muck in a back garden that big, it's hardly my fault."

Enghraifft brin ohona i'n defnyddio un o fy anableddau i esgusodi rhywbeth, ac enghraifft brinnach fyth ohona i'n teimlo ei bod hi'n dderbyniol i ddweud celwydd noeth. Ac wrth gwrs, doedd o'n methu dadlau yn ôl.

Yn anffodus, doedd fy nhactegau ddim yn dwyn ffrwyth. Yn y sector preifat, roedd pob hysbýs yn nodi naill ai 'Dim anifeiliaid anwes' a/neu 'Dim tenantiaid ar fudd-daliadau'. Yn y sector cymdeithasol, er gwaetha'r ffaith bod Nick a finna mewn peryg gwirioneddol o fod yn ddigartref, doedd 'na'm llawar yno chwaith. Dwi'n cofio un sgwrs benodol ble ces i wybod fod yna fyngalo yn Llanfair, ger Harlach. Roedd yna gwpl mewn oed o flaen Nick a finna ar y rhestr aros. Ond, tasan nhw'n gwrthod, 'san ni'n dau yn cael cynnig wedyn. Dyma fi'n ffonio wsnos yn ddiweddarach yn gofyn beth oedd hanes y byngalo... "O, 'dan ni wedi gorfod cynnig y byngalo i rywun o'r tu allan i'r sir." Dyma'r tîm digartrefedd wedyn yn cynnig fflat ail lawr ym Mhenygroes i ni. "Does gen i'm byd o gwbl yn erbyn Penygroes. Ond yn anffodus, dwi'n anabl a tydi fflat ail lawr ddim yn addas." Oherwydd 'mod i wedi gwrthod y cynnig yma, cafodd y cais ei gau. O'n i'n gandryll. Hefo'r system, i raddau. Ond nid system Adran Dai Cyngor Gwynedd oedd yn gyfrifol am fy ngwneud i a Nick yn ddigartref wyth diwrnod cyn y Nadolig yn 2013. Eric oedd hwnnw; Eric a'i gelwyddau arweiniodd at roi'r byngalo ar werth. A dwi'n cofio dweud nad oeddwn i'n beio'r Cyngor am fy nigartrefedd yn ystod sgwrs banel ar dai yng Nghanolfan Pobdy ym Mangor, pan ges i ymddiheuriad gan Aelod Cabinet y Cyngor oedd yn gyfrifol am dai ar y pryd, Craig ab Iago, ar ôl iddo glywad yr hanes.

Ces i sgwrs hefo Eric flynyddoedd wedyn, a dyma fo'n cwyno bod pobl o'r tu hwnt i'r sir yn cael tai cymdeithasol yn Harlach. Dyma fi'n cyd-weld hefo fo, ac yn sôn am y byngalo yn Llanfair.

"Llanfair wouldn't have been very suitable for you, Anthony."

"Perhaps not. But it would have been much more suitable than alternating between a sofa and an airbed in Liverpool for six months."

Ddwedodd o ddim byd mewn ymateb i hynny. Rhyfedd, yn de? O ran y soffa yn Lerpwl, pan oeddwn i yno, mi glywais i gan fodryb i mi bod Eric wedi bod yn brolio yn nhafarn y Lion (Harlech House erbyn hyn, am enw hurt) ei fod o am fynd draw i Awstralia i weithio. A hynny ar fisa ymwelwyr! Dyma fi'n e-bostio'r awdurdodau yn Awstralia er mwyn eu rhybuddio nhw am ei gynlluniau. Dwi'n cofio'r llinell yma o'r e-bost hyd heddiw: 'As well as depriving hard-working Australians of job opportunities, he would also be giving genuine tourists a bad name.' Ond ddigwyddodd 'na'm byd. Felly dwi'n cymryd ei fod o wedi llwyddo i wingio ei ffordd allan o hynny trwy raffu celwyddau. Neu, doedd yr awdurdodau ddim wedi cymryd fy e-bost o ddifri.

Yr hyn oedd yn fy ngwylltio i go iawn am y busnes tai 'ma oedd y diffyg cymorth gan Eric i ddod o hyd i rywle arall. Pan ddoth Danny yn ei ôl o Awstralia, aeth Eric ati'n syth i sicrhau bod ganddo fo a'i deulu gartref. Bechod bod gan Nick a finna ddim acenion Aussie, yn de? Y peth agosaf at gymorth gawson ni gan Eric oedd hwnnw'n awgrymu ein bod ni'n dau yn defnyddio'r pres o'n hanner ni o'r byngalo i brynu rhywle ar y cyd. Ond doedd hyn ddim yn ddatrysiad ymarferol, yn bennaf oherwydd bod Nick a finna isho (angen?) pethau hollol wahanol. Ond hyd yn oed 'tasan ni wedi bod ar yr un dudalen, a hynny hefo gwerth hanner byngalo pedair llofft o bres, roedd byngalos yn y Parc Cenedlaethol (o gofio nad oeddwn i'n awyddus i adael Harlach) yn dal i fod yn eithriadol o ddrud yn 2013/2014.

***

Fuodd 'na fawr o Gymraeg (neu Saesneg, hyd yn oed) rhwng Eric a finna am dipyn wedyn. Ond dwi yn ei gofio fo'n landio ar fy stepan drws yn Y Felinheli yn 2015 ac yn fy nghroesholi am fy nhaith i'r Ariannin a 'mwriad i deithio i Awstralia yn 2016.

"I'm not sure how where I go and what I do are any of your business, since you made me homeless. But worry not, I have absolutely no intention of causing any trouble for you whilst I'm in Australia. I've better things to do with my time."

Dyna'r peth olaf glywais i gan Eric wedyn, tan fis Chwefror 2016, pan oedd y shynt wedi blocio, a finna yn Y Ganolfan Walton eto.

Cyn y llawdriniaeth, pan o'n i'n aros ar y ward i benderfyniad o ryw fath gael ei wneud, dyma Eric yn cyrraedd. Mae'n rhaid bod rhywun, Nick decini, wedi sôn fy mod i yn yr ysbyty ac ar ba ward o'n i. Roedd o wrth fy ngwely i am lai na phum munud cyn iddo fo syrthio i gysgu, ei ymateb arferol pryd bynnag dwi yn yr ysbyty.

"That's right, your son's seriously ill so why not have a snooze?" medda fi.

Dwi ddim yn hollol saff am faint fuodd o yno hefo fi wedyn. Hanner awr, dri chwarter i gyd. Ar ôl iddo fo fynd, dyma 'na ddyn mewn gwely cyfagos yn dweud, "That was good of your friend to come and see you."

"That gentleman is many things, but he's no friend of mine," atebais inna.

Sylwch, mi nes i gyfeirio ato fo fel bonheddwr – rhywbeth doeddwn i erioed wedi'i wneud o'r blaen. O'n i wedi dechrau mynd yn sofft, mae'n rhaid. Mi o'n i'n dal yn flin hefo Eric am ei ddifaterwch o ran fy iechyd, ac am adael iddo'i hun syrthio i gysgu. Iawn, nid dyna'r tro cyntaf erioed i rywbeth fynd o'i le hefo'r shynt, ac mae'n rhaid ei fod o'n poeni rhywfaint i ddod o gwbl. Ond ar yr un pryd, roedd gen i e-byst yn cyrraedd yn gyson gan ffrind o ben draw'r byd, oedd hefo dealltwriaeth o hydroseffalws ei hun. Ac roedd o'n dal i holi, 'Pam 'so nhw'n gwneud...?' hyn a 'Pam 'so nhw'n gwneud...?' llall. Dwi'm yn meddwl 'swn i wedi bod mor flin hefo Eric tasa fo ond wedi holi rhywfaint o gwestiynau, fel roedd Alan yn ei wneud.

Ychydig funudau wedi ymadawiad Eric, dyma Mandy a Jamie yn ymddangos ar y ward, law yn llaw (er syndod mawr i mi, a'r ddau ohonyn nhw – os cofiwch chi – wedi ffraeo ers tro).

"Things must be bad if you two are on speaking terms." Dwi'n gorfod eu pryfocio weithiau, a finna'n frawd bach iddyn nhw. Dwi'n siŵr bod hynny yn y swydd-ddisgrifiad yn rhywle. "Did you see Eric on your way up?"

"No. 'As 'e been?"

Diolch i'r drefn am hynny! Ella 'mod i'm yn or-hoff o Eric. Ond dwi'm yn meddwl 'swn i'n croesawu'r syniad o roi Mandy a Jamie ar eu pennau eu hunain hefo fo mewn lifft.

"He's only just left," medda fi.

Pan o'n i'n barod i adael yr ysbyty wedi fy llawdriniaeth, dyma Eric yn gwirfoddoli i roi pàs i mi 'nôl i'r Felinheli.

Ar y ffordd mi 'nath o stopio yn Tesco Bangor i brynu gwerth wsnos o fwyd wedi rhewi i mi. Fis Mehefin, dyma fo hefyd yn rhoi pàs i mi o faes awyr Manceinion 'nôl adra, wedi i mi ddychwelyd o Awstralia. Camau i'r cyfeiriad cywir, ella. Ond ar ôl popeth roedd o wedi'i wneud, nid da lle gellir gwell.

***

Fel y bydd rhai ohonoch yn ymwybodol, yn fy nghartref blaenorol nes i ddioddef aflonyddwch parhaus gan fy nghyn-landlord. O gwynion am lwch ar *skirting boards*, oedd yn, wir yr, "peryglu 'structural integrity' yr eiddo" i gwynion nad oeddwn i'n sgwrio bob modfedd o'r tŷ yn ddyddiol ('dwn i'm sut o'n i i fod i weithio er mwyn talu rhent yn y cyfamser) a chwynion bod gen i ormod o fygiau(?!) a llyfrau (does 'na'm y ffasiwn beth) ymysg nifer o bethau eraill.

Mi benderfynais i yn y diwedd, wrth i mi sylweddoli nad oedd o cynddrwg o flaen ei fab (fyddai'n ei helpu o hefo dipyn o waith o gwmpas y tŷ), bod angen rhywun arall yn bresennol hefo fi yn y tŷ yn ystod ei ymweliadau, er mwyn atal ei bregethu afresymol. Es i ati wedyn i lunio rhestr o berthnasau a chyfeillion oedd yn fodlon i mi eu gwahodd draw i'r tŷ (nid pawb ar unwaith, wrth gwrs) bob tro y byddai fy landlord yn dŵad draw. Ar y pryd, mi lwyddais i i sicrhau, os oedd fy landlord am ddŵad i'r tŷ, ei fod o ond yn gwneud hynny ar benwsnosau. A finna'n gweithio'n llawn amser ddydd Llun i ddydd Gwener ar y pryd, dyna oedd yr adeg fwyaf cyfleus i mi, er ei brotestiadau.

Y tro cyntaf i'r landlord benderfynu ymweld â'r tŷ ers i mi lunio fy rhestr, mi nes i lwyddo i sicrhau ymweliad ar ddydd Sul. A hynny oherwydd imi gymryd yn ganiataol na fyddai gwaith, cynlluniau ac ati gan y sawl ar fy rhestr.

Dyna oedd camgymeriad a hanner; doedd 'na neb ar gael! Neb o gwbl! Tra oedden ni ar y ffôn, dyma Meic yn awgrymu rhywun doeddwn i heb ei ystyried o gwbl:

Meic: Pam na wnei di ofyn i Eric?
Fi: Tydi o'n methu siarad Cymraeg. A 'sa hynny'n rhoi rhyddid i hoff landlord y genedl gario 'mlaen i gega, a 'sa Eric ddim callach.
Meic: Ella 'sa'r ffaith ei fod o yno yn ddigon iddo fo beidio dweud rhywbeth?

Roedd gan f'ewythr bwynt. Ac os oeddwn i'n mynd i ddifetha dydd Sul unrhyw un, waeth i mi gadw Eric rhag ei glybiau golff am chydig oriau!

Dyma dydd Sul yn cyrraedd. Ac Eric yn ei dro, hefo dau goffi Costa. Mae'r ffaith 'mod i'n ddrwgdybus o'r cynnwys i ddechrau yn sicr yn awgrymu cyn lleied dwi'n trystio'r dyn roedd Mam yn ei garu tu hwnt i bob rheswm hyd ei marwolaeth. Ond dwi'n eistedd yma'n sgwennu'r gyfrol hon, felly doedd y coffi ddim yn cynnwys unrhyw beth amheus, yn ôl bob golwg. Wedi rhywfaint o siarad gwag, dyma fi'n derbyn neges gan landlord gorau'r genedl (nes i ddweud fy mod i'n foi sarcastig, yn do?) yn gofyn i mi agor y giât gefn. Doedd 'na nunlle i barcio o flaen y tŷ, felly mynd i'r cefn oedd raid. Dyma fi'n crybwyll y neges wrth Eric fel ro'n i'n codi o'r gadair i wisgo fy sgidia.

"Stay there, I'll let him in," medda fo.

Dyma fo'n mynd allan i'r cefn. Y peth nesaf glywais i oedd, "Bore da, I'm Anthony's father." *Ti wedi dysgu dau air o Gymraeg, felly. Da iawn chdi! Wyt ti'n siŵr am hynny, gyda llaw? Wedi dy amheuon oherwydd fy anableddau, dwi'n dal yn hanner disgwyl i chdi ofyn am brawf DNA*, medda fi wrthaf fi'n hun. Y peth nesaf glywais i wedyn oedd, "O!".

Yn amlwg, doedd fy landlord ddim yn disgwyl i neb arall agor y giât iddo fo!

Ar ôl i'r ddau ddychwelyd i'r tŷ, a finna'n eu cyfarch, dyma fy landlord yn mynd i fyny'r staer yn syth i gysylltu'r larwm carbon monocsid i rwydwaith trydan y tŷ. Yn y cyfamser, dyma Eric yn cynnig sylwebaeth barhaus, gan gynnwys, "What the hell's he doing up there? Does he fucking know what he's doing?" a "There's gonna be a bang in a minute..." A dyma'r *bang* yn dilyn bron yn syth! Roedd ffiws wedi mynd. Mi ddoth fy landlord i lawr staer a holi a oedd gen i ffiws sbâr.

"Nac oes. Ond croeso i chi holi 'nhad oes ganddo fo un yn ei fan, ac yntau'n beiriannydd trydanol."

"Is that right that you're an electrical engineer?"

"Yes," medda Eric. Ond na, doedd ganddo fo'm ffiws sbâr yn ei fan.

Ar ôl i fy landlord gael gafael ar ffiws o rywle, darfod ei waith a gadael, dyma Eric yn gadael a finna'n diolch iddo fo. Mi ddoth fy landlord yn ôl chydig wedi hynny ac ymysg pethau eraill, dyma fo'n datgan nad oedd o'n sylweddoli bod gen i dad. Bron iawn i mi ymateb hefo, "Wel oes, debyg! Nid y Forwyn Fair oedd fy mam, a nid fi 'di'r Iesu!" Ond brathais i 'nhafod. Er gwaethaf (neu ella oherwydd?) ymweliad Eric, gwaethygu wnâi pethau dros y misoedd i ddod. Dim ond ar y pedwerydd o Orffennaf 2024 'nath pethau wella.

***

Dwi'n cofio meddwl – fwy nag unwaith, pan o'n i yn fy arddegau – 'sa Mam wedi bod yn well off fel rhiant sengl. Mi oedd yna ddigonedd o enghreifftiau ym myd natur o rieni sengl; teigrod, eirth ac ati. Pam oedd angen cwpl i fagu plant, felly? Yn enwedig a hitha'n amlwg nad oedd fawr o ots gan un ohonyn nhw. Ond wrth gwrs, glynu wrth ei phriodas wnaeth Mam. Dwi'n cofio hefyd meddwl ella bod hyn i gyd yn normal? Ella bod dynion yn gyffredinol yn wŷr ac yn dadau crap?

Dros y degawd diwethaf, wrth gwrs, dwi wedi sylweddoli bod yr uchod yn safbwynt eithriadol o annheg, i ddweud y lleiaf. Dwi wedi cyfarfod dynion dwi'n ffodus iawn o'u cyfrif ymysg fy ffrindiau agosaf – dynion sy'n wŷr ac yn dadau canmil gwell nag Eric. Cymaint felly, fel yr hoffwn i awgrymu iddyn nhw oll ddod ynghyd i sgwennu llyfr er mwyn i Eric yn benodol gael dysgu ganddyn nhw. Ella ei fod o'n agosáu at ei saith deg, ond tydi hi byth yn rhy hwyr i dyfu'n berson gwell. Fel 'sa Mam hefyd yn awyddus i mi ei nodi yn ogystal, mi ydw i'n gwybod yn iawn bod yna dadau llawar gwaeth nag Eric yn bodoli. Ac mi ydw i'n ystyried fy hun yn ffodus iawn na ches i'r un o'r rheini'n dad i mi. Ond, ac mi ydw i'n ymwybodol bod hyn yn mynd i swnio'n hunanol braidd, os ges i'r rhodd o gael mam orau'r bydysawd, pam na ches i dad cystal? Oherwydd bod y bydysawd yn mynnu cydbwysedd, decini.

Er tegwch i Eric, mi ydw i wedi clywad ei fod yn daid da. Neu dyna'r argraff dwi'n ei chael gan blant fy hanner brodyr yn Awstralia. Mae'r sinig ynof o'r farn eu bod nhw ond yn meddwl hynny oherwydd ei fod o ond yn teithio i Perth yn achlysurol. Ond ella bod hynny'n annheg, a'i fod o wir yn daid arbennig o dda.

Er ei fod o ddim yn siarad hefo fi ers ffeindio allan fy mod i wedi newid fy enw, dwi'n dal yn benderfynol o fod yn gwrtais ag o, gan barchu dymuniadau Mam, bob tro dwi'n ei weld.

Pennod 7

Llyfrau

FEL SY'N WIR hefo cymaint o bethau, fy mam oedd yn bennaf gyfrifol am fy nghariad at lyfrau. Byddai Mam yn adrodd straeon wrtha i o'r cychwyn. Sicrhau 'mod i'n llwyddo i ddysgu siarad oedd ei nod. Ac yna'n dysgu sut i ddarllen a sgwennu. Ond, wrth i'r blynyddoedd fynd heibio, mae llyfrau wedi tyfu i fod yn llawar pwysicach i mi.

Er nad ydw i'n cofio Mam yn fy nysgu sut i ddarllen a sgwennu, mi ddwedodd hi ei bod hi wedi llwyddo i sicrhau bod gen i'r gallu i ddarllen a sgwennu, a hynny yn annibynnol, pan o'n i'n dair oed. Er, mi ddaru hi sôn 'mod i wedi'i chael hi'n anodd i ddysgu sgwennu oherwydd 'mod i'n methu codi pensil hefo fy llaw dde. Roedd Mam o'r farn mai llaw dde o'n i i fod yn naturiol. Ond, yn sgil y cymhlethdodau ges i adeg fy llawdriniaeth cyntaf a'r gwendid lawr ochr dde fy nghorff, roedd defnyddio fy llaw dde bron yn amhosib ar y pryd. Felly, dyma fi'n dysgu sut i sgwennu hefo'r llaw 'anghywir'.

Un peth dwi'n ei gofio, o pan o'n i'n dair oed, ydi cael digonedd o lyfrau o 'nghwmpas. Fy ffefryn ar y pryd oedd *Y Lindysyn Llwglyd Iawn* (yn Saesneg, wrth gwrs, o gofio nad oedd Mam na neb arall i fod i ddefnyddio'r Gymraeg hefo fi). Dwi'n cofio casgliad o lyfrau gan Beatrix Potter hefyd. Trwy gydol fy mhlentyndod wedyn, mi ddoth dau beth yn amlwg. Yn gyntaf, roedd yna eithaf tipyn o lyfrau am anifeiliaid anwes a bywyd gwyllt gen i. Yr yrfa roeddwn yn awyddus i'w dilyn oedd yn bennaf gyfrifol am hynny, decini. Er bod Mam yn ymwybodol nad oedd hi'n debygol y byddwn i'n llwyddo i gymhwyso fel milfeddyg, dwi yn meddwl ei bod hi'n edmygu'r ffaith 'mod i – ei mab anabl nad oedd yr arbenigwr yn disgwyl iddo gyflawni dim byd o gwbl – mor uchelgeisiol. Ac felly roedd Mam yn berffaith hapus i annog yr hyn o'n i isho'i neud. Yr ail beth ddoth yn amlwg yn ystod fy mhlentyndod oedd y ddihangfa roedd llyfrau yn ei chynnig i mi. Dihangfa rhag fy anableddau, yn ogystal â dihangfa rhag y bwlio roeddwn i'n ei brofi bob dydd yn yr ysgol yn eu sgil.

Er gwaetha'r holl fwlio ac er cymaint roeddwn i'n casáu mynd i'r ysgol, roedd yna un diwrnod bob blwyddyn yn yr ysgol gynradd pan fyddwn i isho bod yno. Diwrnod y ffair lyfrau! Unrhyw esgus i ychwanegu at fy nghasgliad o lyfrau, hyd yn oed treulio diwrnod yn rhywle doeddwn i'n methu'i ddioddef! Dyna ddangos faint dwi'n caru llyfrau, hyd heddiw. Dwi'n fodlon mynd i fy nghas lefydd yn y byd, os ga i lyfr fel iawndal! Dwi'n cofio ychwanegu dipyn at fy nghasgliad o lyfrau'r cyfresi *Horrible Histories* a *Goosebumps*, diolch i ffeiriau llyfrau'r ysgol.

Mae yna bump o lyfrau o fy nghyfnod yn yr ysgol gynradd ac uwchradd sydd wedi creu argraff arna i. Mae pedwar o'r pump gen i hyd heddiw! Mae *Tân ar y Comin* gan T. Llew Jones yn sefyll allan oherwydd, a finna'n wyth neu naw oed ar y pryd, dyna oedd y llyfr Cymraeg cyntaf erioed ar fy silffoedd llyfrau. Wrth sbio ar gyflwr y llyfr, mi ddarllenais i o gryn nifer o weithiau, decini. Mae hyn yn dangos cymaint o newid byd oedd cael llyfr Cymraeg yn y tŷ, ble mai dim ond llyfrau Saesneg oedd gen i cynt. Yn ystod fy nghyfnod yn yr ysgol uwchradd, y llyfrau oedd yn sefyll allan fwyaf i mi oedd *The Hobbit* a *The Lord of the Rings* gan J. R. R. Tolkien. Dwi'n cofio mwynhau'r ddau lyfr yn fawr iawn (dwi'n cofio darllen *The Hobbit* o glawr i glawr mewn un eisteddiad!), ond dwi'n meddwl mai *The Lord of The Rings* fwynheais i fwyaf ar y pryd. A hynny o drwch blewyn! 'Sa'n ddifyr (i mi, mwy na neb arall, ella) dychwelyd at y ddau lyfr i weld sut dwi'n teimlo heddiw. Gyda llaw, mi wnes i fwynhau *Yr Hobyd* (cyfieithiad Cymraeg Adam Pearce o *The Hobbit*) yn fawr iawn pan wnes i ei adolygu ar gyfer Nation.Cymru. Ac mae hynny'n ddweud mawr gan rywun oedd ddim yn gweld gwerth mewn cyfieithu llyfrau tan yn gymharol ddiweddar! Llyfr arall o fy mhlentyndod fyddai'n profi'n arwyddocaol dros ben oedd y geiriadur Ffrangeg 'ma i blant hefo lluniau i gyd-fynd hefo'r eirfa. Ges i'r geiriadur gan Mam pan o'n i yn yr ysgol gynradd. Roedd Mam yn awyddus iawn imi feistroli trydydd iaith. Oedd, mi oedd hi mor benderfynol â hynny i godi dau fys ar yr 'arbenigwr' honedig 'ma! Yn ddigon naturiol felly, mi nes i barhau hefo Ffrangeg tan i mi raddio yn 2011. Dydi'r geiriadur hwnnw ddim gen i bellach. Ond mae gen i lyfr o ymadroddion Ffrangeg anweddus ges i gan fy mam pan o'n i'n ddwy ar bymtheg. Dychmygwch, cael eich annog i fod yn anghwrtais gan riant! Ar yr amod 'mod i'n gwneud hynny yn Ffrangeg, wrth gwrs!

Un o'r pethau dwi'n ei golli'n fawr ers marwolaeth Mam, ac yn ei gofio hefo gwên heddiw, ydi'n trafodaethau ynglŷn â'r hyn o'n i wedi'i fwynhau (neu beidio, er 'mod i erioed wedi darllen llyfr o'n i'n ei gasáu) am lyfrau. Rhywbeth arall dwi'n ei golli'n fawr, ond eto hefo gwên, ydi pan fyddai'r ddau ohonom ni'n ymweld â siopau llyfrau. Byddai hi'n bosib i mi dreulio hyd at awr a mwy weithiau yn pori'r silffoedd, rhywbeth roedd Mam yn ei annog bob tro. Er fy mod i'n colli'r dyddiau pan fyddai'r ddau ohonom yn crwydro siopau llyfrau, mae'n rhywbeth dwi'n parhau i'w wneud hyd heddiw. Dwi wedi bod mor lwcus i ymweld â chymaint ohonyn nhw ar hyd y blynyddoedd, mae'n amhosib dewis ffefryn. Ac yn amlwg, dwi ddim yn rhagweld y bydd gen i fyth gas siop lyfrau chwaith. Cefnogwch eich siop lyfrau leol, da chi!

Yn ogystal â siopau llyfrau, dwi wrth fy modd yn ymweld â llyfrgelloedd pan dwi'n ymweld â llefydd. Heblaw am bori'r silffoedd, dwi hefyd yn eu gweld yn llefydd cyfleus i gyfarfod pobl, aros am fws neu drên (fel dwi wedi'i wneud yn Llandudno fwy nag unwaith), neu i dreulio chydig o amser yn ceisio ymlacio cyn cael fy nghyfweld ar gyfer swydd (fel dwi wedi'i wneud yn Llyfrgell Ganolog Caerdydd nifer o weithiau pan oedd gen i gyfweliadau yn y brifddinas).

Oes gen i hoff lyfr? Llyfr 'swn i'n mynd hefo fi i ryw ynys anghysbell? Wel, os ca i sicrwydd o gyflenwad digonol o fwyd, yna mae'n rhaid dewis y llyfryn ryseitiau roedd Mam wedi'i sgwennu i mi cyn ei marwolaeth. Dwi wedi mentro hefo bob un o'r ryseitiau. Ar wahân i'w chawl cennin a thatws. Mae gen i ormod o ofn, hyd yn oed wrth ddilyn y rysáit yn fanwl gywir, na fyddai'r canlyniad yn blasu cystal â'r hyn roedd Mam yn ei wneud yn y gorffennol.

Rhywbeth dwi wedi'i sylweddoli yn ystod y blynyddoedd diweddar ydi sut mae fy nhueddiadau prynu llyfrau o siopau a benthyg o lyfrgelloedd yn amrywio. Mae yna eithriadau i'r rheol, wrth gwrs, ond ar y cyfan dwi'n prynu ffuglen ac yn benthyg llyfrau ffeithiol. 'Dwn i'm beth sydd wrth wraidd hyn. Nid fy magwraeth, decini, oherwydd roedd gan fy silffoedd lyfrau adra yn Harlach amrywiaeth eang o ffuglen a llyfrau ffeithiol. Tybed ai fy nghyfnod yn y coleg, a'r angen i fenthyg llyfrau ar gyfer gwaith cwrs, fu'n gyfrifol am wneud i mi ystyried llyfrau ffeithiol fel pethau dwi'n eu benthyg, tra bod ffuglen yn rhywbeth dwi'n ei ddarllen er pleser, ac felly'n fwy tebygol o'i brynu? Er, mae gen i lyfrau ffeithiol ar fy silffoedd hyd heddiw. Felly er gwaetha'r hyn dwi wedi'i wneud ers fy nyddiau coleg, dwi'n parhau i fod yn rhywun sydd hefo casgliad amrywiol o lyfrau. A gormod ohonyn nhw, medd ambell un. Ond, yn fy marn i o leiaf, does 'na'm ffasiwn beth â "gormod o lyfrau".

Atgof arbennig arall sydd gen i ble mae Mam a llyfrau yn y cwestiwn ydi derbyn llyfrau fel anrhegion. A na, nid rhywbeth ar gyfer Dolig a 'mhen-blwydd yn unig oedd llyfrau! Weithiau 'swn i'n dŵad adra o'r ysgol a 'sa Mam yn cyflwyno llyfr i mi. Dwi'n cofio un diwrnod yn arbennig, pan o'n i'n un ar bymtheg oed, es i adra am fy nghinio ac roedd Mam dan gryn dipyn o straen. Doedd hi ddim yn hi'i hun o gwbl. Dyma fi'n dechrau amau bod Eric wedi gwneud neu ddweud rhywbeth. Ar ôl cael panad a brechdan, dyma Mam yn rhoi pàs i mi 'nôl i'r ysgol. Hanner awr wedi tri y diwrnod hwnnw, a Mam yn eistedd yn ei char tu allan i'r ysgol, dyma hi'n rhoi llyfr i mi – *Dialogues with Dogs* – hefo neges ar y tu mewn yn ymddiheuro am sut oedd hi amser cinio:

To Anthony,
Sorry I was so stressed this lunchtime.
Love you lots,
Mum XXX

Dyma fi'n dweud nad oedd rhaid iddi fyth ymddiheuro i mi, ac 'mod i'n dalld ei bod hi dan lot fawr o straen hefo Eric ar y pryd.

***

Er fy mod i wedi darllen yn eang erioed, ers tua 2015 – ble mae ffuglen yn y cwestiwn – dwi'n darllen chwanag o ffuglen drosedd. Dwi'n eithaf sicr na dylanwad fy mam (fel hefo cymaint o bethau eraill) sydd o leiaf yn rhannol gyfrifol am hyn. Pam felly? Trwy gydol fy mhlentyndod, os byth y byddwn i'n dangos unrhyw beth tebyg i hunandosturi, byddai Mam, 'tae hi'n digwydd gweld plentyn hefo anableddau mwy difrifol na fy rhai i, yn tynnu fy sylw yn dawel at y plentyn dan sylw ac yn fy atgoffa:

"Yndi, mae dy fywyd di'n anodd, ac yndi mae hynny'n annheg. Ond cofia, mae yna bobl yn y byd yma mewn sefyllfaoedd llawar gwaeth na chdi."

Beth sydd gan eiriau Mam i neud hefo ffuglen drosedd? Wel, mae yna ddigon o enghreifftiau o bobl mewn ffuglen o'r fath yn cael eu gwenwyno, eu saethu hefo gynnau hoelion, eu trywanu a'u poenydio i fy atgoffa i'n rheolaidd... Ella fy mod i wedi cael diwrnod/wsnos/mis/blwyddyn wael. Ond o leiaf tydw i ddim yn sgidia'r cymeriad anffodus yma! Gwers hynod werthfawr unwaith eto gan fy mam.

***

Un peth am lyfrau a darllen dwi wir yn ei fwynhau ydi helpu pobl i ddŵad o hyd i lyfrau maen nhw'n ei chael hi'n anodd i'w darganfod, neu'n ei chael hi'n anodd i'w darganfod am bris rhesymol. Dwi'n cofio Alan yn sôn yn 2015 ei fod o'n cael trafferth dod o hyd i gopi o *Welsh Patagonians – The Australian Connection*, llyfr sy'n adrodd hanes cant a hanner o Gymry Patagonia yn gadael Yr Ariannin ac yn mudo i Awstralia rhwng 1910 a 1916, am lai na $100 (doleri Awstraliaidd hynny ydi, felly tua £50 ar y pryd). Fel mae unrhyw un sy'n fy nabod yn dda yn gwybod yn iawn, dwi wrth fy modd yn helpu eraill pryd bynnag fo hynny'n bosib. Felly dyma fi'n meddwl i fi'n hun, *mi ddo i o hyd i gopi*. Ac mi nes i. Nac'dw Alan, dwi ddim yn mynd i gyfaddef faint nes i ei dalu. Helpu perthnasau a ffrindiau, pryd bynnag fo hynny'n bosib, sy'n bwysig i mi, nid pres! Mi es i â'r llyfr i Awstralia y flwyddyn ganlynol ac roedd Alan yn ei werthfawrogi'n fawr.

Dyma Alan, yn ei dro, yn awgrymu imi ddarllen *Diary of a Welsh Swagman* – hanes Joseph Jenkins, a adawodd ei deulu a'i fferm yng Ngheredigion er mwyn ffoi rhag priodas anhapus. Mi ddoth 'nôl i Gymru fis Tachwedd 1894. Gan fy mod i wedi bod hefo diddordeb mewn darllen hunangofiannau ers blynyddoedd (mi ddwedodd Mam erioed 'mod i'n un busneslyd. Mae 'chwilfrydig' yn air llawar gwell, yn fy marn i). Soniodd Alan bod ganddo gopi o'r gyfrol yn arfer bod ers talwm, cyn iddo'i roi i'w fenthyg i Kiwi ryw dro, ac nad oedd o wedi'i weld ers hynny. Felly dyma fi'n postio fy nghopi i draw i Alan, yn ogystal â chopi o *Pity the Swagman: The Australian Odyssey of a Victorian Diarist* gan Bethan Phillips draw i Bort Elliot.

Diolch i 'ngharcariad at ddarllen, dwi wedi bod yn ffodus iawn i gyfarfod nifer o bobl dwi'n ffodus iawn i'w cyfri'n ffrindiau i mi – ar-lein ac yn y byd go iawn. Gormod i'w crybwyll i gyd yma, mewn difri. Ond dwi am grybwyll rhai o'r cyfleoedd arbennig dwi wedi'u cael o ganlyniad i'r cariad hwn at darllen... Ac yntau wedi bod yn ddigon caredig i anfon copïau o'r ddau lyfr cyntaf o'i drioleg dditectif Cymraeg ata' i yn y post yn ystod y cyfnod clo (a finna wedi eu mwynhau'n fawr), dyma Jon Gower yn cysylltu ddechrau 2021 yn holi tybed a oedd gen i ddiddordeb mewn darllen ambell i bennod ddrafft o'r gyfrol olaf yn ei drioleg a chynnig syniadau ar gyfer beth oedd yn mynd i ddigwydd nesaf. Yn ddigon naturiol, dyma fi'n cytuno'n syth! Dyna oedd profiad gwerthfawr dros ben! Yn ogystal, dyma fo'n cysylltu eto yn 2022 yn fy ngwahodd i adolygu llyfrau ar gyfer Nation.Cymru. Mae'r cyfla hwn wedi gwneud byd o les i fy hunanhyder a dwi'n ddiolchgar dros ben iddo fo am roi'r cyfla i mi yn y lle cyntaf. Yn olaf, os 'dach chi am wybod pwy oedd yn gyfrifol am dwistio fy mraich a 'mherswadio i sgwennu'r gyfrol hon, awdur y Rhagair ydi hwnnw! Jon fu'n gyfrifol am ddwyn perswâd arna i bod gen i stori werth ei hadrodd. Diolch yn fawr iawn i chdi, gyfaill!

***

Wir yr, mae pendantrwydd fy mam 'mod i'n mynd i lwyddo i ddarllen, sgwennu, siarad a phopeth arall dwi wedi'i gyflawni – diolch i'w hanogaeth a'i chefnogaeth yn ystod pedair blynedd ar hugian gyntaf fy mywyd – wedi agor nifer fawr o ddrysau i mi. Diolch o galon i chdi, Mam! Tybed sut 'sa hi'n ymateb tasa hi'n dal yma? Dwi'n sicr 'sa ganddi eiriau cryf iawn ar gyfer yr 'arbenigwr meddygol' oedd wedi paentio darlun mor dywyll o fy nyfodol, tasa hi'n llwyddo i ddod o hyd iddo fo!

Neges gan Mam dwi'n ei thrysori'n fwy nag unrhyw un arall ydi'r un ar ddiwedd y llyfr llofnodion oedd gen i fel plentyn. Dim ond wedi rhai blynyddoedd ar ôl ei marwolaeth nes i ailddarganfod y llyfr, a gweld y neges am y tro cyntaf, tra'n gwneud rhywfaint o waith llnau:

By hook or by crook,
I'll be the last
to write in this book.
Lots of love,
Mum XXXX

Mi oedd hi hefyd! Dwi'n cofio colli ambell ddeigryn y diwrnod hwnnw.

Pennod 8

Dan y Dŵr: Fy hoffter o nofio

DDARU CAEL FY ngwthio dan y dŵr yn Sbaen ddim niweidio fy hoffter o'r dŵr. Roeddwn i wrth fy modd mewn pyllau nofio yn ystod fy mhlentyndod! Yn bennaf oherwydd ei fod yn fath o ffisio nad oedd yn boenus, yn wahanol iawn i'r ffisio roeddwn yn ei gael allan o'r dŵr. Yn amlwg, roedd symud o gwmpas yn y dŵr yn llawar haws i mi na cherddded yn ystod fy mhlentyndod. Diolch i fy anableddau, gwersi nofio oedd yr unig wersi chwaraeon roedd hi'n bosib i mi gymryd rhan ynddyn nhw yn yr ysgol gynradd ac uwchradd. Felly o'n i'n eithaf hoff o'r gwersi ym mhwll nofio Harlach, a hynny oherwydd 'mod i, am unwaith, yn cael yr un cyfla â phawb arall. Doeddwn i byth yn mynd i gystadlu yn y gemau Olympaidd, ond doedd gen i'm ots am hynny. Roeddwn i'n ddigon hapus yn y dŵr.

Ar y llaw arall, roedd unrhyw wersi chwaraeon tu hwnt i'r pwll nofio yn golygu nad oedd hi'n bosib i mi gymryd rhan. Dwi'n methu cofio yn iawn beth oedd y drefn yn yr ysgol gynradd. Ond erbyn i mi gyrraedd yr uwchradd, yn ystod gwersi chwaraeon nad oedden nhw'n wersi nofio, roedd disgwyliad i mi dreulio'r wers yn llyfrgell yr ysgol. Gwych! Er gwaetha'r ffaith bod cael fy nhrin yn wahanol yn dân ar fy nghroen, roeddwn yn ddigon bodlon i dreulio'r gwersi chwaraeon – ble nad oedd hi'n bosib i mi gymryd rhan – yn pori silffoedd y llyfrgell. Llyfrau natur oedd yn denu fy sylw yno gan amlaf. Dwi'n cofio un llyfr am fleiddiaid yn creu argraff arna i yn fy mlwyddyn gyntaf yn enwedig. A finna mor hoff o gŵn, ella bod hyn ddim yn syndod.

Rhywle arall ble ces i dreulio oriau yn y dŵr oedd ar wyliau teuluol i Florida. Dwi'n cofio bod parciau dŵr yn elfen bwysig o'r gwyliau yno. Yn rhannol oherwydd y gwres, decini. Ond mae'n rhaid bod yna elfen o geisio sicrhau nad oeddwn i yn cael fy ngadael allan, fel ddigwyddodd, er enghraifft, yn yr Universal Resort ble cafodd Nat fynd hefo Eric ar reid 'Back to the Future', ond oherwydd fy anableddau, doeddwn i'm yn cael. Dwi'n cofio teimlo'n eithaf chwerw ar y pryd. Ond wrth sbio 'nôl, ges i nofio hefo siarcod, do? O'n i'n teimlo fel gwthio'r ffiniau un diwrnod. Roedd yna sleid ddŵr eithaf uchel wrth ymyl un o'r pyllau, ac roedd yr ochrau'n eithriadol o uchel hefyd. Felly dyma fi'n chwarae'r rebel ac, wedi fy argyhoeddi na fyddai hi'n bosib i neb ddyfalu pwy oedd yn gyfrifol, yn codi dau fys ar y dorf ar fy ffordd i lawr. Ond dyma'r floedd ddilynol yn ei gwneud hi'n berffaith glir bod Mam yn gwybod yn iawn pwy oedd yn gyfrifol! Afraid dweud, ges i bryd o dafod a thri chwarter!

Rhywbeth arall sydd wedi aros yn y cof ydi'r diwrnod, yn ystod ein gwyliau, pan oedd Nick a finna yn awyddus i brofi peiriant tonnau. Roedd yn lot fawr o hwyl, o'n safbwynt ni beth bynnag. Nid felly o safbwynt Mam! Roedd hi wedi trio'n rhybuddio o'r lan i beidio mynd yn rhy agos at y tonnau anferth, yr union fath o donnau oedd yn apelio atom ni! Rhwng sŵn y peiriant a phawb arall o'n cwmpas, roedd yn amhosib clywad Mam. Felly dyma hi'n dŵad i'r dŵr, chwarae teg iddi, heb yn wybod i ni – er mwyn dod yn agosach. Ond dyma 'na un ton anferth yn achosi i Mam droi yn ei hôl a gadael y dŵr. Roedd Nick a finna'n cael amser gwych, felly doedden ni'n ddim callach am brofiad brawychus Mam druan tan i ni ddychwelyd ati. Chwarae teg i Mam am geisio wynebu ei hofnau, ond mi ydw i'n teimlo'n euog hyd heddiw 'mod i ddim wedi'i chlywad.

***

Yn anffodus, ers gadael yr ysgol, dwi'm wedi treulio hanner cymaint o amser â 'swn i'n ei ddymuno yn nofio. Prysurdeb bywyd sy'n bennaf gyfrifol am hynny, decini. Ond mi ydw i'n meddwl, yn enwedig ers i'r poenau yn fy nghymalau waethygu, 'sa'n syniad arbennig o dda i mi neud chwanag o ymdrech. Dwi'n ffyddiog 'sa hyd yn oed diwrnod yr wsnos yn gwneud lles i mi.

Pennod 9

"Does 'na'm pwynt iddo fo fynd i'r ysgol."

"DOES 'NA'M PWYNT iddo fo fynd i'r ysgol. Hefo'i anableddau, byddai'n wastraff amser trio dysgu unrhyw beth iddo fo o gwbl."

Dyma, yn ôl Mam, oedd ymateb un o swyddogion yr Awdurdod Addysg Lleol ar ôl iddi hi gysylltu i gwyno nad oedd yr un ysgol gynradd yn nalgylch Ysgol Ardudwy yn fodlon fy nerbyn fel disgybl ym mis Medi 1993, a finna wedi dathlu fy mhumed pen-blwydd fis Mawrth y flwyddyn honno. Roedd Mam yn gwybod yn iawn na lol llwyr oedd esgus y swyddog, a hitha wedi dysgu cymaint i fi'n barod. Felly parhau i gwyno 'nath hi. Yn anffodus, mi nes i golli allan ar fynd i'r ysgol yn 1993. Dwi'n cofio gofyn i Mam pam oedd Nat yn cael mynd i'r ysgol pan oeddwn i ddim.

"Mae dy chwaer (sef mam Nat, fy nith) wedi cael llond bol o Natalie, dyna pam mae hi'n gorfod mynd i'r ysgol. Dwi'n dy garu di, felly dyna pam wyt ti'n cael aros adra am chydig eto."

Dwi'n meddwl 'mod i wedi'i chael hi'n anodd coelio hynny, oherwydd ymateb arall ges i gan Mam oedd, "Doedd 'na'm digon o le flwyddyn yma. Mi gei di fynd flwyddyn nesa, os bydd 'na le." Enghreifftiau ychwanegol o gelwyddau golau gan Mam. O'n i wir isho mynd i'r ysgol! Ond sut oedd Mam i fod i egluro i blentyn pum mlwydd oed ei bod hi'm yn bosib iddo fo fynd i'r ysgol oherwydd nad oedd yr un ysgol yn fodlon ei dderbyn. A hynny oherwydd ei anableddau? Talcen caled, go iawn!

Ella 'mod i wedi colli allan ar ddechrau yn yr ysgol y flwyddyn honno. Ond, ar yr un pryd ag ymladd hefo'r Awdurdod Addysg, roedd Mam yn parhau i fy nysgu bob diwrnod, er mwyn sicrhau nad oeddwn i'n colli allan. Hyd heddiw, dwi ddim yn dalld y rhesymeg tu ôl i agweddau'r ysgolion a'r Awdurdod Addysg. Anableddau corfforol oedd gen i, oedd ddim yn amharu ar fy ngallu i ddysgu. Ond ar y pryd, mae'n debyg bod plant anabl yn cael eu gweld i gyd yr un fath gan yr awdurdodau ac ysgolion fel ei gilydd. Doedd yna ddim cydnabyddiaeth bod anghenion plant hefo anableddau corfforol yn unig yn wahanol iawn i anghenion plant oedd ag anableddau dysgu. Nid anabledd dysgu ydi hydroseffalws (a dwi'n gorfod egluro hynny i bobl hyd heddiw, sy'n destun rhwystredigaeth). Ac felly'r unig beth oedd rhaid i ysgolion a'r Awdurdod Addysg ei ystyried oedd fy anghenion corfforol.

O'r holl ysgolion ddaru fy ngwrthod i fel disgybl yn 1993, felly – ac a barhaodd i fy ngwrthod wedyn – un ysgol yn unig, yn fy marn i, oedd hefo sail gadarn dros wneud hynny. Ysgol Y Traeth, Bermo ble roedd Nat yn ddisgybl oedd yr ysgol honno, a hynny oherwydd y staer yn yr adeilad. Roedd hi'n ysgol hollol anaddas i fi felly, er tegwch iddyn nhw. Ond, hyd y gwn i, roedd bob ysgol arall ble roedd Mam wedi ceisio am le i mi, ac wedi dadlau fy achos yn daer, i gyd ar un lefel. Felly agweddau prifathrawon a swyddogion o oes yr arth a'r blaidd ddaru fy atal i rhag cael mynd i'r ysgol.

Yn y diwedd, mi wnaeth yr Awdurdod Addysg ildio unwaith i Mam fygwth mynd â nhw i'r llys. Mae'n rhaid eu bod wedi derbyn nad oedd achos yr Adran, na'r ysgolion dan sylw, yn ddigon cryf i fynd i'r llys. Hynny, neu ddiffyg cyllid, decini. O ganlyniad, mi gafodd Gwyn Pierce, pennaeth Ysgol Tan Y Castell yn Harlach, ei orfodi i fy nerbyn fel disgybl o fis Medi 1994 ymlaen – flwyddyn yn hwyrach nag oeddwn i i fod i gychwyn yn yr ysgol, a finna'n chwe mlwydd oed erbyn hynny.

Mi gafodd y Ddeddf Gwahaniaethu ar sail Anabledd ei phasio flwyddyn yn ddiweddarach yn 1995. Felly, dwi'n gobeithio'n fawr nad oes yr un rhiant yn gorfod ymladd fel y bu'n rhaid i Mam ei wneud i sicrhau addysg briodol i'w plant erbyn hyn, a bod y deinosoriaid o swyddogion a phenaethiaid i gyd wedi ymddeol. Hawl sylfaenol *bob* plentyn – gan gynnwys rhai anabl – ydi addysg, nid braint!

Roedd Mam wedi ennill y frwydr, felly. Ond yn anffodus, dim ond megis cychwyn oedd y rhyfel. I'r gad!

Pennod 10

Yma!

Os OES GENNYCH chi bresenoldeb ar y cyfryngau cymdeithasol, ma' siŵr eich bod yn gwybod cystal â fi bod wsnos gyntaf mis Medi yn golygu un peth... Ffrydiau'n cael eu boddi mewn lluniau mae rhieni wedi'u tynnu o'r bobl bwysicaf yn eu bywydau yn sefyll wrth y drws ffrynt yn eu gwisg ysgol yn barod ar gyfer y flwyddyn academaidd newydd.

Gan amlaf, yr unig adegau i luniau gael eu tynnu ohona i yn fy ngwisg ysgol oedd ar gyfer lluniau swyddogol yn yr ysgol. Roedd boreau yn eithaf prysur adra pan o'n i'n tyfu i fyny, ac roedd yna ddisgwyliad gan fy mam imi newid allan o 'ngwisg ysgol i fy nillad fy hun yn syth ar ôl cyrraedd adra. Ond, mae gweld y lluniau dwi wedi'u crybwyll uchod yn fy atgoffa yn gyson am fy niwrnod cyntaf yn Ysgol Tan Y Castell ym mis Medi 1994. Oherwydd mi nes i siarad Cymraeg am y tro cyntaf erioed y diwrnod hwnnw!

Fel y soniais i'n gynharach, er gwaetha'r ffaith imi beidio â chael dechrau yn yr ysgol yn 1993, ches i ddim fy amddifadu o addysg. Roedd Mam yn athrawes arbennig o dda, i feddwl nad oedd hi erioed wedi hyfforddi fel athrawes. Serch hynny, un pwnc oedd yn absennol o fy amserlen pan oedd Mam yn fy nysgu oedd yr iaith Gymraeg. A hynny oherwydd yr hyn ddigwyddodd pan o'n i'n fabi, a Mam yn cael ei pherswadio mai Saesneg yn unig oedd yn rhaid iddi'i siarad hefo fi. Yn amlwg felly, mi ges i fy holl addysg cyn mis Medi 1994 trwy gyfrwng yr iaith fain. Hyd at fis Medi 1994, does gen i'm cof o neb yn siarad hefo fi yn Gymraeg. A dyna, yn fy nhyb i, ddaru wneud fy niwrnod cyntaf yn yr ysgol yn un mor rhyfeddol!

Dwi'n cofio eistedd yn nosbarth Mrs Williams hefo'r plant eraill. Doeddwn i erioed wedi cyfarfod unrhyw un o fy nghyd-ddisgyblion cyn y diwrnod hwnnw. Felly doedd gen i'm syniad beth oedd enwau neb. Na chwaith tybed a oedd yna rywun yn rhannu yr un enw cyntaf â fi. Yna, unwaith oedd Mrs Williams wedi tawelu'r dosbarth, dyma hi'n cyhoeddi, "Rŵan ta, blantos, cyn cychwyn ein gwersi bora 'ma, bydd angen llenwi'r gofrestr. Pan dwi'n galw eich enwau chi, dwi'n disgwyl i chi ddweud 'Yma'."

Enw pwy 'dach chi'n meddwl oedd ar frig y gofrestr?

"Anthony!"

Dyma fi'n ymateb, "Yma!"

Dyna ichi blentyn uniaith Saesneg yn dalld cyfarwyddiadau athrawes oedd yn siarad iaith cwbl estron iddo, ac yn ymateb yn gywir (fi oedd yr unig Anthony yn y dosbarth, digwydd bod). "Yma" oedd y gair cyntaf o Gymraeg siaradais i erioed.

Mae cwestiwn amlwg yn codi rŵan; sut oedd hynny'n bosib? Yr unig esboniad sydd gen i ydi, er nad oedd neb erioed wedi siarad hefo fi yn y Gymraeg o'r blaen, roeddwn i wedi treulio hen ddigon o amser yn nghwmni perthnasau Cymraeg eu hiaith – yn gwrando arnyn nhw'n siarad Cymraeg – i ddatblygu dealltwriaeth o'r iaith. Er enghraifft, dwi'n cofio ymweld â 'nhaid yn Harlech, ac wrth gwrs, Cymraeg oedd fy mam a fy modryb Sioned (oedd yn edrych ar ôl fy nhaid wedi iddo ddioddef cyfres o strôcs) yn siarad hefo'u tad. Mae'n rhaid bod Mrs Williams wedi cymryd yn ganiataol fod pob un o'i disgyblion un ai'n dod o gartrefi Cymraeg, neu o leiaf wedi mynychu'r cylch meithrin lleol. Doedd y naill na'r llall yn wir yn fy achos i.

Rhywbeth sy'n ddirgelwch llwyr i mi hyd heddiw ydi pam na dim ond fi, rhwng Mandy, Jamie, Nick a finna, sy'n siarad Cymraeg. Er tegwch i Mandy a Jamie, roedden nhw'n tynnu tua terfyn oed ysgol gynradd pan ddaru nhw symud i Gymru hefo Mam. Nick sydd wir yn achosi i mi grafu 'mhen. Ddaru'r ddau ohonom ni fynychu'r un ysgolion, a dim ond tair blynedd yn iau na fi ydi Nick. Ond eto, dwi'n cofio'r ffôn yn canu pan oedden ni'n dal yn byw adra ar ôl colli Mam, a Nick yn ei ateb, cyn pasio'r ffôn i mi. Galwad gan y brifysgol ynglŷn â threfnu cyfarfod i drafod prosiect ymchwil fy MA. Ar ddiwedd y sgwrs, dyma Nick yn dychwelyd i'r stafell.

"Please don't tell me that was Welsh."

"Well, what did you think I was speaking, Japanese?" Chwarae teg, doedd Nick ddim wedi siarad hefo neb o'r de o'r blaen (mae Rhian Hodges, oedd yn goruchwylio fy mhrosiect, yn enedigol o Fargod). Ond eto, ychydig yn fwy diweddar, a Nick wedi derbyn gwahoddiad i oedfa yng Nghapel Bethel, Lerpwl, dyma fi'n ei holi sut aeth pethau, a dyma fo'n dweud:

"I didn't understand a word."

Eto, chwarae teg i Nick, er gwaethaf ffydd Mam, fuodd Capal Ucha' erioed yn rhan ganolog o'n magwraeth yn Harlach. Felly mi fedra i'n hawdd ddychmygu bod yr oedfa ei hun y tu hwnt iddo fo. Ond siawns bod yna rai sgyrsiau cyn neu wedi'r gwasanaeth? Ac mi fedra i ddychmygu bod nifer o aelodau Bethel hefo'u gwreiddiau yn y gogledd. Yr unig eglurhad dwi'n medru'i lunio ar gyfer diffyg Cymraeg fy mrawd bach ydi cynnydd yn nifer y disgyblion o gartrefi di-Gymraeg oedd yn dechrau yn yr ysgol yr un pryd ag o. Fel dwi wedi sôn yn barod, tra oeddwn i yn benderfynol o osgoi pobl eraill, roedd Nick yn awyddus i fod yn ffrindiau hefo pawb. Ac mi oedd y mwyafrif helaeth o ffrindiau Nick pan oedd o'n tyfu i fyny, hyd y gwn i, yn ddi-Gymraeg.

Roedd y llifddorau wedi'u hagor go iawn o fy niwrnod cyntaf yn yr ysgol ymlaen! Dwi ddim yn honni am eiliad bod fy Nghymraeg i'n berffaith; dwi'n cofio cymysgu'r llythrennau 'dd' a 'th' a gwneud llanast o dreigladau yn gyson. Dwi'n gwneud camgymeriadau hefo 'nhreigladau hyd heddiw; ac os 'dan ni i gyd yn onest, mae hyn yn wir am bob un ohonom ni, o bryd i'w gilydd. Peidiwch dadlau hefo fi, rydyn ni wedi sefydlu yn y bennod gyntaf sut dwi'n deimlo am gelwyddgwn! Felly, er gwaetha'r ffaith y byddai gen i gywilydd fel plentyn bob tro y byddwn i'n gwneud camgymeriad wrth siarad neu sgwennu'n Gymraeg, tydi camgymeriadau ddim yn fy mhoeni gymaint erbyn hyn. Oni bai fy mod i'n ailddarllen e-bost dwi wedi'i anfon ac yn sylwi ar gamdreiglad dwi'n teimlo y dylwn i fod wedi'i weld cyn pwyso 'anfon'.

Nid oedd athrawon bob amser mor barod i faddau fy ffaeleddau ieithyddol, wrth gwrs. Dwi'n cofio un athrawes (o'r de) yn benodol (a hyd heddiw, dwi'n methu cofio beth oedd fy nghamgymeriad) yn ymateb trwy ddatgan o flaen y dosbarth cyfan, a finna'n dair ar ddeg oed:

"Anthony, mae dy Gymrâg di yn CRAP!"

Gawn ni oedi am eiliad i werthfawrogi mor hyfryd ydi'r ansoddair Cymraeg 'crap' os gwelwch yn dda? Enghraifft arbennig o Iaith y Nefoedd, yn tydi? Be?! Saesneg 'di '*crap*'? 'Dach chi'n siŵr?! Wel am gywilyddus, a hynny gan athrawes Gymraeg hefyd! Mae 'di canu arnom gyfeillion, os mai dyma ydi safon iaith lafar athrawon sy'n gyfrifol am feithrin llenorion a beirdd y dyfodol! (Tafod yn y boch, wrth gwrs!) Ond o ddifri rŵan, am ffordd afiach o siarad hefo unrhyw ddysgwr. Yn enwedig felly rhywun fel fi, oedd hefo diffyg hyder beth bynnag. Mae'n cymryd deryn glân i ganu, wrth gwrs, a dwi'n cofio – rhyw dair, bedair blynedd wedyn (er cywilydd mawr i mi) – chwerthin am ben Nat pan oedd hi'n adolygu geirfa ar gyfer ei TGAU Ail Iaith. Dyma fi'n tynnu potel lefrith allan o'r oergell a gofyn iddi enwi'r hyn oedd gen i yn fy llaw, a hitha'n ymateb yn llwyr o ddifri, "Pysgodyn". Chwarae teg, mi gafodd Nat A* ddiwrnod ei chanlyniadau. Ond yn anffodus, mae hi wedi colli'r hyn roedd hi wedi'i ddysgu erbyn hyn.

Mae'r sylw uchod gan fy nghyn-athrawes wedi aros yng nghefn fy meddwl hyd heddiw. 'Dwn i'm pam, dwi'n sicr fy mod i wedi anghofio digon o bethau eraill yn y cyfamser. Pam felly, ydw i'n dal i gofio'r uchod? Er gwaethaf agweddau felly, dwi wedi parhau i siarad Cymraeg hyd heddiw. Eto, 'dwn i'm pam. Styfnigrwydd? Ella wir, o gofio agwedd negyddol Eric tuag at y Gymraeg a'r straen oedd ar ein perthynas fel tad a mab tua'r un cyfnod. Y ffaith bod y Gymraeg yn rhywbeth sydd gen i'n gyffredin hefo fy mam, er gwaetha'r ffaith na Saesneg oedden ni'n ei siarad hefo'n gilydd (heblaw am yr adegau hynny pan fydden ni yng nghwmni perthnasau Cymraeg eu hiaith)? Hoffwn i goelio na dyna'r prif reswm. Mi oedd yna adegau prin iawn pan fyddai'r ddau ohonom ni'n siarad Cymraeg heb fod neb arall o'n cwmpas oedd yn siarad yr iaith. Ond gan ystyried yr achlysuron pan fyddai hynny'n digwydd, dwi'n meddwl eu bod yn haeddu pennod ar wahân.

***

Ar y cyfan, dwi'n teimlo fy mod i'n fwy fi'n hun, yn llai ffurfiol ac yn llai tebygol o ddal yn ôl pan dwi'n siarad Cymraeg, o gymharu hefo pan dwi'n siarad Saesneg neu Ffrangeg. Wrth gwrs, dysgu Saesneg er mwyn dalld a chyfathrebu hefo meddygon a nyrsys dros y ffin nes i, ac mae hynny'n cael effaith ar y ffordd mae rhai pobl yn fy ngweld i. Er fy mod i wedi gwneud ymdrech (ac mi oedd hi'n ymdrech i ddechrau) i siarad Saesneg llai ffurfiol, mae dylanwad y Saesneg ffurfiol ddysgais i gan fy mam yno hyd heddiw. Dwi hefyd gryn dipyn yn fwy ffurfiol pan dwi'n siarad Ffrangeg. Er, y ffaith i mi feistroli'r iaith yn yr ysgol a'r coleg sydd bennaf gyfrifol am hynny, decini. Ond mae'r llyfryn iaith anweddus ges i fel anrheg gan Mam wedi bod o gymorth i siarad Ffrangeg llai ffurfiol hefyd.

Wedi dweud hynny, i'r gyfundrefn addysg yma yng Ngwynedd y mae'r diolch am y ffaith fy mod i'n siarad Cymraeg. Ond mi ydw i'n gwneud defnydd o iaith mwy anffurfiol, tafodieithol sy'n lleol i arfordir Ardudwy: 'pasa' = bwriadu / 'decini' = mae'n debyg gen i / 'llysiau cochion' = moron, ac ati. A hynny'n bennaf oherwydd, yn wahanol i Ffrangeg, roedd gen i'r cyfla i ddefnyddio fy Nghymraeg yn aml tu hwnt i'r stafell ddosbarth; yn gynyddol hefo 'mherthnasau ac hefo ambell i unigolyn ar wahân i 'nheulu ble roeddwn yn teimlo'n ddigon hyderus i sgwrsio hefo nhw.

Cafodd fy nghyfnod yn Ysgol Ardudwy yn benodol beth dylanwad ar sut dwi'n siarad Cymraeg. Alla i ddim peidio â chlywad/darllen rhywun yn defnyddio 'amdan' heb gofio cywiriad cyson gan un athro yn benodol: "Pwy 'di'r 'Dan' 'ma?!" Dwi'n cofio'r un athro yn sôn mai dim ond "pobl o Batagonia sydd heb dderbyn fawr ddim addysg o werth" oedd yn defnyddio rhifolion degol. Ia, dwi'n gwybod, coc oen hunanbwysig! Dwi wedi cael y pleser o gyfarfod nifer o Archentwyr sy'n siarad Cymraeg ac sy'n glyfrach o lawar na hwnnw. Defnyddio rhyw gymysg o rifolion degol (pedwar deg, chwe deg, ayb) ac ugeiniol (deugain, trigain, ayb) dwi. Dwi'n hoffi meddwl na dylanwad y Ffrangeg, ac nid unrhyw athro, ydi fy nefnydd achlysurol o rifolion ugeiniol, oherwydd dyna sut mae siaradwyr Ffrangeg yn cyfrif hefyd, wrth gwrs.

Dwi'n cofio Mam yn dweud y drefn wrtha i am ddefnyddio 'chdi' yn lle 'chi' unwaith, a hynny'n gwbl ddamweiniol, yn ystod noson rieni. Mi oeddwn i'n dueddol ar un adeg o ddefnyddio 'chi' gan ddilyn, yn fras, yr un rheolau ar gyfer *'vous'* yn Ffrangeg. Ond, diolch i un dyn (sydd bellach yn gyfaill arbennig o dda i mi), dwi'n defnyddio 'chi' yn llawar llai aml nag o'n i erbyn hyn. Dyna un o'r rhesymau pam fy mod yn gwbl sicr 'sa Mam wedi cymryd yn erbyn y cyfaill dan sylw, am ei fod yn "ddylanwad drwg" arna i! Dwi'n cofio dychryn am fy mywyd un diwrnod yn y gwaith, chydig wedi fy mhen-blwydd yn ddeg ar hugian, pan ddaru aelod o'r cyhoedd fy ngalw i'n "chi". Doeddwn i erioed wedi teimlo mor hen! Dwi'n cofio, yn ogystal, rhywun y byddwn i'n arfer gweithio hefo fo 'stalwm yn cymryd yn fy erbyn oherwydd 'mod i'n dweud 'staer' yn lle 'grisiau'. Wir yr! Dwi'n eithaf sicr bod Harlach, ac ardaloedd cyfagos, ar y ffin dafodieithol rhwng 'staer' a 'grisiau'. Felly, a finna wedi cael fy magu mewn byngalo, tydi hi ond yn naturiol i mi ddefnyddio'r gair y byddwn i'n ei glywad amlaf wrth dyfu i fyny, sef staer! Yndw, mi ydw i'n dalld y gwahaniaeth rhwng y tynnu coes digon diniwed rhwng ffrindiau am wahaniaethau tafodieithol (mae gen i ddigonedd o ffrindiau felly) a phlismon iaith. Fel yn achos athrawon sy'n defnyddio ansoddeiriau Saesneg megis *'crap'* i ddisgrifio 'Nghymraeg, tydw i ddim yn fodlon cael fy nghywiro gan rywun sy'n galw gwair yn *'grass'* (sef term amgen ar gyfer canabis, chwedl fy mam, 'stalwm).

Mae yna un peth am rai siaradwyr Cymraeg o'r gogledd-orllewin yn benodol (nid fy nheulu, wrth reswm) sydd wedi fy nrysu erioed. Sef yr agwedd 'ma fy mod i'n anabl, ac felly mae'n rhaid fy mod i'n ddi-Gymraeg. Wir yr, pan mae pobl yn gweld y ffon wen 'ma, mae fel petai 'na ryw radar diffygiol yn cael ei ddeffro ynddyn nhw sy'n awgrymu bod rhaid siarad Saesneg (gwael, gan amlaf) hefo fi. Ac yna mae'r sioc amlwg ar eu hwynebau pan dwi'n ymateb yn Gymraeg. Dim ond unwaith erioed dwi wedi cael profiad tebyg hefo rhywun o'r gorllewin. Dyna un o'r rhesymau pam fy mod yn dod ymlaen yn well hefo pobl o'r gorllewin a'r de, decini. Ar y cyfan, tydi'r hang-yps nawddoglyd am siaradwyr Cymraeg anabl ddim ganddyn nhw. Mae yna eithriadau yn y gogledd-orllewin, wrth gwrs. Gan amlaf maen nhw'n bobol sy'n dechrau sgwrs hefo, "Mab Elspeth wyt ti, ia?" (y geiriau gorau yn yr iaith Gymraeg, gyda llaw). Neu maen nhw'n Gymry Cymraeg sydd wedi magu plant anabl yn siarad Cymraeg. Ac yna mae'r sawl sydd wedi fy ngweld i ar y teledu, wedi 'nghlywad i ar y radio neu sydd wedi gwylio un o fy fideos YouTube (mae pob fideo ar fy sianel yn Gymraeg). Dwi'n eich clywad chi i gyd unwaith eto, "Wel, ti'n byw yn yr ardal anghywir o Gymru felly, yn dwyt?" Nac'dw. Dwi'n awyddus i barhau i fyw mor agos â phosib i Harlach, ac felly y mwyafrif o 'mherthnasau. Hynny ac ymweld â fy mam ym mynwant Capal Ucha'. Mae hynny'n llawar haws i'w wneud o Gaernarfon nag o Landeilo neu Gaerdydd, er enghraifft.

Wedi dweud yr uchod, tydw i ddim yn honni am eiliad bod fy radar ieithyddol inna'n berffaith chwaith. Mi fydda i'n dechrau bob sgwrs yng Ngwynedd yn Gymraeg. Os nad ydyn nhw'n ei siarad hi, mae'n ddigon posib bod rhywun o leiaf yn dalld Cymraeg. Ar y llaw arall, rhywle fel Y Rhyl neu Wrecsam, fydda i'n fwy tebygol o ddechrau sgwrs yn Saesneg. Dwi'n cofio dechrau siarad Saesneg hefo rhywun yng Nghaerdydd yn 2018 (adeg Steddfod). Dyma'r ddynes 'ma'n troi rownd ac yn holi, "Wyt ti'n siarad Cymraeg?"

Roedd hi'n dŵad o Ben Llŷn! A finna wedi cymryd yn ganiataol ei bod hi'n ddi-Gymraeg, dim ond oherwydd ein bod ni yng Nghaerdydd.

Soniais i'n gynharach mor bwysig oedd darllen i mi, a fy nghyflwyniad i ddarllen llyfrau Cymraeg yn benodol pan o'n i'n blentyn. Ers rhai blynyddoedd rŵan, yn hollol groes i pan oeddwn i'n blentyn, dwi'n siŵr fy mod i'n darllen chwanag o lyfrau Cymraeg na Saesneg erbyn hyn. Dwi ddim yn hollol siŵr pryd ddechreuodd y newid. Ond dwi'n amau ei bod hi tua'r adeg y symudais i'r Felinheli yn 2014. Roedd cael llyfrau o siopau megis Palas Print yn haws. Ac wrth gwrs, ers i mi ddechrau mynychu Eisteddfodau yn rheolaidd o 2016 ymlaen, dwi wedi bod yn prynu llyfrau bob blwyddyn gan stondinwyr. Bob blwyddyn, yn ddi-ffael, dwi'n prynu copïau o'r cyfrolau sydd wedi ennill y Fedal Ryddiaith (fel *Llyfr Glas Nebo* gan Manon Steffan Ros) a Gwobr Goffa Daniel Owen (e.e. *Capten* gan Meinir Pierce Jones). Mae fy magiau yn dueddol o fod yn llawar trymach o ganlyniad yn ystod wsnos y Genedlaethol a'r dyddiau a'r wsnosau dilynol. Mae hunangofiannau yn llyfrau sydd wedi apelio ata' i erioed. Dwi o'r farn bod bywydau pobl eraill yn ddifyrrach na fy mywyd i! Mi wna i ddarllen llyfrau Saesneg, wrth gwrs. Ond mae'n rhaid iddyn nhw wir ddal fy sylw (genre, testun, awdur) er mwyn i mi eu darllen. Dwi'n llawar mwy agored o ran darllen llyfrau Cymraeg, tra bo'n rhaid i lyfrau Saesneg weithio'n galetach i ddenu fy sylw.

Ac wrth gwrs, ers 2022, dwi'n adolygu llyfrau Cymraeg (a hynny trwy gyfrwng yr iaith fain) ar gyfer Nation. Cymru. Dwi'n mwynhau'r gwaith yn fawr iawn, ac er bod rhai llyfrau yn anoddach i'w hadolygu nag eraill, dwi wir wedi mwynhau pob gyfrol imi ei hadolygu hyd yma. Yn anffodus, wrth gwrs, dwi wedi gorfod camu 'nôl chydig yn ddiweddar er mwyn sgwennu *Llyfr Agored*. Dwi'n edrych ymlaen yn fawr at gwblhau'r gyfrol hon er mwyn cael dychwelyd at waith dwi wir yn ei fwynhau'n fwy nag unrhyw beth dwi wedi'i wneud erioed o'r blaen!

***

Ers yn ifanc iawn, dwi wedi bod yn eithaf chwilfrydig ynglŷn ag ieithoedd, y ffordd mae pobl yn eu siarad, y rôl mae ieithoedd yn ei chwarae wrth siapio hunaniaeth unigolion, yn ogystal â'r agweddau sydd gan bobl tuag at ieithoedd a thafodieithoedd gwahanol. Er enghraifft, dwi'n cofio meddwl pan o'n i'n ifanc iawn (cyn i mi gychwyn siarad Cymraeg) mai Sais oeddwn i! Doedd fy magwraeth adra ddim yn un arbennig o Gymreig, heb sôn am Gymraeg. Ac i'r Ant ifanc iawn, roedd yn gwneud synnwyr perffaith na Saeson oedd yn siarad Saesneg, Ffrancwyr oedd yn siarad Ffrangeg, Sbaenwyr oedd yn siarad Sbaeneg ac yn y blaen. Dim ond ar ôl i mi ddechrau siarad Cymraeg ar fy niwrnod cyntaf yn yr ysgol gynradd ddois i'n ymwybodol o'r syniad o Gymru a Chymreictod. A dyna oedd agoriad llygad i mi!

Cyn hynny, wrth gwrs, roeddwn yn ymwybodol o'r gwahanol ffyrdd roedd pobl yn siarad Saesneg, a sut roedd hynny'n adlewyrchu eu hunaniaeth. Er enghraifft, roeddwn yn ymwybodol iawn o Saesneg safonol fy mam. Dwi'n ei chofio hi'n sôn am yr adeg pan gafodd hi gerydd gan un o'i hathrawon yn yr ysgol 'stalwm:

"Elspeth, if you ever wish to be taken seriously, it is not sufficient that you speak English. You must be able to speak the Queen's English."

Mae hyn yn rhoi syniad i chi o'r agweddau oedd yn bodoli ymysg rhai athrawon yn ysgolion Meirionnydd (neu ysgolion Harlach, o leiaf) yn y 1950au a'r 60au. Doedd siarad Saesneg hefo acen Gymreig ddim yn dderbyniol! A chlywais i erioed mo fy mam yn siarad Saesneg hefo acen Gymreig. Heblaw pan fyddai hi'n ceisio osgoi trwbl gan un o swyddogion Heddlu Glannau Merswy yn Lerpwl:

"O, ai'm feri sori! Ai'm ffrom Wêls, iw sî. Ai'm not iwsd tŵ dreifing in big sitis leic ddus."

Mi oedd hi wedi hen arfer hefo Lerpwl, wrth gwrs! Ond defnyddio trafnidiaeth gyhoeddus oedd Mam yn ystod ei chyfnod yn byw yno, nid gyrru. Roedd siarad Saesneg fel josgin yn ei chael hi allan o dwll yn Lerpwl bob tro!

Ond mi oedd siarad Saesneg gywir hefo'r acen gywir yn bwysig iawn i fy mam. Dwi'n cofio sgwrsio hefo hi am rywbeth yn fy llofft. Mae'n rhaid 'mod i wedi defnyddio rhyw air crand neu rywbeth, oherwydd dyma Nat a'i brawd iau Ben yn ymddangos yn y drws yn crio chwerthin. Afraid dweud, doedd Mam ddim yn hapus:

"At least your uncle is capable of speaking English. Which is more than can be said for either of you!"

Ar y nodyn yna, dwi am droi at y Sgowseg nesaf. Fel y soniais i'n gynharach, roedd Mam yn ystyried Sgowseg yn iaith ar wahân i Saesneg. Er ei bod hi'n ffrindiau hefo Stef (oedd yn wreiddiol o ardal West Derby o'r ddinas) ac yn ffan mawr o'r Beatles (roedd hi'n ffansïo George Harrison, yn ôl y sôn), ar ôl iddi gyrraedd Lerpwl yn 1967, dyma Mam yn sylweddoli nad oedd hi'n dalld neb!

Y prif beth ddaru fy nharo i o oedran ifanc oedd, er bod rhai Sgowsers yn ynganu y geiriau 'brick', 'book' a 'chicken' hefo 'ch', tasech chi'n gofyn i'r un bobl ynganu 'Harlach' neu 'Abersoch', o 'mhrofiad i, 'sa nhw ar goll yn llwyr! Rhyfedd sut mae ieithoedd yn gweithio, yn de? Hyd yn oed o fewn Lerpwl, mi gewch chi rai Sgowsers sy'n edrych i lawr ar bobl sy'n ynganu'r geiriau uchod hefo'r sain 'ch'.

Rhyming slang, fel 'apples and pears' (staer) 'tea leaf'

(lleidr) 'china plate' (mêt), ac ati gan fy niweddar Daid Llundain, sef tad Eric, ydi rhywbeth arall dwi'n ei gofio o oedran ifanc hefyd. Hynny a'r ffaith ei fod o i'w weld, o fy safbwynt i o leiaf, yn foi dipyn cleniach na'i wraig a'i fab. Y fo fyddai'r cyntaf bob tro i 'nghyfarch os byddwn i'n mynd draw i'r tŷ ar ymweliad. Ac roedd yn brofiad brafiach o lawar sgwrsio hefo fo.

Enghraifft arall o amrywiaeth ieithyddol y des i'n gyfarwydd iawn ag o pan o'n i'n tyfu i fyny oedd geirfa Americanaidd. Nid yn sgil y teledu neu ymweliadau i Florida yn unig. Pan oedd o'n dysgu siarad, roedd Nick yn cael cymorth gan therapydd llefaredd. Ac mi oedd hi o'r Unol Daleithiau yn wreiddiol. O ganlyniad, mae dylanwad Americanaidd cryf ar eirfa (ond nid acen) Nick. I Nick, 'elevator' ydi'r gair, nid 'lift'; 'trunk' nid 'boot', ac yn y blaen.

Dwi wedi cael ambell i brofiad annisgwyl tra'n siarad Ffrangeg yn y blynyddoedd ers graddio o'r brifysgol. Hynny ydi, fi'n siarad hefo rhywun sy'n siarad Ffrangeg fel ei iaith gyntaf, a'r sgwrs yn mynd rhywbeth fel hyn:

Nhw: O le 'dach chi'n dod (hefo 'Llydaw' neu 'Gwlad Belg' mae'r cwestiwn yma'n gorffen fel rheol)?
Fi: Naci, cofiwch. Un o Gymru dwi.
Nhw: O le mae'ch rhieni'n dod, felly?
Fi: Cymru, eto.
Nhw: Sut 'dach chi'n siarad Ffrangeg cystal, felly?
Fi: Dysgu'r iaith yn yr ysgol a'r coleg nes i.

Ar yr un llaw, fel rhywun eithaf tawel, oedd ag ofn pobl tan yn gymharol ddiweddar, mae yna rywbeth sy'n fy nharo i'n rhyfedd iawn am fy awydd i feistroli ieithoedd eraill. Ai isho dod o hyd i iaith ble roedd ei siaradwyr yn gleniach o'n i, tybed? Ond dwi'n methu dioddef sŵn llais fi'n hun, hyd yn oed! A hynny'n bennaf pan dwi'n siarad Saesneg, oherwydd, diolch i'r holl amser dreuliais i i mewn ac allan o'r ysbyty yn Lerpwl, hyd heddiw mae pobl yn holi, "So, what part of Liverpool are you from, then?"

Ar y llaw arall, dwi wrth fy modd yn profi pobl yn anghywir! Diolch i fy mam yn bennaf, ers pan o'n i'n ifanc iawn mae gen i ddiddordeb mewn geiriau, ieithoedd, tafodieithoedd a'r ffordd mae pobl yn ymateb i'r amrywiaeth rhyngddyn nhw. Dyna un o'r rhesymau pam yr astudiais i Ieithyddiaeth a Ffrangeg yn y coleg, decini. Ond, wrth gwrs, Cymraeg aeth â fy sylw yn bennaf ar ôl dechrau yn yr ysgol. Ac mae'r amrywiaeth o eiriau tafodieithol sydd gynnon ni ar gyfer pethau megis 'glöyn byw' ('iâr fach yr haf', 'pili-pala') neu 'minciag' ('losin', 'da-das', ac mae'n rhaid cyfaddef i mi ddrysu y tro cyntaf y clywais i 'fferan/fferins' gan rywun o Ben Llŷn flynyddoedd yn ôl), ac yn y blaen yn wirioneddol arbennig. *Vive la différence!*, yn de?

***

Wedi i fy astudiaethau israddedig ddirwyn i ben yn 2011, mi es i ati i astudio ar gyfer MA Polisi a Chynllunio Ieithyddol. Ac o ganlyniad i'r radd honno dwi wedi gweithio hefo Menter Iaith ac fel swyddog iaith cynorthwyol. Er gwaethaf fy marn, neu farn pobl eraill (tydw i byth wedi'i anghofio) am safon fy Nghymraeg, dwi'n arbennig o lwcus fy mod i'n ei siarad hi. Heb y gallu i'w siarad hi, 'sa gen i ddim y berthynas sydd gen i hefo perthnasau Cymraeg eu hiaith. Yn sicr, 'swn i'm wedi cyfarfod rhai o'r cyfeillion arbennig iawn sydd gen i. 'Swn i'm wedi meistroli'r Ffrangeg, mwy na thebyg. Ac yn sicr, byddai'n amhosib i mi ddarllen, mwynhau (heb sôn am adolygu) llyfrau Cymraeg. Mae llyfrau, mewn unrhyw iaith, yn ffordd hollbwysig o ddenig rhag trafferthion y byd, cyn belled â dwi yn y cwestiwn. A does 'na'm prinder o lyfrau bendigedig yn y Gymraeg. Wir yr!

Mae'r Gymraeg wedi rhoi cymaint o gyfleoedd amhrisiadwy i mi ers y diwrnod tyngedfennol hwnnw yn Ysgol Tan Y Castell yn 1994. Dwi'n edrych ymlaen yn fawr i weld pa gyfleoedd eraill sydd ar y gorwel. Yn sicr, 'swn i wedi cael llawar llai o gyfleon taswn i wedi parhau yn uniaith Saesneg. Ymlaen!

Pennod 11

Cilio rhag y Byd

WEDI BUDDUGOLIAETH FY mam o ran sicrhau lle i mi yn Ysgol Tan Y Castell yn 1994, fuodd hi'm yn hir iawn cyn i Mam, Eric, fi a Nick symud o'r tŷ yn Bermo i fyngalo yn Harlach. Er nad o'n i'n rhy hapus i symud i ddechrau, mi ydw i'n cofio bod wrth fy modd peidio gorfod cropian i fyny staer na dŵad lawr y staer ar fy mhen-ôl. Roedd yr ardd gefn yn anferth, hefo gymaint o goed bytholwyrdd nes dwi'n cofio mynd ar goll! Roedd hi fel cael coedwig ar garreg drws! Dwi'n cofio Nick wrth ei fodd yn dringo coed wrth iddo fo dyfu'n hŷn. Yn sgil fy anableddau, wrth gwrs, roedd dringo coed yn un o'r nifer fawr o bethau nad oeddwn i'n medru eu gwneud. A dyma Eric, rhyw dro, yn dŵad hefo'i lif gadwyn ac yn cael gwared ar y mwyafrif ohonyn nhw! Afraid dweud, doedd Nick na finna yn hapus iawn am hynny. Felly dyna pryd gododd Eric y caban pren yng ngwaelod yr ardd ar gyfer Nick, fi a'r holl falwod, pryfaid cop, gwenyn ac yn y blaen o'r ardal gyfagos. Dyna oedd yn fy mhlesio i fwyaf am y caban, y nifer o greaduriaid gwahanol oedd yn byw yno.

Ar y cyfan felly, roeddwn yn hapus yn fy nghartref newydd. Yr ysgol oedd y broblem fwyaf, gwaetha'r modd. Amlieithrwydd ydi'r unig reswm sydd gen i i ddiolch i'r ysgol gynradd ac uwchradd fel ei gilydd am unrhyw beth. Fel arall, mi oeddwn i'n gryf o'r farn fel disgybl, a dwi'n dal o'r un farn heddiw, mai fy mam oedd yr athrawes orau ges i erioed! A fuodd Mam erioed yn y brifysgol. Ar wahân i'r Gymraeg a Ffrangeg, yr unig beth ddysgais i yn yr ysgol rhwng 1994 a 2005 oedd bod pobl yn ofnadwy o greulon, ac felly ei bod yn llawar gwell i'w hosgoi, bob cyfla! A'r rheswm am eu creulondeb? Fy anableddau, yn bennaf. Do, mi ges i fy mwlio rhyw chydig yn sgil fy nghyfenw; "Barnyard", "Barn Owl" ac yn y blaen. Ond y bwlio yn sgil fy anableddau oedd y gwaethaf. Eto, galw enwau oedd hyn yn bennaf; "peg-leg", er enghraifft. A hynny yn sgil y sblint roedd yn rhaid i mi'i wisgo ar fy nghoes a 'nhroed dde, er mwyn sythu 'nhroed, nid oherwydd bod gen i goes ffug.

Ma' siŵr bod ambell un ohonoch yn meddwl, "Ty'd 'laen Ant, dim ond chydig o alw enwau gan blant ysgol oedd hynny!" Mae hynny'n berffaith wir. Ond yn anffodus, roedd hyn yn digwydd bob dydd. Ac yn anffodus, roedd yr athrawon cynddrwg â'r plant o ran bwlio, felly doedd 'na'm pwynt cwyno wrthyn nhw. Dwi'n cofio Mrs Pugh yn Ysgol Tan Y Castell, er enghraifft, yn rhoi llond ceg i mi am beidio talu sylw yn y dosbarth. Dwi'n cofio egluro 'mod i yn talu sylw, ond bod gen i'm help am y stagma yn fy llygad. Doedd hi'm yn fodlon derbyn yr esboniad am fy llygad afreolus yn anffodus. Roedd hynny'n brofiad annifyr dros ben i mi; dweud y gwir, ond i'r gwir gael ei ddiystyru yn llwyr. Eto yn Ysgol Tan Y Castell, dwi'n cofio mynd â chyfrifiannell newydd oedd hefo botymau mwy (oherwydd y nam golwg, a finna'n gwrthod gwisgo sbectol) ac oedd hefyd yn medru siarad. Er enghraifft, taswn i'n mewnbynnu 2+2=, 'sa'r gyfrifiannell yn dweud, "Two plus two equals four". Mi nes i'r camgymeriad o arbrofi hefo'r teclyn yn y ffreutur yn ystod amser cinio. A dyma Mrs Roberts yn gwylltio ac yn fy anfon i sefyll tu allan i swyddfa'r Pennaeth am weddill amser cinio. Rŵan, roeddwn i'n dal yn ofnadwy o wan ar fy nhraed pan ddigwyddodd hyn (tua wyth oed o'n i), a dipyn o ffisio a llawdriniaethau eto i fynd i sicrhau'r hynny o nerth sydd gen i heddiw. Felly, a nid ar chwarae bach dwi'n dweud hyn, roedd disgwyl i mi sefyll am hanner awr ar y pryd gystal ag artaith! Afraid dweud, pan glywodd Mam am yr enghreifftiau hyn o fwlio, mi 'nath hi fy nhynnu allan o'r ysgol am gyfnod a chwyno wrth yr Awdurdod Addysg. Yn anffodus, roedd cwyno am ymddygiad athrawon a disgyblion yn rhywbeth y bu'n rhaid i Mam orfod ei wneud yn gyson yn ystod fy nghyfnod yn y gynradd ac uwchradd. Sy'n dweud y cyfan am y trefniadau disgyblu oedd yn bodoli ar y pryd. Hynny ydi, doedd 'na'm y ffasiwn beth i bob pwrpas, lle roedd amddiffyn hawliau plant anabl yn y cwestiwn, o leiaf.

Ac wrth gwrs, pan welodd fy nghyd-ddisgyblion yr athrawon yn ymddwyn fel hyn, gwaethygu wnaeth eu harferion bwlio hwythau. Eto, byddai Mam yn cwyno wrth yr Awdurdod Addysg ac yn fy nhynnu allan o'r ysgol am gyfnodau. Mi ydw i'n cofio un diwrnod yn benodol pan oedd Mam wedi cyrraedd pen ei thennyn. Ar ddiwedd y diwrnod ysgol, dyma Mam yn cael gafael ar un o'r mamau eraill:

Mam:	Cadwa di dy fastad bach i ffwrdd o 'mab i, neu mi ladda i di. Ydi hynny'n glir?
Y fam arall:	Ym, ym, ym...
Mam:	Nid 'ym, ym, ym' dwi isho'i glywad! 'Yndi' 'di'r ateb cywir, felly mi wna i ofyn eto. Ydi hynny'n glir?!
Y fam arall:	Yndi.

Mi dawelodd pethau hefo'r bwli dan sylw, am ychydig, o leiaf.

Er gwaetha'r bwlio, mi oedd yna ambell i blentyn arall roeddwn yn dod ymlaen yn dda hefo nhw; Lowri, Kevin a Catherine. Doedd hyn ddim wastad yn wir yn achos Catherine. Roedd hi yn arfer bod ymysg y plant oedd yn fy mwlio, tan farwolaeth ei mam, a Catherine ond tua wyth oed. Dyma rhywbeth yn gwneud i fi fynd ati i gydymdeimlo. Doeddwn i'n methu dychmygu dim byd gwaeth na rhywun yn colli ei fam. Yn enwedig a finna mor lwcus i gael y fam orau yn y bydysawd. A dyma pethau'n trawsnewid rhyngom ni o hynny ymlaen.

Ond, un diwrnod, ddaru'r ffordd roeddwn i'n gweld pobl newid yn llwyr. Dwi'n cofio cerdded allan i'r iard un amser egwyl, eto dwi'n siŵr nad o'n i ond tua wyth oed, a dyma criw o blant yn rhoi cweir i mi. Ar wahân i fod yn anabl, doeddwn i'm 'di gwneud unrhyw beth. Pan ddoth y gweir i ben, yn ystod y wers nesaf, dyma Mrs Roberts yn gorfodi'r disgyblion oedd yn gyfrifol i sefyll mewn rhes o flaen y dosbarth, a hitha'n dweud:

"Sbïwch be' 'dach chi wedi'i wneud iddo fo! Mae o'n crynu fel deilan!"

Os 'dach chi'n gofyn i mi, Mrs Roberts, roedd hi chydig yn hwyr i godi pais ar ôl piso!

Flynyddoedd wedyn, mi ddoth un o'r rhai oedd wedi ymosod arna i ata' i i ymddiheuro. Er gwaetha'r ffaith bod yr ymosodiad wedi gwneud niwed (parhaol?) i'r ffordd roeddwn yn gweld pobl, mi nes i dderbyn ei ymddiheuriad yn syth. Dim ond plentyn oedd o ar y pryd. Yr oedolion yn ei fywyd, boed yn rhieni, neiniau, teidiau neu athrawon roeddwn i'n eu beio am yr ymosodiad. Ac mae hyn yn wir yn achos yr holl blant oedd yn fy mwlio. Dwi ddim yn eu beio nhw; beio'r oedolion yn eu bywydau am fethu eu dysgu ei bod hi'n anghywir i fwlio rhywun am ei fod ychydig yn wahanol dwi. Mi ydw i wedi bod yn pryderu yn ddiweddar;

ma' siŵr bod gan y mwyafrif o 'nghyfoedion blant oed ysgol erbyn hyn. Os nad oedd eu rhieni yn gwybod ei bod hi'n anghywir i fwlio rhywun, pa obaith sydd gan y plant yma? Wedi dweud hynny, yn dilyn trafodaeth hefo cyfaill arbennig iawn yn ddiweddar, dwi'n derbyn bod yna chwanag o ymwybyddiaeth am bobl anabl heddiw. Ac ma' siŵr (gobeithio) bod gan bob ysgol, gwerth anfon eich plant iddi, bolisi gwrth-fwlio cadarn. Dwi ddim yn naïf, dwi'n gwbl sicr bod bwlio yn digwydd hyd heddiw yn ein hysgolion. Diolch i'r drefn doeddwn i ddim yn ddisgybl ysgol yn oes y cyfryngau cymdeithasol. 'Sa pethau wedi bod yn llawar gwaeth wedyn, decini. Dwi ond yn gobeithio bod trefniant digon cadarn mewn lle i daclo'r bwlio sy'n digwydd erbyn hyn. Ac nad oes athrawon o oes yr arth a'r blaidd yn cael sefyll o flaen dosbarth o blant!

Do, mi ges i fy mwlio gan blant ac oedolion oherwydd 'mod i chydig yn wahanol. Ond mi ges i hefyd fy mwlio, a 'nharo, gan rywun anabl yn ystod fy mhlentyndod. A hitha'n trio sicrhau fy mod yn cael profiadau cadarnhaol yng nghwmni plant tua'r un oed, dyma Mam yn fy nghofrestru ar gwrs preswyl ar gyfer plant a phobl ifanc anabl ym Mhlas Menai, ddwywaith. Y tro cyntaf pan o'n i'n un ar ddeg oed. A'r eildro pan o'n i'n naill ai deuddeg neu dair ar ddeg oed. Erbyn hynny, wrth gwrs, o'n i wedi hen benderfynu ei bod hi'n llawar gwell osgoi pobl na chymdeithasu hefo nhw. Ond roedd Mam dan yr argraff ei bod hi'n werth trio, ac roedd yna hen ddigon o weithgareddau oedd yn cynnwys dŵr. Felly, a finna mor hoff o'r dŵr, pam ddim rhoi cynnig arni?

Dyma oedd y tro cyntaf erioed i mi dreulio amser i ffwrdd o 'nghartref ar fy mhen fy hun. Er i mi gael rhywfaint o bleser o'r gweithgareddau, doeddwn i ddim yn rhy hapus hefo'r syniad o gymdeithasu. Chwarae teg, yr unig brofiadau o'n i wedi'u cael yng nghwmni pobl – ar wahân i 'nheulu – oedd rhai negyddol. Felly roedd hynny ond yn naturiol, decini. Yn ystod un o'r gweithgareddau ges i brofiad negyddol arall. Dyma'r hogyn 'ma o ochrau Manceinion, oedd tua blwyddyn yn hŷn na fi, ac yn defnyddio cadair olwyn, yn dechrau fy nharo i. Ei gyfiawnhad dros hynny i aelod o staff?

"I'm giving him what he deserves for being a Welsh."

"A Welsh"? 'Dwn i'm be' oedd plant yn ei ddysgu yn ysgolion Manceinion, ond yn sicr doedden nhw ddim yn dysgu sut i ddefnyddio'r iaith fain yn gywir! 'Ta waeth, hyd yn oed yn un ar ddeg oed, roedd hi'n amlwg i mi na chelwydd cyfleus oedd yr esgus yna. Nid y ffaith 'mod i'n Gymro oedd y broblem. Ond yn hytrach, y ffaith nad oeddwn i'n gwneud defnydd o 'nghadair olwyn yn llawn amser, a 'mod i'n medru cerdded o gwmpas am chydig – yn wahanol i fy ymosodwr oedd methu codi o'i gadair o gwbl. Eiddigeddus oedd o. Mi oedd gen i biti drosto fo, i fod yn onest.

Un peth ddaeth yn glir i mi wedi fy nghyfnodau ym Mhlas Menai. Ar y cyfan, o'n i'n rhy anabl ar gyfer pobl 'normal', ac yn rhy 'normal' ar gyfer pobl anabl. Wedi disgyn rhwng dwy stôl, go iawn!

***

Dwi'n cofio holi Mam adeg Eisteddfod Wrecsam yn 2011, a hitha'n gwylio'r Gymanfa Ganu ar y teledu, pam nad oedden ni erioed wedi mynd i'r un Eisteddfod fel teulu. Dyma Mam yn egluro ein bod ni wedi mynd i Eisteddfod Y Bala yn 1997, ond fod bod o gwmpas cymaint o bobl wedi codi ofn arna i. O ystyried fy ymateb ymysg pobl yn gyffredinol – o bob oed, nad oedd yn perthyn i mi – bryd hynny, roedd hyn yn gwneud synnwyr. Ond, yr hyn sydd ddim yn gwneud synnwyr i mi ydi'r ffaith 'mod i'n naw oed erbyn hynny. Felly, dwi'n ei gweld hi'n rhyfedd bod gen i'm math o gof o Steddfod Y Bala. Oni bai 'mod i wedi profi cymaint o ofn nes bod fy isymwybod wedi gweithio'n galed iawn i ddileu'r atgofion o 'nghof yn gyfan gwbl…

***

Yn sgil yr holl fwlio, wrth gwrs, roeddwn i wedi cilio rhag y byd yn llwyr tu allan i'r ysgol. Doedd gen i ddim hyder yng ngŵydd pobl o gwbl, roedden nhw'n codi gormod o ofn arna i. Fy nheulu, a Mam yn benodol, oedd yn bwysicach i mi na neb o ran pobl. Roedd llyfrau yn bwysig dros ben i mi yn ystod y cyfnod yma. Y ffordd berffaith i ddenig rhag y byd am ychydig. Ffordd arall oedd gen i o ddenig rhag y byd oedd actio. Boed yn sioe Nadolig, neu berfformiad o stori Branwen ferch Llŷr (milwr dienw oedd fy rôl, dwi'n methu cofio ai ar ochr Bendigeidfran ta Matholwch o'n i), roeddwn i wrth fy modd yn cymryd rhan. I rywun oedd â chymaint o ofn pobl eraill, dwi'n gwybod bod hynny'n swnio fel ffordd ryfedd o ddenig rhag y byd. Ond, roedd actio yn cynnig cyfla i mi gocio bach na rhywun arall o'n i, nid Ant hefo'r anableddau, ond y cymeriad o'n i'n ei bortreadu ar y pryd. O'n i'n casáu bod yn fi'n hun gymaint, roedd hi'n wirioneddol hyfryd cael camu i mewn i sgidia rhywun arall. Roedd actio hefyd yn un o'r adegau prin hynny pan fyddwn i'n cael unrhyw fath o glod, unrhyw sylw cadarnhaol gan athrawon, ar y cyfan. 'Mae'n rhaid i chdi fod yn chdi dy hun os wyt ti isho i bobl dy hoffi di', medda'r hen *cliché*. Yn amlach na pheidio, bod yn rhywun arall oedd yn gweithio orau i mi. O ganlyniad, mi ddoth actio yn bwysig dros ben i mi. Felly, yr un Nadolig hwnnw pan nad oedd croeso i mi yn sioe'r ysgol, a hynny ar sail y ffaith 'mod i mewn cadair olwyn ar y pryd, mi wnes i dorri 'nghalon. Ac roedd Mam wedi gwylltio hefo'r ysgol am fy nghau i allan. Ein dadl ni oedd nad oedd bod mewn cadair olwyn yn effeithio ar fy ngallu i actio. Ond colli allan fu'n rhaid y flwyddyn honno, yn anffodus. Yn Ysgol Ardudwy wedyn, mi ddoth Drama yn un o fy hoff byncia u. Dwi'n cofio teimlo'n ofnadwy o siomedig 'mod i wedi gorfod methu fy arholiad TGAU ymarferol, ble roeddwn i fod i chwarae rôl twrna oedd yn ceisio codi pontydd rhwng dau frawd yn dilyn marwolaeth eu tad (pres oedd wrth wraidd y ddadl deuluol, os dwi'n cofio'n iawn). Ond, hefo'r shynt wedi blocio ar y pryd a finna'n gaeth i'r gwely, doedd gen i'm gobaith camu ar lwyfan, heb sôn am berfformio! A dyna ddiwedd ar yr actio. Dwi heb fynd ar gyfyl yr un llwyfan ers pan o'n i'n ddwy ar bymtheg oed. Er nad ydw i'n casáu fy hun fel o'n i yn ystod fy mhlentyndod, hyd heddiw, tydw i ddim yn hoff iawn ohonof fi'n hun chwaith. Dyna un rheswm pam oedd dwyn perswâd arna i i sgwennu'r gyfrol hon yn dipyn o ymdrech, chwarae teg i chdi Jon; alla i'm dychmygu pwnc mwy diflas na fi fy hun.

***

Yn ystod fy mhlentyndod, roedd gen i ffordd arall o ddenig rhag y byd hefyd, wrth gwrs. A thra bo llyfrau yn cynnig ffordd i Mam a finna ddŵad yn agosach, roedd gemau fideo yn cynnig rhywbeth tebyg i fi a Nick. Ond nid dyna'r rheswm gwreiddiol wrth wraidd fy nghyflwyniad iddyn nhw.

Dwi wedi sôn am yr holl ffisio y bu'n rhaid i mi'i dderbyn ar fy nghoes dde ers imi fod yn ifanc iawn, hyd at fy llawdriniaeth olaf ar fy nghoes yn 2001 – a finna'n medru ffarwelio â'r gadair olwyn o'r diwedd. Ond tydw i heb grybwyll ffisio ar y *llaw* dde, i geisio sicrhau rhywfaint o ddefnydd iddi, o leiaf. Yn 1991, Mam gafodd y syniad o ddefnyddio gemau fideo, oherwydd yr angen i gydio yn y pad hefo'r ddwy law, a phwyso botymau hefo'r bysedd bawd (a'r ddau fys cyntaf o oes y PlayStation ymlaen). Y Sega Master System oedd fy system gyntaf, ac *Alex Kidd in Miracle World* oedd y gêm gyntaf dwi'n cofio'i chwarae, a finna'n dair oed. Yn fy nhyb i, sadist oedd pwy bynnag oedd tu ôl i'r gêm 'na! Dwi'm wedi chwarae yr un gêm arall ble mae'n bosib i chdi gael dy ladd gan swigod! Dwi'n cofio gofyn i Taid Llundain am gymorth (oedd o yn ei chwedegau cynnar, felly i fi, roedd o'n saff o ddalld y pethau 'ma'n well na fi). Yn 1991 y cyrhaeddodd Nick y byd, wrth gwrs. Ond doedd hi ddim tan 1994, a'r Master System wedi ei disodli gan y Mega Drive, pan ddaru Nick – ac yntau'n dair oed erbyn hynny – ddechrau cymryd diddordeb yn y gemau o'n i'n eu chwarae. Yn benodol, *Street Fighter II*. Yn ddigon naturiol, fi oedd yn ennill bob tro i ddechrau, tan i Nick gwyno wrth Mam:

Nick: Mam! Neith Anthony ddim gadael i mi ennill!
Mam: Gad i dy frawd ennill.
Fi: Oes rhaid i fi?
Mam: Oes!

Wrth gwrs, trwy adael i Nick ennill chydig o gemau, fuodd hi'm yn hir iawn cyn iddo fo ddechrau ennill ar ei liwt ei hun. Ac yna mi ddoth 'na elfen gystadleuol rhwng y ddau ohonom ni, a'r math o agosatrwydd oedd llyfrau wedi'i gynnig i Mam a finna. Ac wrth gwrs, mi nes i ddatblygu chwanag o ddefnydd yn fy llaw dde. Erbyn hyn, mae gen i'r gallu i ddefnyddio fy llaw dde i gario bag ac ambell beth ysgafn, agor drysau a gwneud pethau eraill sy'n gymharol syml. Ond yn anffodus, dwi'n dal methu sgwennu hefo fy llaw dde; fy llaw chwith dwi'n ei defnyddio hyd heddiw. Mae clymu careiau fy sgidia yn amhosib i mi. Nid mater o beidio gwybod sut i wneud hyn ydi o, wrth gwrs. Dwi'n cofio trio gwneud, er mawr rwystredigaeth i fi'n hun, o tua pedair oed ymlaen. Ond yn hytrach, anallu fy llaw dde i gydweithio'n iawn hefo fy llaw chwith ydi'r broblem. Mae gen i gof o fynd allan i fowlio deg hefo criw o hogia pan o'n i tua dwy ar bymtheg neu ddeunaw oed. Cam enfawr ymlaen i rywun oedd â chymaint o ofn pobl! Rhywbeth o'n i wedi'i anghofio am fowlio deg oedd yr angen i wisgo sgidia pwrpasol hefo careiau. Er gwaethaf fy ymdrechion, nes i fethu eu clymu nhw, ac roedd rhaid gofyn am gymorth. Oedd hyn yn destun cymaint o gywilydd i mi, dwi ddim yn meddwl nes i arbrofi hefo mynd allan yn gymdeithasol am beth amser wedyn. Dwi'n methu hyd yn oed teipio hefo fy llaw dde. Na chwaith chwarae offer cerddorol, o ran hynny. Ac mi ddaw pwysigrwydd fy anallu i sgwennu hefo fy llaw dde a chwarae offer cerddorol yn amlwg cyn bo hir.

Mi oedd Mam yn chwarae gemau hefyd, wrth gwrs. Ar y cyfrifiadur yn y swyddfa yn ogystal ag yn y stafell fyw. Y gemau dwi'n cofio Mam yn eu chwarae'n bennaf ar y cyfrifiadur ydi *Solitaire, Spider Solitaire, Mahjong* a *Tetris*. *Tetris* ydi'r gêm sy'n sefyll allan yn y cof fwyaf i mi. Yn benodol oherwydd y cystadlu oedd yna rhwng Mam a fy nghyfnither Jess. Oedd Mam o'r farn ei bod hi ond yn colli pan fyddai Jess yn galw draw i'r tŷ. Byddai Mam felly'n galw Jess yn "blydi *jinx*!" yn gyson. O ganlyniad, cydiodd y llysenw 'Jinx' byth wedi hynny.

Gyda dyfodiad y PlayStation (Eric oedd bia hwnnw i fod, ond does gen i'm cof ohono fo'n ei chwarae erioed) mi aeth Mam yn gystadleuol go iawn! Oedd Mam yn ffrindiau hefo rhieni Kevin o'r ysgol, ac o ganlyniad, mi fyddai'n teuluoedd yn mynd 'nôl a 'mlaen rhwng cartrefi'n gilydd yn eithaf aml. Dyma John, tad Kevin, yn cyflwyno fy mam i'r gyfres *Tomb Raider*. Yr agwedd ar y gyfres oedd yn apelio at fy mam oedd yr angen i ddatrys posau er mwyn symud ymlaen trwy'r lefelau, decini. 'Ta waeth, ar ôl i John lwyddo i gwblhau'r gêm gyntaf cyn Mam, dyma hi'n mynd ati o ddifri yn ystod y chwe gêm nesaf yn y gyfres i gwblhau bob un cyn John. Pan oedd Mam isho trechu rhywun, doedd 'na'm byd yn gallu ei rhwystro hi!

***

Roedd yn hollol amlwg i Mam bod gen i ddiffyg ffrindiau yn yr ysgol yn sgil fy anableddau, felly roedd y byngalo yn llawn anifeiliaid; ymdrech i lenwi'r bwlch. Mi nes i dreulio fy mhlentyndod hefo anifeiliaid o bob math yn gyfeillion i mi; bochdewiaid, cwningod, pysgod aur a throfannol, a bwjis. Roedd Mam yn arfer cwyno ein bod yn byw mewn *menagerie* (sef 'milfa' yn Gymraeg – dwi wedi dysgu rhywbeth newydd wrth sgwennu'r llyfr 'ma). Ond, fel mae fy mherthnasau a nifer o fy nghyfeillion agosaf yn dalld yn iawn, boi cŵn ydw i ers yn ifanc iawn. Ac er y byddwn i'n gwerthfawrogi'r holl anifeiliaid roeddwn yn rhannu fy nghartref hefo nhw yn fawr iawn, roeddwn yn dal i deimlo colled Pero y Labrador melyn (nes i ei grybwyll ym mhennod gyntaf y gyfrol) yn fawr iawn. Pan o'n i'n naw oed, dwi'n cofio sôn am hyn wrth fy modryb Sioned, gan ofyn iddi hi gael gair hefo Mam am y posibilrwydd o gael ci arall.

Yn gynnar yn 1998, dwi'n cofio Mam yn fy ngalw i'r gegin, er mwyn cael sgwrs ynglŷn â'r syniad 'ma o gael ci arall. Ddaru hi awgrymu dau frîd i ddechrau; Cocker Spaniel neu Labrador arall. Penderfynodd Mam na Labrador oedd y dewis gorau, a hitha wedi cofio bod Muttley – Cocker oedd ganddi hi, Mandy a Jamie yn Lerpwl – yn arfer bod yn hollol wallgof! Er tegwch i Muttley, dwi'n siŵr nad oedd y tiwmor oedd ganddo fo ar ei ymennydd, yn ôl Mam, yn helpu rhyw lawar. Wedi penderfynu ar Labrador felly, dyma'n sgwrs yn troi at liwiau. Penderfyniad sydd ddim o bwys i lot o bobl, ond yn sgil alergeddau Mam i gŵn lliw golau, doeddwn i ddim isho iddi hi ddioddef, a doeddwn i chwaith ddim isho colli ffrind arall – felly roeddwn i wedi penderfynu ar liw yn barod:

Fi: Du!
Mam: *(a hitha'n dalld yn iawn y rhesymeg tu ôl i fy mhenderfyniad)* Does 'na'm rhaid mynd mor dywyll â hynny, Ant. Mi fyddai'n iawn hefo Labrador lliw siocled, 'sdi.
Fi: Wyt ti'n siŵr?
Mam: Perffaith siŵr.

Dyna'r penderfyniad wedi'i wneud, felly. Rhyw ben yn y dyfodol, roedd ein milfa yn mynd i groesawu Labrador lliw siocled.

Un pnawn, ychydig dros wsnos cyn fy mhen-blwydd yn ddeg oed, roeddwn i'n cael diwrnod gwael yn yr ysgol (eto fyth!). Dyma Mam yn dŵad i'r stafell ddosbarth, a hynny'n hollol annisgwyl, tua dau o'r gloch:

Mam: Mae'n ddrwg gen i, wnes i anghofio ffonio bora 'ma, ond mae gen Anthony apwyntiad meddygol pnawn 'ma.

Er cymaint roeddwn i'n casáu mynd i weld doctoriaid, roeddwn i'n casáu'r ysgol ganmil gwaith yn fwy! Felly, doedd 'na'm angen fawr o waith perswadio arna i adael y

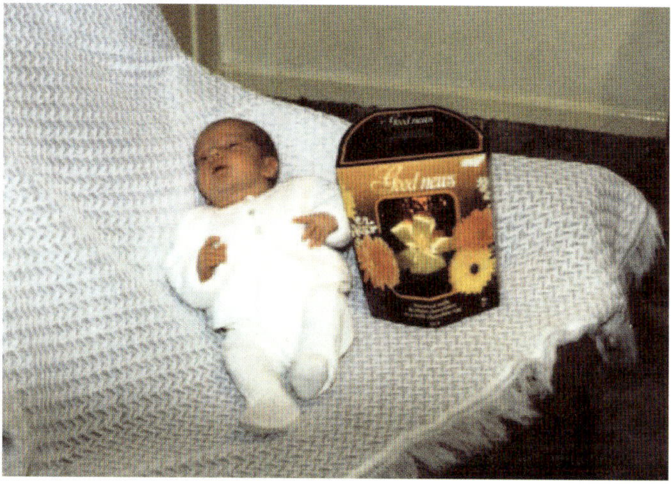

Fy wsnos gyntaf. Ylwch bach o'n i!

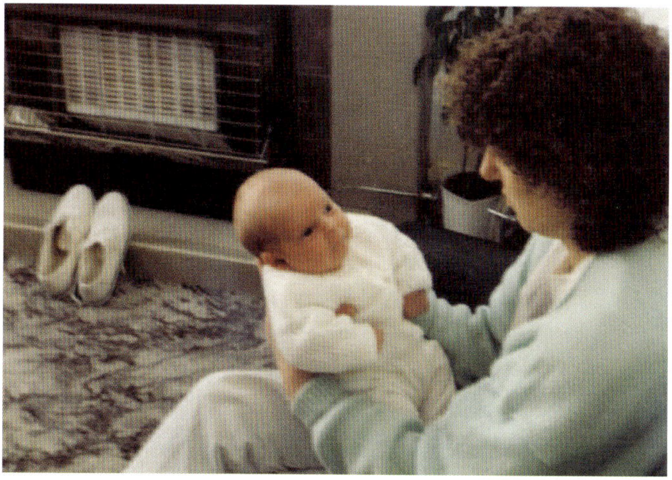

Mam a fi

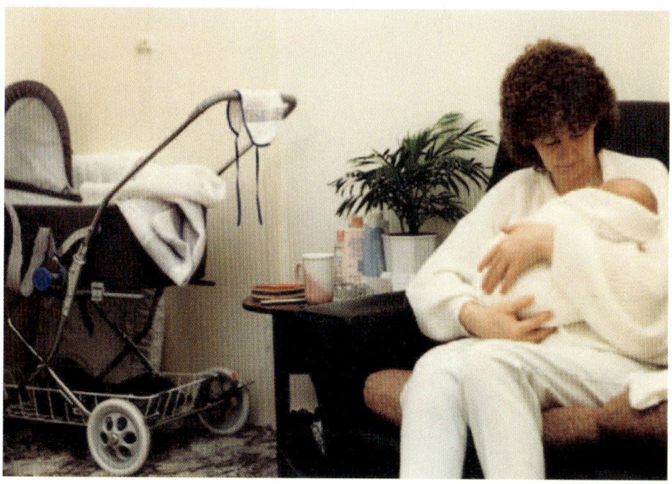

Ant "dall" (medda nhw!) yn hapus iawn i weld ei dad

Tad a mab yn fodlon eu byd

Fi, Taid (sef tad Mam) a fy nghefndryd Stephen ac Ian

Ffrindiau gorau

Ymweliad â'r sŵ

Cariad Mam

Fy nghyfaill penfelyn

Fi, Nat (fy nith) a Nick
(fy mrawd bach)

O'n i'n hapusach o lawar o flaen camera 'stalwm

Crwydro'r ardd gefn anferth (i fi ar y pryd) yn Harlech

Fudge a'i chŵn bach

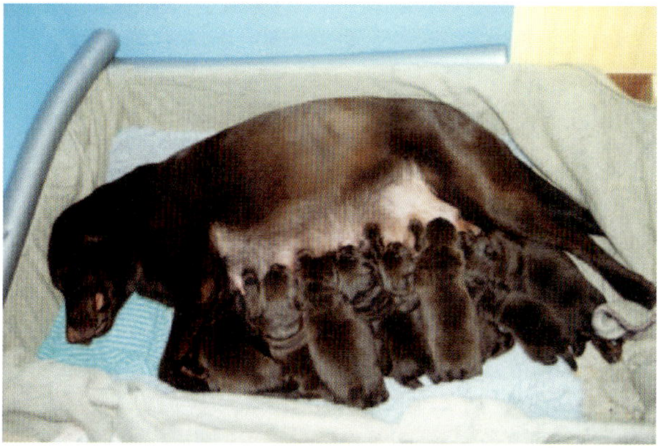

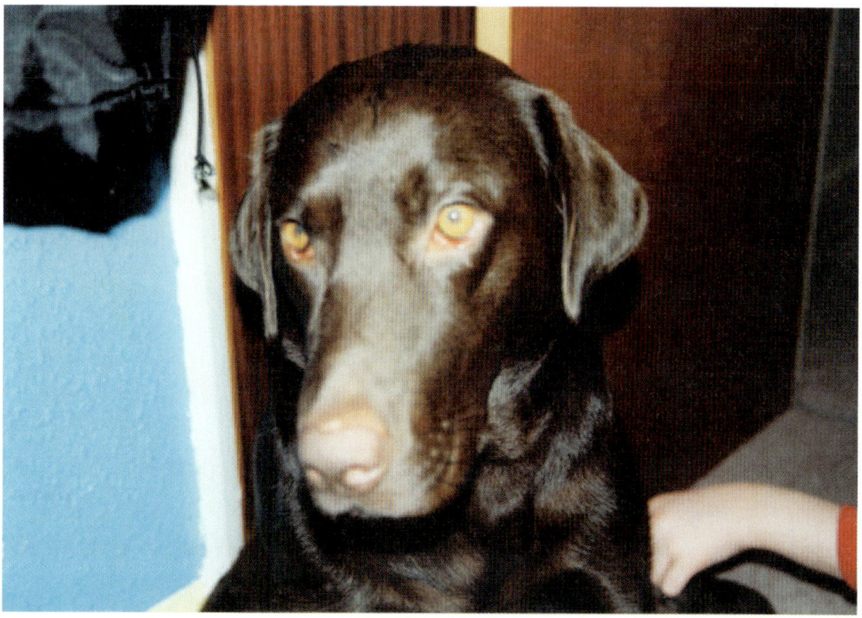

Fudge (yn cael egwyl oddi wrth ei chŵn bach?)

Ben (fy nai, hefo'i gefn at y camera) Nick, fi a Nat hefo Fudge a'i chŵn bach yn yr ardd gefn

Fudge yn chwarae hefo'i chŵn bach

Fudge, Muffin a Meg (ci cymdogion i ni)

Llun ysgol ohona i yn ystod fy nghyfnod fel disgybl yn Ysgol Ardudwy. Sbïwch diawl styfnig o'n i yn gwrthod gwisgo sbectol!

Dal heb fy sbectol! Fy nhro cyntaf yn gwisgo siwt ar gyfer seremoni briodas yn 2001

Er 'mod i'n casáu
cael tynnu'n llun
erbyn hyn, mi o'n
i wrth fy modd yn
cael tynnu'r llun yma
hefo Mam a Nick yn
2011

Mam a fi ar fy
mhen-blwydd yn 21
yn 2009

Fudge ar lan y môr yn Harlech. Er yn hen erbyn hyn, oedd hi wrth ei bodd yn y dŵr!

Muffin ar ei gorsedd yn y gegin

Eistedd yn yr ardd gefn adra yn Harlech. Fi yn cysgodi rhag yr haul hefo glasiad o ddŵr, a Nick yn gorwedd yn yr haul hefo Carling! (Mam oedd y ffotograffydd)

Fy hoff lun ohona i a Mam! Diwrnod fy seremoni raddio – Gorffennaf 2011 (Eric oedd y ffotograffydd)

Ar fin cael fy saethu yng nghanol nunlle yn Awstralia? Mai 2016

Fi yn sefyll o flaen The Big Lobster, Kingston South East, De Awstralia – 13eg o Fehefin 2025. (Ffotograffydd: Alan Williams)

Fi yn sefyll o flaen The Blue Lake, (mae'n lasach erbyn canol fis Tachwedd yn ôl y sôn), Mount Gambier, De Awstralia – 14eg o Fehefin 2025

Fi yn sefyll yn Umpherston Sinkhole, Mount Gambier, De Awstralia – 14eg o Fehefin 2025

A oes heddwch?
Eistedd tu allan i dafarn The German Arms Hotel yn Hahndorf, De Awstralia yn 2016. Iechyd da!

Fi yn crwydro twnnel Stokes Bay, De Awstralia yn 2025, dan ofal y ffotograffydd, Alan Williams

Wedi cyrraedd pen draw twnnel Stokes Bay (diolch i Alan am ei gymorth a'r llun)

Gwynfor a finna yn Fu's Caernarfon cyn y Nadolig 2023. (Ffotograffydd: Nia Jeffreys)

dosbarth hefo Mam y pnawn hwnnw. Y peth nesaf dwi'n ei gofio ydi agor drws cefn y car ochr y gyrrwr a gweld Sioned yn eistedd yn y cefn hefo bocs. Ac yna, mi ddoth pen lliw siocled ci bach Labrador allan o'r bocs i fusnesu. O'n i wedi gwirioni'n lân! Dyma oedd yr anrheg pen-blwydd gorau roeddwn i wedi'i gael erioed! Treuliais weddill y pnawn yn chwarae hefo Fudge, ac er 'mod i'n caru'r holl anifeiliaid oedd yn byw hefo ni, hi oedd fy ffrind gorau. Mi 'nath hynny barhau'n wir am weddill ei hoes. Byddai hynny'n wir hefo Muffin, merch Fudge hefyd. Mae gen i lu o atgofion arbennig ohonyn nhw, gan gynnwys mynd â Fudge am dro hefo Mam, Nick a Sioned ar lan y môr Harlach pan oedd hi tua saith neu wyth mis oed. Roedd Fudge oddi ar ei thennyn ac yn rhedeg o gwmpas yn cael amser wrth ei bodd. Ac yna, tarodd hi gefn coesau Sioned, gan achosi iddi ddisgyn a glanio ar ei chefn. Dyma Fudge yn rhedeg mewn cylch llydan cyn cnocio Sioned druan i lawr eto, a hitha wedi codi ar ei heistedd. Doedd neb yn medru ei helpu, yn anffodus – roedd pob un ohonom ni'n crio chwerthin!

***

Mae'n rhaid bod gynnon ni filfeddyg eithaf hen ffash ar y pryd. Oherwydd fo ddaru awgrymu i Mam y byddai'n syniad da bridio Fudge o leiaf unwaith pan fyddai hi'n ddigon hen, ac yn llwyddo i basio'r holl brofion iechyd perthnasol. Pan oedd Fudge yn ddwy oed felly, a hitha wedi pasio'r profion angenrheidiol ar gyfer Labradors, ac yn barod i dderbyn ci, dyma Mam yn mynd â hi at fridiwr Labradors dros y ffin ar gyrion Kidderminster. Ar ôl i Fudge ddŵad adra, dechreuodd y gwaith o gyfri'r dyddiau hyd at y diwrnod tyngedfennol. Roedd Mam wedi gwneud llwyth o waith darllen er mwyn sicrhau bod Fudge (a'i chŵn bach wedyn) yn derbyn y gofal gorau bosib. Yna, ar y deuddegfed o Ebrill 2000, dyma Mam yn ffonio'r ysgol:

Mam: Mae gen Anthony'r ffliw, dwi'n mynd i'w gadw fo adra.

Un o'r gwersi ddysgais i gan Mam pan o'n i'n Ysgol Tan Y Castell; mae'n berffaith iawn dweud celwydd er mwyn cŵn. Fel arall, mae'n rhaid dweud y gwir bob tro!

Roeddwn i'n holliach. Ond roedd gen i waith pwysicach na gwaith ysgol i'w wneud. Ac, yn nhyb fy mam, roeddwn i'n mynd i ddysgu pethau pwysicach na'r hyn o'n i'n debygol o'i ddysgu yn yr ysgol. Fi oedd bydwraig Fudge! Doeddwn i'm yn gwneud cymaint â hynny mewn gwirionedd, dim ond cofnodi amseroedd geni'r cŵn bach, p'un a oedden nhw'n wrywaidd neu fenywaidd, cofnodi eu pwysau a'u lliw. Deg ohonyn nhw i gyd; chwe ast a phedwar ci, bob un yn lliw siocled, a'r ail-anedig – ci ddoth yn ffefryn o fewn y teulu yn fuan iawn – oedd y trymaf: pum pwys! Sef mwy na fi pan ges i fy ngeni! Dwi'n cofio Fudge yn cael cymaint o sioc adeg geni'r ci bach cyntaf nes iddi godi ar ei thraed. Er i Mam a finna geisio ei pherswadio i orwedd eto, roedden ni'n rhy hwyr. Dyma Sad Sack (Thornton yn ei gartref newydd) yn bownsio ar y llawr gan roi sioc arall i Fudge druan.

Roedd Fudge yn fam arbennig, er mi fuo'n rhaid i Mam fwydo un o'r cŵn bach hefo potel i ddechrau, gan nad oedd pethau yn iawn hefo fo ar y cychwyn. Ond buan iawn ddaru o wella. Roedd rhaid pwyso'r cŵn bach yn ddyddiol i ddechrau, a thorri eu crafangau bob tri diwrnod, er lles Fudge. Ond roedd yr holl gyswllt 'ma hefo pobl yn llesol i'r cŵn bach hefyd, wrth gwrs. Roedd Fudge yn cael bwyd drutaf posib y cyfnod, wyau a hyd yn oed ambell i banad (hefo digon o lefrith ac wedi cwlio i lawr, wrth gwrs). Cychwynnodd yr hwyl go iawn ar ôl iddyn nhw agor eu llygaid yn ddeg diwrnod oed. Yn fuan iawn wedyn, wrth iddyn nhw ddod yn fwy hyderus ar eu coesau, roedd pob un ohonyn nhw'n awyddus i ddenig o'r bocs ble roedden nhw wedi bod yn byw, er mwyn crwydro gweddill yr ystafell. Ac hefo deg ohonyn nhw, roedd hi'n dipyn o waith cadw llygad ar bawb! Unwaith y daeth eu dannedd i'r golwg, dyma Mam yn sicrhau eu bod yn cael y bwyd gorau bosib, er mi 'nath Fudge barhau i'w bwydo am rai wsnosau eto. Roedd rhai o'r pethau oedd ar y fwydlen yn cynnwys: wyau wedi'u sgramblo, bwyd ci sych ar gyfer cŵn bach wedi'i feddalu rywfaint mewn dŵr ar y cychwyn, cyn cynnig y bwyd a'r dŵr iddyn nhw ar wahân.

Yn anochel, wrth iddyn nhw dyfu, mi gafodd y cŵn bach chwanag o ryddid. Cawson nhw'u symud o'r swyddfa ble roedden nhw'n wreiddiol, i'r stafell f'yta lle roedd ganddyn nhw fynediad i'r gegin – a'r ardd gefn wedyn (dan ein goruchwyliaeth ni fel teulu, wrth reswm) pan oedden nhw'n rhyw bedair i bum wsnos oed. Mi ddoth eu personoliaethau i'r amlwg go iawn bryd hynny! Direidus oedden nhw gan amlaf, wrth gwrs. Y prif atgof o'r cyfnod yma sydd gen i ydi Fudge yn dysgu Thornton sut i agor drws y gegin! Doedd o'n bendant ddim yn cael aros wedyn! Roedd y cŵn bach yn cael gweld nifer fawr o berthnasau a ffrindiau i ni fel teulu, er mwyn iddyn nhw gael dod i arfer hefo cymaint o bobl wahanol â phosib.

Yn ystod y cyfnod yma, a hitha wedi bod yn hysbysebu'r cŵn bach ers chydig wsnosau erbyn hyn, mi ddaru Mam ddechrau cyfweld darpar berchnogion newydd. Lles y cŵn bach oedd gan Mam dan sylw, nid pres. O ganlyniad, byddai hi'n mynd ati'n fwriadol i geisio baglu darpar berchnogion anaddas. Un enghraifft dwi'n ei gofio'n arbennig ydi cwpl o gefn gwlad Sir Fôn a'u plant. Doedd ymddygiad y plant o gwmpas y cŵn bach (eu codi nhw yn yr awyr wrth eu coesau, er enghraifft) ddim yn plesio Mam o bell ffordd. Felly, yn amlwg, cafodd rhieni'r plant gyfweliad arbennig o heriol. Roedd Mam yn amau yr hyn roedd y cwpl yn bwriadu'i wneud (hynny ydi, bridio brawd a chwaer hefo'i gilydd), ac felly dyma hi'n gofyn y canlynol fel eu cwestiwn terfynol:

Mam: Atgoffwch fi, dau gi oeddach chi isho *(doedd y cwpl ddim wedi sôn, dim ond eu bod am gymryd dau o'r cŵn bach)*, ia?

Dyma un o'r josgins yn ymateb, "O na, ci ac ast." Cafodd y teulu eu hel o'r byngalo yn syth!

Cyfweliad arall dwi'n ei gofio yn arbennig o dda ydi'r cwpl o'r Almaen oedd ar eu gwyliau yng Nghymru, ond oedd wedi cysylltu â Mam ar ôl gweld yr hysbysebiad. Dwy ast oedd rhain eu hisho. Un o'r rhesymau pam fod y cyfweliad yma mor gofiadwy i mi ydi oherwydd yr hyn ddigwyddodd ar ôl i'r cwpl ddechrau siarad hefo'r cŵn bach, a hynny yn Almaeneg, fel y gellid ei ddisgwyl. Dyma Mam a finna'n clywad sŵn hollol anghyfarwydd; roedd Fudge yn chwyrnu mewn ffordd eithaf bygythiol arnyn nhw. A Labrador oedd Fudge cofiwch, nid XL Bully! Rhwng ymateb Fudge i'r cwpl a'r ffaith eu bod nhw yma ar eu gwyliau, aeth Mam ati i'w cwestiynu, gan gynnwys a oedden nhw'n siŵr eu bod nhw wir isho cŵn bach, a hwythau ar eu gwyliau? Faint o brofiad oedd ganddyn nhw? A oedden nhw'n barod ar gyfer yr ymdrech ychwanegol o ofalu am ddwy ast? Mae edrych ar ôl un o'r anifeiliaid ifanc yn gyfrifoldeb sylweddol. Ond dwy ast = dwywaith yr ymdrech. Ac yn y blaen.

Yn yr achos yma, mi ddaru'r cwpl lwyddo i berswadio Mam eu bod nhw'r math o berchnogion roedd hi'n chwilio amdanyn nhw. Felly unwaith roedden nhw wedi cael y pigiadau angenrheidiol, ac yn ddigon hen i deithio, mi aeth Pins 'n' Needles (llysenwau'r ddwy o fewn y teulu, oherwydd eu bod nhw mor hoff o ddefnyddio'u dannedd) draw i'r Almaen. Mi wnaeth y mwyafrif o'u brodyr a'u chwiorydd aros yng Nghymru, a rhai yn mynd i Loegr. Aeth un ohonyn nhw, Truffle (Hernia oedd ei llysenw hi, am resymau amlwg, decini) at berchnogion yr oriel gelf yn Bermo ar ôl i'r hernia gael ei drin – a Mam yn mynnu talu, wrth gwrs (o ganlyniad, mi ddoth Truffle 'nôl atom ni i aros ddwywaith pan aeth ei pherchnogion ar eu gwyliau). Aeth Thornton a Wispa (oedd, roedd yna thema amlwg hefo'r enwau) i Sir Fôn. Aeth un arall yn ôl i Kidderminster, at berchennog tad y cŵn bach. Dwi'n methu cofio'n union ble aeth y lleill. Ond mi fuodd Mam mor drwyadl ei chwestiynau hefo pob un darpar berchennog, roedd hi'n fodlon iawn hefo'i dewisiadau. Ac wrth gwrs, mi 'nath Muffin, oherwydd anaf i un o'i choesau ôl (sgwn i ar ba deulu oedd y bai, tybed?) aros hefo ni. Mewn egwyddor, ci Nick oedd hi. Ond wrth iddi fynd yn hŷn, roeddwn i'n gwneud chwanag hefo hi o ran gofal, fel hefo Fudge. Er tegwch i Nick, yn wahanol iawn i mi, roedd ganddo fo fywyd cymdeithasol. Dim ond hefo'r anifeiliaid o'n i wir isho cymdeithasu â nhw. Does yr un anifail erioed wedi fy mwlio ar sail fy anableddau.

Erbyn i'r cŵn bach (ar wahân i Muffin, wrth reswm) adael ein cartref – a Mam yn benderfynol nad oedd hi am fridio byth eto (roedd hi'n llawar rhy anodd iddi adael i'r cŵn bach fynd, ac roedd y broses gyfweld, ar ben popeth arall, yn waith caled!) – roedd diwedd fy nghyfnod yn Ysgol Tan Y Castell yn prysur agosáu. Wedi'r holl fwlio, o'n i wir yn edrych ymlaen at lechan lân yn Ysgol Ardudwy.

Heb yn wybod i mi, wrth gwrs, roeddwn i ar fin neidio o'r badall ffrio i'r tân!

***

A finna'n foi styfnig, annibynnol dros ben, rhywbeth arall, ar wahân i'r bwlio, doeddwn i ddim yn rhy hapus yn ei gylch yn yr ysgol oedd y ffaith bod yr Awdurdod Addysg wedi mynnu – er iddyn nhw ildio i fy mam o ran caniatáu imi fynd i'r ysgol – fy mod yn cael cymhorthydd dosbarth. Nid yn unig yn Ysgol Tan Y Castell, ond yn Ysgol Ardudwy hefyd! 'Dwn i'm faint o weithiau dwi wedi gorfod egluro hyn ar hyd fy oes, ond cyflwr iechyd niwrolegol ydi hydroseffalws, nid anabledd dysgu! Dim byd yn erbyn y cymorthyddion, ond am wastraff o adnoddau ariannol gan yr Awdurdod Addysg am un ar ddeg o flynyddoedd! Go brin 'sa hynny'n cael digwydd heddiw, hefo'r sefyllfa ariannol mae cynghorau wedi'i hwynebu ers blynyddoedd! Dwi hyd yn oed yn cofio, yn ystod gwers Gelf ym Mlwyddyn 9, un o 'nghyd-ddisgyblion yn holi, "Pam bod gen ti gymhorthydd dysgu? Mae'n amlwg dwyt ti'm angen un!" O'n i wedi bod yn holi'r un cwestiwn ers blynyddoedd, a heb gael eglurhad call, ar wahân i Mam yn dweud na'r Awdurdod Addysg oedd wedi mynnu hyn pan oedden nhw wedi ildio a derbyn bod gen i hawl i fynd i'r ysgol.

Esgus arall dros barhau hefo'r cymorthyddion yn Ysgol Ardudwy oedd y staer. Hynny ydi, roedd disgwyl i mi gael fy nhywys rhwng gwersi bum munud cyn diwedd pob gwers. Pob gwers, ond un, trwy gydol y bum mlynedd fues i yno! A beth oedd yr un eithriad o wers? Ffrangeg. Dwi'n cofio'r athrawes yn troi rownd chydig funudau cyn y gloch ac yn dweud, "Mae'n amlwg bod 'na neb am ddod i dy nôl heddiw Anthony. Gwell i ti fynd." A wyddoch chi be'?

Nes i gyrraedd fy ngwers nesaf heb unrhyw drafferth o gwbl! A chofiwch chi, doedd gen i'm ffon wen na'm byd i fynd i fyny ac i lawr staer ar y pryd. Ac wrth gwrs, roedd cymorthyddion dysgu yn rhywbeth arall oedd yn gwneud i mi sefyll allan, yn destun cywilydd gen i, ac yn rheswm arall i gyfiawnhau fy mwlio. Ond, er imi gael fy mwlio gan fy nghyd-ddisgyblion yn yr uwchradd fel yn y cynradd, roedd yr aelodau staff yn Ysgol Ardudwy yn waeth o lawar!

Un peth, sydd ddim wedi newid ers fy mhlentyndod, ydi fy agwedd at bobl nawddoglyd. Dwi'n wirioneddol casáu pan mae pobl yn mynnu fy nhrin fel taswn i'n ddwl, a hynny ar sail dim byd ond fy anableddau. Fel y soniais i cynt, tydi fy anableddau ddim yn, nac erioed wedi, amharu ar fy ngallu i ddysgu. Oedolion oedd ddim yn ffit i ddysgu oedd y broblem y rhan fwyaf o'r amser (ar wahân i Fathemateg, wrth gwrs!). Yn wir, ches i erioed unrhyw drafferth hefo athrawon Mathemateg. Roedden nhw wedi derbyn, fel petai, 'mod i'n anobeithiol lle roedd Maths yn y cwestiwn, ac felly'n gadael llonydd i mi. Dwi'n cofio cyfarfod un ohonyn nhw, Huw Dafydd Jones, flynyddoedd wedyn a finna'n gwirfoddoli yn Storiel, ym Mangor, ac yntau'n fy adnabod i'n syth:

HDJ: Dwi'n eich cofio chi o'r ysgol, yn tydw?
Fi: Os ydach chi'n fy nghofio, syr, tydi o ddim oherwydd bod gen i ddawn fathemategol arbennig!

Pam nes i deimlo'r angen i grybwyll 'pobl nawddoglyd', felly? Oherwydd mai un o'r atgofion cynharaf sydd gen i o Ysgol Ardudwy ydi cyfarfod yr aelod staff (di-Gymraeg hefyd, cofiwch) oedd â chyfrifoldeb dros

'Anghenion Addysg Arbennig'. 'Sgwn i pam 'sa gen i broblem hefo'r unigolyn yma, felly? Oedd y teitl swydd ar ei ben ei hun yn ddigon nawddoglyd, heb sôn am y ddynes oedd yn gwneud y gwaith! Y cyswllt cynharaf oedd gen i hefo hi oedd y disgwyliad 'ma ym Mlwyddyn 7 fy mod i i dreulio pob amser egwyl (ia, pob amser egwyl, cofiwch) hefo hi yn cael gwersi llawysgrifen. Rŵan 'ta, fi 'di'r person cyntaf i gyfaddef bod gen i sgwennu traed brain (be' arall 'sa chi'n ei ddisgwyl gan un o frain Harlach, yn de? *Ba-dym, tsss!*). Am resymau meddygol, wrth gwrs, doedd hynny ddim am newid. A Mam ddaru fy nysgu sut i sgwennu pan o'n i'n dair oed, a rhyngom ni, mi 'nathon ni ein gorau glas i dacluso rhywfaint ar fy llawysgrifen. Ond yn anffodus, roedd rhaid derbyn bod 'na'm gwella i fod, wedi peth amser yn trio. Dyna sut felly ro'n i'n gwybod bod y 'gwersi' amser egwyl 'ma yn wastraff amser. A byddai'r aelod staff dan sylw yn rhoi llond ceg i mi yn gyson am beidio gwneud unrhyw gynnydd. Ym mhen dim, nes i roi'r gorau i fynd yno yn ystod amser egwyl. A dyma'r aelod staff yn dechrau trin un disgybl yn enedigol o Birmingham, oedd hefo anableddau dysgu, fel rhyw was bach yn ystod amser egwyl – yn disgwyl iddo fy hebrwng i'r stafell. Gwrthod wnes i bob tro.

Gofyn am drwbl? Ella wir. Ond i mi, doedd y ffordd o'n i'n cael fy nhrin ddim yn deg. A doedd y ffordd oedd Jack yn cael ei drin ddim yn iawn chwaith, o ran hynny. Felly dyna sbarduno cyfres o ddigwyddiadau pan fyddwn i'n cael fy ngalw i'w swyddfa yng nghanol gwersi, yn cael fy nghyhuddo o rywbeth neu'i gilydd. Iawn, ella 'mod i'n cega am yr aelod staff yma weithiau. Ond fel arall, cyhuddiadau ar gam oedd rhain. Dwi'n cofio un tro, yn arbennig, pan ges i fy ngalw i'w swyddfa yn ystod gwers Ddrama – un o fy hoff bynciau – pan o'n i ym Mlwyddyn 9 neu 10.

Felly doeddwn i ddim yn hapus hefo gorfod gwrando ar gyhuddiad arall. Mi oedd un o'r disgyblion oedd â hanes o fy mwlio i ers y cynradd yn ei swyddfa ar yr achlysur yma hefyd. Dwi'n methu cofio natur y cyhuddiad yn iawn, ond mi ydw i'n cofio sut nes i ymateb:

"Is that it? Really? I've never been so insulted in all my life! I come to school to receive an education, which I'm obviously not getting sitting here listening to this nonsense. So, if that's all, I'll be returning to my lesson now."

A dyma fi'n codi ac yn gadael ei swyddfa. O'n i am wneud un peth yn berffaith glir; nid y ddelwedd ystrydebol o berson anabl oedd ganddi hi yn ei phen o'n i. Na, ro'n i'n wahanol iawn i unrhyw berson anabl oedd yr unigolyn yma wedi'i gyfarfod erioed o'r blaen.

Nid dyna'r tro olaf i'r ddau ohonom ni wrthdaro fel hyn. Y diwrnod dan sylw oedd pan o'n i tua pymtheg oed, ac wedi bod yng nghynhebrwng Taid Llundain y diwrnod cynt. O'n i wedi bod adra'n sâl o'r ysgol hefo annwyd pen ychydig cyn y cynhebrwng. Ond roedd disgwyl i fi fynychu cynhebrwng Taid 'run fath. Wrth gwrs, doedd yr unigolyn dan sylw ddim yn hapus ynglŷn â hyn...

Hi: So you were too ill to attend school, but well enough to go to your grandfather's funeral?

Fi: It was his funeral. Cold or not, my attendance was expected.

Dyma hi'n fy ngalw i'n bob enw dan haul! A hynny o flaen llond dosbarth o dystion hefyd! Er gwaetha'r gwrthdaro o'n i wedi'i brofi hefo aelodau o staff yn Ysgolion Tan Y Castell ac Ardudwy fel ei gilydd cyn y diwrnod hwnnw, doeddwn i erioed wedi profi ymosodiad mor ffiaidd o'r blaen. O gofio 'mod i'n agosach o lawar at

Taid Llundain nag o'n i wedi bod erioed at Eric, roeddwn i'n galaru. Felly mi wnaeth yr ymosodiad yma fy ypsetio i'n fawr, ac mi fuodd yn rhaid i mi fynd adra. Wrth gwrs, unwaith y clywodd Mam am hyn, dyma hi'n fy nhynnu allan o'r ysgol ac yn gwrthod fy anfon yn ôl nes bod yr unigolyn – nad oedd yn ffit i fod o gwmpas disgyblion ysgol, ac yn enwedig disgyblion anabl – wedi cael ei ddisgyblu. Cwtogwyd oriau'r aelod staff dan sylw o lawn amser i ran amser, os dwi'n cofio'n iawn. Fawr o gosb i fwli mwya'r ysgol, os 'dach chi'n gofyn i mi.

Roedd Nat yn byw hefo ni ers rhai blynyddoedd ar y pryd, wedi dychwelyd o Lerpwl ar ôl ffraeo hefo'i mam. A phan glywodd hi am yr hyn ddigwyddodd, roedd hi'n gandryll ac am ei gwaed! Mae'n rhaid bod Nat a finna wedi codi pontydd erbyn hynny. Er mawr gywilydd i mi hyd heddiw, mi oeddwn i wedi bod yn cwffio dipyn hefo Nat (ia, cwffio, go iawn felly) rhwng y cyfnod pan symudodd hi atom ni gyntaf ar ddechrau Blwyddyn 8 tan chydig cyn y digwyddiad uchod. 'Dwn i'm be' ddiawl oedd yn bod arna i yn ystod fy arddegau cynnar! Nid bod hynny'n fawr o esgus, mae'r hyn nes i yn anfaddeuol yn fy meddwl i. Felly hefyd taro Mam, dros rywbeth hollol hurt. Mi gafodd y ddau ohonom ni sioc anferth pan ddigwyddodd hynny. Ac er i mi ymddiheuro'n syth, ac er i Mam faddau imi, dwi'n dal o'r farn nad o'n i'n haeddu maddeuant. O ran natur, dwi'n foi tawel sy'n methu dioddef trais (tu hwnt i nofelau neu ffilmiau). Felly 'dwn i'm wir beth ddaru arwain at fy ymddygiad. Ond beth bynnag oedd wrth wraidd y cyfan, mae'n codi cyfog arna i hyd heddiw!

Wrth gwrs, nid un aelod o staff Ysgol Ardudwy yn unig oedd yn benderfynol o fy nhrin fel baw. Roedd yna athro Cymraeg ('dwn i'm beth oedd yn bod hefo athrawon Cymraeg ble o'n i yn y cwestiwn). A hynny ar sail dim byd mwy na'r ffaith 'mod i'n hanner brawd i Mandy a Jamie Dykstra ac yn ewythr i Nat. Wrth gwrs, oedd o'n bwlio Nat yn waeth na fi, a hitha'n ferch i Mandy ac, i goroni'r cyfan, yn ddi-Gymraeg. Does dim ots gen i sut fath o ddisgyblion oedd Mandy na Jamie yn y 1980au, roedd dal dig, ac yna bwlio Nat a finna ar gownt y cyswllt teuluol, yn blentynnaidd dros ben! Dwi'n cofio un diwrnod yn arbennig pan 'nath o gadw Nat a finna mewn *detention* dros amser cinio. Pwy arall sy'n medru dweud eu bod nhw wedi cael *detention* hefo'u nith? Beth oedd Nat wedi'i wneud o'i le? Ar wahân i fod yn ferch i Mandy, 'lly? Gwisgo treinyrs i'r ysgol. Dwi'n cofio dweud 'sa Mam yn mynd o'i cho', a hitha wedi prynu pâr o sgidia ysgol drud i Nat cyn dechrau'r tymor. Be' nes i o'i le? Eto, ar wahân i fod yn perthyn i Mandy, Jamie a Nat? Cyflwyno darn o waith cartref heb ei deipio. Er tegwch i mi, roedd gen i gytundeb hefo'r ysgol fy mod i'n cael cyflwyno traethodau ysgrifenedig fel drafft cyntaf, cyn cyflwyno drafft wedi'i deipio fel yr un terfynol. Drafft cyntaf nes i ei gyflwyno. Dyma fo'n penderfynu anwybyddu'r cytundeb yn llwyr felly, er mwyn cael fy nhrin i fel baw. Dwi'n cofio pan o'n i ym Mlwyddyn 10, yn ystod noson rieni, dyma'r athro dan sylw yn gwneud dim byd ond lladd arna i o flaen Mam – gan ddweud, yn y bôn, bod ganddo fo'm bwriad o fy nysgu i. Dyma Mam yn mynd ati i gwyno wrth Tudur Williams, y pennaeth, am ei hyfdra. Yn anffodus, fo gafodd ei ffordd yn y diwedd; ges i fy symud i'r set is. Doedd 'na'm gobaith imi astudio Cymraeg Lefel A wedyn, nac oedd?

Lefel A yn y Gymraeg? Sut oedd hynny'n mynd i fod o gymorth i rywun oedd â'i fryd ar hyfforddi fel milfeddyg? Yn anffodus, ym Mlwyddyn 9, cafodd y swigen honno ei byrstio wrth drafod gyrfaoedd posib mewn cyfarfod hefo'r diprwy bennaeth, yr aelod staff oedd yn gyfrifol am

Anghenion Addysg Arbennig ('dwn i'm pam) a Mam. Yn bennaf, yn sgil y nam ar fy ngolwg a'r gwendid yn ochr dde fy nghorff (heb sôn am yr heriau o'n i'n eu hwynebu hefo Mathemateg). Pwy yn ei iawn bwyll 'sa'n fodlon ymddiried ynof fi i gynnal llawdriniaeth ar yr un anifail? Dyma fi felly yn crybwyll ail syniad oedd gen i, sef actio. Wedi'r cyfan, o'n i'n cael rhywfaint o glod am fy sgiliau actio. Yn anffodus, ges i fy mherswadio i beidio dilyn y llwybr hwnnw. A hynny oherwydd y diffyg sicrwydd gwaith! Yr hyn dwi'n ei weld yn chwerthinllyd bron am y rhesymeg yna erbyn hyn ydi, byth ers gadael y brifysgol yn 2015, tydw i erioed wedi cael unrhyw fath o sicrwydd gwaith! Sy'n gwneud i mi feddwl yn gynyddol a ddylwn i fod wedi dilyn gyrfa fel actor beth bynnag, os na fel hyn oedd pethau'n mynd i fod i mi.

***

Mae bora fy mhen-blwydd yn un ar bymtheg oed yn teimlo fel ddoe i mi. A hynny'n bennaf oherwydd y penderfyniad o'n i wedi'i wneud, a'r sgwrs ges i hefo Mam o ganlyniad. Doeddwn i ddim yn pasa dychwelyd i'r ysgol byth eto! Ella 'sa chi'n disgwyl i ddadl godi yn dilyn y fath benderfyniad. Ond na. I'r gwrthwyneb, roedd Mam yn dalld yn iawn y rhesymeg oedd wrth wraidd fy mhenderfyniad, diolch i'r holl fwlio o'n i wedi'i ddioddef ers pan o'n i'n chwe mlwydd oed. Yr hyn ddilynodd oedd trafodaeth gall ynglŷn â'r cyfleon gwaith 'sa gen i, taswn i ddim yn dychwelyd i'r ysgol. Dwi'n cofio Mam yn pwysleisio, "Hefo dy anabledda di, neith cyflogwyr ddefnyddio bob esgus dan haul i osgoi dy gyflogi di. Felly mae'n rhaid i chdi aros ym myd addysg mor hir â phosib, ac ennill cymaint o gymwysterau â phosib, er mwyn gneud yn saff bod ganddyn nhw ddim esgusodion."

Yn anffodus, fel y soniais i uchod, byth ers gadael y brifysgol yn 2015, tydw i erioed wedi cael unrhyw fath o sicrwydd gwaith. A hynny er gwaetha'r MA! Dwi'n meddwl ei bod hi'n deg dweud bod Mam a finna yn naïf ynglŷn â'r heriau oedd o 'mlaen i o ran dŵad o hyd i gwaith.

O ganlyniad, mi nes i gytuno i ddychwelyd i'r ysgol am flwyddyn arall. Ond doedd hi'm yn flwyddyn hawdd o gwbl, yn bennaf oherwydd fy shynt, fel dwi wedi sôn yn barod. Er gwaetha'r canlyniadau TGAU gwarthus, nes i lwyddo i sicrhau lle yng Ngholeg Meirion-Dwyfor, Pwllheli i astudio fy lefelau A. Ond, ar ben yr heriau yn yr ysgol, roedd yna heriau adra hefyd...

‘Love is blind.
But marriage soon restores your sight!’

Geiriau ar gylch goriadau oedd bia fy mam ers talwm.

Pennod 12

Brad Tad y Ganrif

DWI O'R FARN, ers peth amser, ei bod hi'n bechod na thalodd fy mam chwanag o sylw i'r geiriau ar ei chylch goriadau. Ella bod ei chariad at Eric wedi ei dallu hyd ei marwolaeth. Mae gen i atgof clir o Mam, chydig cyn ei marwolaeth yn 2012, yn dweud ei bod hi'n dal i fod dros ei phen a'i chlustiau mewn cariad hefo Eric, er nad oedd hi'n ddim callach pam.

"Ti methu helpu pwy ti'n 'i garu, 'sdi, Ant. Tydi cariad ddim yn rhywbeth fedri di'i droi on ac off fel tap."

Roedd ei chlywad hi'n dweud hynny yn fy mrifo i'r byw. Roedd Mam yn haeddu gŵr llawar gwell nag Eric. Roedd hi'n haeddu hapusrwydd priodasol hefo dyn oedd yn ei charu hi gymaint ag oedd hi'n ei garu fo. A pha ddiolch gafodd hi am ei chariad at Eric? Anffyddlondeb, cyn iddo fo briodi ei feistres saith mis wedi cynhebrwng Mam! Saith ffycin mis wedi i'r bastad fy ffonio i yn ei ddagrau ffug yn honni ei fod o'n dal yn caru fy mam! Mae ganddo fo ffordd ryfedd iawn o ddangos ei gariad, os 'dach chi'n gofyn i mi.

Pan soniais i wrth Eric 'mod i'n sgwennu'r gyfrol hon, cododd ei affêr hefo'i wraig bresennol yn ystod y sgwrs. Roedd Eric yn gweld bai ar Mandy a Jamie am yr hyn ddigwyddodd, sy'n esgus chwerthinllyd. Sut yn union oedd Mandy a Jamie, oedd yn eu tridegau ac yn byw yn

Lerpwl, yn gyfrifol am ei benderfyniad i fradychu Mam yn Harlach, ac yntau'n ddyn yn ei bedwardegau? Dyma fo'n cyfaddef wedyn mai "jysd dyna'r math o foi" ydi o.

Dwi'n cofio sylweddoli, a 'dwn i'm sut, fod pethau ddim yn iawn rhwng fy rhieni yn ystod ein taith olaf i Florida, ein gwyliau olaf fel teulu, ar gyfer pen-blwydd fy mam yn hanner cant fis Mawrth 2001. Wn i ddim pam, ond mi ddechreuais i deimlo'n ddrwgdybus iawn o Eric yn ystod y pythefnos y buon ni yno. Ac mi 'nath y ddrwgdybiaeth honno barhau ar ôl dychwelyd i Gymru. Ella bod gan y ffaith i Mam sôn mai hwn fyddai ein gwyliau olaf yn yr Unol Daleithiau rywbeth i'w wneud hefo fy nheimladau? O'n i'n gwybod cymaint oedd Mam yn caru Florida, felly roedd gen i deimlad bod Eric wedi gwneud rhywbeth o'i le. Doeddwn i'n ddim callach beth yn union. Ond roedd o wedi gwneud rhywbeth, o'n i'n berffaith sicr o hynny.

Yna, ym mis Medi 2001, ac yntau ar ei wely angau yn Ysbyty Gwynedd, mi aeth fy mam i eistedd hefo'i chefnder Robert am chydig. Dyma Eric yn cysylltu â fy modryb Bethan i holi a oedd hi'n iawn i fi, Nat a Nick aros dros nos hefo hi. Rheswm arall i mi deimlo'n ddrwgdybus ohono fo – roedd hyn yn anarferol iawn. Ond eto, roedd hi'n amhosib i mi egluro'n iawn pam ro'n i'n teimlo felly. O'n i'n hogyn tair ar ddeg oed eithaf naïf. Doeddwn i'n ddim callach fod pobl briod yn cael affêrs. O'n i dan yr argraff fod comitio i briodi rhywun yn arwydd eich bod chi wir yn eu caru nhw. Doedd hyn ddim yn wir yn achos Eric, yn amlwg, oherwydd mi dreuliodd o'r noson yng ngwely fy mam hefo dynes arall!

Mi ddoth y gwir allan ym mis Hydref, yr adeg ges i'r llawdriniaeth olaf ar fy nghoes, a Robert bellach yn ei fedd. Ar ôl y sioe tân gwyllt o ffrae, gadawodd Eric. Roedd hi'n adeg bryderus iawn i bawb, ac roedden ni oll – Mam, Nat,

Nick a finna – ar bigau'r drain. Yn ogystal â Mam, oedd wedi torri'i chalon wrth gwrs, o ystyried mor agos oedd Nick ac Eric, dwi'n gwbl sicr bod ymadawiad ei dad wedi taro fy mrawd bach yn ofnadwy.

Dwi'n cofio, yn ystod y cyfnod yma, ges i a gweddill y dosbarth ddarn o waith cartref Cymraeg. Ysgrifennu dadl naill ai o blaid neu'n erbyn priodasau. Rŵan 'ta, tua tri chant a hanner o ddisgyblion, a naw ar hugian o staff, oedd yn Ysgol Ardudwy ar y pryd. A Harlach yn dref fach glan y môr. Roedd antics Eric a'i feistres yn hysbys i bawb. Faint o goc oen oedd yr athro oedd yn gyfrifol am osod y gwaith cartref yma, felly? Mi wna i adael i chi benderfynu. Afraid dweud, sgwennu dadl chwyrn yn erbyn priodasau wnes i; 'bom hefo'r gallu i ffrwydro unrhyw eiliad' oedd fy nisgrifiad o fywyd priodasol wrth gloi. Wrth i mi aeddfedu, wrth gwrs, dwi wedi cael y pleser o gyfarfod nifer o gyfeillion priod, sy'n siwtio ei gilydd i'r dim. O ganlyniad, pan mae'r pâr priod yn amlwg yn caru ei gilydd ac wedi priodi ers peth amser, dwi'n dipyn fwy cadarnhaol am briodasau. Tasg amhosib fyddai perswadio'r Ant tair ar ddeg oed o hynny, wrth gwrs. Sinig ofnadwy oedd o!

Ar ôl peth amser, dyma Eric yn symud yn ôl adra. Doedd gen i'm syniad ar y pryd pam fod Mam yn caniatáu iddo fo wneud. A oedd hi wir yn ei garu gymaint â hynny? Dyma ni ddechreuad patrwm cyfarwydd a hynod flinedig; Mam yn ffeindio allan bod Eric yn dal yn gweld y ddynes arall 'ma, fo'n cael cic allan a symud yn ôl wedi chydig wsnosau. O'n i'n poeni cymaint am fy mam yn ystod y cyfnod yma, ro'n i'n cael trafferth mawr cysgu. Ac mi 'nath y trafferthion cysgu barhau, yn rhyfedd digon, nes i mi symud i fy nghartref presennol.

***

Er ein bod ni'n byw yn agos iawn i Ysgol Tan Y Castell, Ysgol Ardudwy, a'r orsaf drenau, roedd Mam yn mynnu rhoi pàs i mi 'nôl a 'mlaen i'r ysgol, a'r orsaf drenau wedyn, pan o'n i yng Ngholeg Meirion-Dwyfor ym Mhwllheli yn astudio fy Lefelau A. Dyna sut o'n i'n gwybod ym mêr fy esgyrn bod yna rywbeth mawr o'i le pan gyrhaeddais i Harlach ar y trên un pnawn yn 2005, a sylweddoli bod Mam ddim yno yn ei char ym maes parcio'r orsaf. Tasa hi'n rhedeg yn hwyr, 'swn i wedi cael galwad ffôn neu neges destun ganddi. Ond do'n i'm 'di clywad gair gan Mam ers i fi ffarwelio â hi yn yr orsaf y bora hwnnw. Dyma fi'n mynd ar ras tuag adra, yn poeni bod rhywbeth wedi digwydd yn y cyfamser.

Pan agorais i'r drws ffrynt, mi glywn i sŵn pethau'n cael eu stwffio i fagiau sbwriel yn dod o gyfeiriad llofft Mam. Dyma fi'n rhedeg i lawr y coridor i'r stafell. A doeddwn i erioed wedi teimlo cymaint o ryddhad â phan welais i Mam, siswrn yn ei llaw, yn stwffio gweddillion siwtiau Eric i mewn i fag sbwriel.

"Oes raid i mi ofyn be' mae o wedi'i wneud rŵan?"

Dwi'n methu cofio ymateb Mam yn iawn. Mi oedd Eric yn dal yn cysgu hefo'i feistres, roedd hynny'n amlwg. Ond doedd 'na'm gobaith bod Mam yn mynd i'w gymryd o 'nôl tro 'ma.

Amser a ddengys, medda fi wrthaf fi'n hun, yn cofio'n iawn rhywbeth roedd Mam wedi'i ddweud rai blynyddoedd ynghynt, pan nes i awgrymu ei bod hi ond yn iawn iddi hitha gael affêr hefyd, os na dyna sut oedd Eric am fihafio…

"Ella bod dy dad ddim yn cymryd ein priodas ni o ddifri, Ant. Ond mi ydw i."

Roedd hi'n amhosib i mi goelio felly bod Mam yn mynd i aberthu ei phriodas ar ôl yr holl ymdrech ac egni ganddi i'w hachub yn ystod y blynyddoedd blaenorol.

Penderfynais i gyfri'r wsnosau. Tair wsnos oedd y record hyd yma. Mi aeth wsnos heibio; dim sôn o Eric. Pythefnos? Eto, dim sôn ohono fo. Tair wsnos. Dim oedd dim.

Mis ar ôl i Mam dorri holl ddillad Eric yn racs hefo'i siswrn, nes i ddechrau coelio na dyma oedd y diwedd ar eu priodas, go iawn. Ond, roedd yna ysgariad hir a blêr ar y gorwel.

***

Ia, proses hir a blêr oedd ysgariad Mam ac Eric, rhwng y ddau'n gwahanu am y tro olaf yn 2005 hyd at y cadarnhad swyddogol yn 2009 bod eu priodas ar ben. Roedd hyn yn bennaf yn sgil yr hyn ddaru Mam ei alw'n "gelwyddau Eric" (a 'dach chi'n gwybod yn iawn, erbyn hyn, sut dwi'n teimlo am gelwyddgwn), a oedd yn benderfynol nad oedd Mam am gael dima' ganddo fo, medda hi. Hanfod ei anwiredd oedd nad oedd ganddo fo ddima' i'w enw; rhywbeth oedd, fel y gwyddai Mam, yn gelwydd noeth. A hynny oherwydd, cyn iddyn nhw wahanu, Mam oedd yn gwneud gwaith gweinyddol ei fusnes. Ac roedd ganddo fo hen ddigon o bres! Ond, ag Eric yn honni ei fod o bron yn fethdalwr, roedd Mam o'r farn (a dwi'n cytuno â hi) ei fod o wedi bod yn symud pres o gwmpas, er mwyn edrych yn dlotach nag oedd o go iawn.

O ganlyniad, felly, dyfarnwyd fod rhaid gwerthu'r byngalo; byddai hanner y pres yn eiddo i Mam, a'r hanner arall i Eric. A'r dyfarniad yma fu wrth wraidd yr anawsterau wnes i eu hwynebu o'r ail ar bymtheg o Ragfyr 2013 ymlaen, pan werthwyd fy nghartref, gan arwain at gyfnod o ddigartrefedd i Nick a finna (a chofio y bu Mam farw yn 2012). Ond rhwng yr ysgariad a chyn y digartrefedd, fuodd na gryn dipyn o waith chwilio am rywle i fyw – rhag ofn i'n cartref ddenu prynwr. Cyn ei marwolaeth, buodd Mam yn weithgar dros ben yn ceisio darganfod rhywle iddi hi, Nick a finna (roedd Nat, fuo'n byw hefo ni tan 2004, wedi symud yn ôl i Lerpwl erbyn hyn). Mi wnaeth Mam gyflwyno ceisiadau i nifer o gymdeithasau tai (hyd yn oed dros y ffin yn ochrau Caer, fel y gwnes i ddarganfod yn ddiweddar), gan obeithio sicrhau byngalo arall – yn sgil fy niffyg hyder i hefo staer.

Dwi'n cofio sgwrs ges i hefo Mam, pan oedden ni'n ceisio penderfynu pa lefydd i'w cynnwys yn y ceisiadau 'ma. Doedd Nick ddim i'w weld yn poeni rhyw lawar. Ond o gofio ei fod yn llyfr caeedig, roedd o'n poeni cymaint â ni'n dau, mwy na thebyg, ond yn dewis cadw ei deimladau dan ei het. Ymysg y llefydd ddaru ni'u trafod roedd Trawsfynydd (hefo Mam yn gyrru, dewis call; dim yn rhywle 'swn i'n byw ar fy mhen fy hun), Y Felinheli (dwi'n cofio Mam yn dweud 'sa hi wrth ei bodd yno, tasa'n rhaid iddi adael Harlach), a Chaernarfon, hefo Mam yn dweud am Dre:

"'Sa chdi'n iawn yn G'narfon, Ant. Poeni dwi 'sa Nick yn mynd i drafferth."

Ei rhesymeg fan hyn, wrth gwrs, oedd y ffaith bod Nick yn ddi-Gymraeg. Ac o ganlyniad, roedd Mam yn ofni 'sa fo'n debygol o gael ambell i gweir! Wrth gwrs, byddai'r Felinheli a Chaernarfon yn dod yn llefydd arwyddocaol iawn i mi ymhen chydig o flynyddoedd.

Dwi'n meddwl ein bod ni wedi nodi dipyn o lefydd yng Ngwynedd ar y cais. Er bod Mam a finna'n awyddus i aros yn Harlach, byddai gorfod symud yn well na bod yn ddigartref. Yr unig gamgymeriad ar ein rhan, o bosib, oedd y ffaith bod Mam yn llenwi un cais ar ein cyfer ni'n tri, yn hytrach na'n bod ni'n llenwi ceisiadau ar wahân. Erbyn 2009, wrth gwrs, roeddwn i'n un ar hugian a Nick yn ddeunaw. Felly, fel oedolion, byddai gynnon ni well cyfla wedi bod i ddod o hyd i gartrefi ar wahân na hefo'n gilydd. Wedi dweud hynny roedd Mam newydd golli'i gŵr, er ei fod o'n goc oen. Mwy na thebyg, felly, doedd hi ddim ar frys i'w meibion adael y nyth. Yn enwedig felly fi, gan ein bod ni mor agos. Ac er na ddaru'r un ohonon ni ragweld salwch Mam, dwi'n falch bod y tri ohonon ni wedi cael aros dan yr un to, a hynny yn ein cartref yn Harlach, hyd weddill ei hoes – ac na werthwyd y lle cyn hynny. Dwi'n falch na fuo'n rhaid i Mam brofi digartrefedd; a dwi'n falch bod Mam yn dal i fod yn Harlach, er ym mynwant Capal Ucha'. 'Sa'n llawar gwell gen i, wrth gwrs, tasa'n cartref heb gael ei werthu a tasa Mam dal yn fyw. Ond yn sgil yr ysgariad, a'r Lambert & Butlers (hoff hoelion arch fy mam 'stalwm), mae'r byngalo wedi mynd ac mae Mam yn ei bedd.

Ond dwi wedi neidio ymlaen rhywfaint yma. Mi ddigwyddodd llwyth o bethau, rhwng Mam ac Eric yn gwahanu am y tro olaf, a Nick a finna'n canfod ein hunain yn ddigartref. Gan gynnwys fi'n cyflwyno cais UCAS i fynd i'r coleg...

Pennod 13

Abertawe

YN 2006, MI wnes i geisio am lefydd i astudio Ieithoedd Modern (o 2007 ymlaen) yn y prifysgolion canlynol; Salford, Abertawe a Bangor.

I'r sawl sy'n fy nabod yn dda, mi fydd Salford yn destun rhyfeddod iddyn nhw, decini. Pam Salford, felly? Yn syml iawn, roedd gen i ddiddordeb mawr mewn cwrs cyfieithu ar y pryd israddedig roedden nhw'n ei gynnig. Ond doedd Mam ddim yn rhy hapus hefo'r syniad ohona i yn mynd dros y ffin i astudio. Ac ar ben hynny, roedd Mam wedi clywad mwy na digon o bethau am Salford yn benodol (er enghraifft, cyfraddau trosedd) i wneud iddi feddwl nad oedd mynd yno i astudio yn syniad arbennig o dda, waeth beth fo'r pwnc na fy niddordeb ynddo. Dyma fi felly yn cytuno i beidio mynd dim pellach hefo'r cais i Salford. Dim ond Abertawe a Bangor oedd ar ôl, felly. Roedd Mam yn ddigon hapus hefo'r naill a'r llall. A diolch i'r drefn, mi ges i cynnig cyfweliad gan Ysgolion Ieithoedd Modern y ddwy Brifysgol.

Pam bod Abertawe yn cael sylw arbennig gen i yma, felly? Oherwydd bod diwrnod fy nghyfweliad ym Mhrifysgol Abertawe wedi aros yn y cof. Ar y diwrnod hwnnw, ddaru Mam a finna siarad Cymraeg, a dim ond Cymraeg, hefo'n gilydd am y tro cyntaf erioed – pan nad oedd neb arall o gwmpas. Dim ond ni'n dau. Wel, y tro cyntaf ers i'r 'arbenigwr' ddweud wrthi am siarad Saesneg yn unig hefo fi. Felly'r tro cyntaf i mi ei gofio, o leiaf.

Dechreuodd y diwrnod hwnnw fel unrhyw ddiwrnod arall. Oedd Nick fel llo yn gwneud ei hun yn barod i fynd i'r ysgol, ac o'n i'n teimlo'n nerfus am y cyfweliad fel oedd hi. Felly doedd Nick yn llusgo'i draed ddim yn helpu, a Mam yn rhoi pàs i'r ysgol iddo fo, cyn mynd ymlaen i Abertawe hefo fi. Diolch i'r drefn, mi ddaru ni adael y tŷ mewn da bryd. Ac ar ôl i Nick gael ei ollwng dros y ffordd i'r ysgol, ddaru 'na rywbeth yn y car newid. Newidiodd Mam iaith ein sgwrs i'r Gymraeg. Dwi'n methu cofio beth ddwedodd hi, na beth ddwedais i mewn ymateb chwaith. Ond mi ydw i'n cofio ymateb yn Gymraeg, heb feddwl ddwywaith. Fel tasa'r ddau ohonom ni heb siarad dim byd ond Cymraeg hefo'n gilydd erioed. Ac mi aeth y sgwrs yn ei blaen rhyngom ni heb air o Saesneg am weddill y diwrnod. Un o'r rhesymau pam ddaru Mam newid o'r Saesneg i'r Gymraeg oedd er mwyn i ni gael sgwrsio hefo'n gilydd yn Abertawe heb i neb ein dalld.

"Does 'na neb yn y de yn siarad Cymraeg, 'sdi, Ant."

Roedd hynny'n ddatganiad chydig yn naïf, dwi'n meddwl. Tasa fy mam yn dal yn fyw heddiw, dwi'n meddwl 'sa hi'n synnu faint o ffrindiau o'r gorllewin (roedd y gorllewin hefyd yn y de, cyn belled ag oedd Mam yn y cwestiwn) a'r de sydd gen i sy'n siarad Cymraeg! 'Ta waeth, dwi'n cofio ni'n dau yn trafod bach o bob dim, gan gynnwys fy nghyfweliad – a o'n i'n teimlo'n hyderus, ac ati. Dwi hefyd yn cofio rhyfeddu at y golygfeydd hollol wych wrth i ni deithio drwy Geredigion (doeddwn i erioed wedi bod ymhellach i'r de na Machynlleth cyn y diwrnod hwnnw), gan oedi yn Llanrhystud am chydig i gael panad a rhywbeth i'w fyta, cyn parhau ar ein taith i Abertawe. Roedd Mam wedi argraffu map AA *Route Finder* cyn gadael y tŷ y bora hwnnw. Felly, hefo fi'n darllen y map o Aberystwyth ymlaen, roedd hi'n hollol hyderus bod y ddau ohonom ni'n mynd i gyrraedd Prifysgol Abertawe mewn da bryd.

Roedd yna ddigon o amser ar ôl cyrraedd Abertawe i gael panad cyn fy nghyfweliad, felly aethon ni i gaffi. Mi ddwedais i 'swn i'n archebu a thalu, a Mam wedi gyrru'r holl ffordd. Dwi'n cofio bod yna ddynes hŷn (yn ei saithdegau, taswn i'n gorfod dyfalu) hefo acen Gymreig yn cymryd archebion tu ôl i'r cownter. Rŵan 'ta, fel dyn ifanc o Harlach, nad oedd wedi gweld na chlywad llawar o Gymru, ar y pryd, roedd acenion Cymreig yn arwydd, i mi, bod rhywun yn siarad Cymraeg. Felly ar ôl cyrraedd blaen y ciw, dyma fi'n cyfarch y ddynes yn Gymraeg a gofyn am baneidiau i fi a Mam. 'Sa chi'n taeru 'mod i wedi siarad Arabeg! Doedd gan y graduras ddim syniad beth ddwedais i. Felly dyma fi'n newid i Saesneg am y tro cyntaf y diwrnod hwnnw ers i Nick adael y car yn Harlach. Roedd Mam yn ddigon agos i glywad y sgwrs letchwith, felly ar ôl i mi gyrraedd y bwrdd, y peth cyntaf ddoth allan o'i cheg oedd:

"'Udish i bod neb yn y de 'ma'n siarad Cymraeg, do?"

"Do!" medda fi.

Nid Mam a fi oedd yr unig rai yn y caffi 'ma'n sgwrsio mewn iaith ar wahân i Saesneg, chwaith. Roedd dau hen Wyddel yn eistedd gerllaw yn siarad Gwyddeleg hefo'i gilydd. Dwi'n cofio dyfalu eu bod nhw o ochrau Corc. Yn bennaf oherwydd bod gwasanaeth fferi rhwng Abertawe a Chorc yn bodoli ar y pryd.

Roedd pethau'n wahanol iawn yn y brifysgol, wrth gwrs. Roedd fy nghyfweliad yn Gymraeg, ac roedd hi'n bosib astudio canran benodol o'r cyrsiau Ffrangeg, Sbaeneg ac Almaeneg – os dwi'n cofio'n iawn – trwy gyfrwng y Gymraeg. Er mawr syndod i mi, roedd fy nghyfweliad a'r agwedd tuag at y Gymraeg ym Mangor yn hollol wahanol! Dwi'n cofio holi yn ystod fy nghyfweliad (Saesneg) yno am ddarpariaeth cyfrwng Cymraeg yn yr Ysgol Ieithoedd Modern. Yr ymateb?

"We don't consider Welsh to be an appropriate medium of academic instruction."

'Ta waeth, Abertawe, nid Bangor, sy'n bwysig yn y bennod hon. Aeth y cyfweliad yn arbennig o dda, felly mi nes i a Mam adael y brifysgol yn teimlo'n eithaf hapus.

Cyn troi am adra, mi wnaethon ni biciad i'r Mwmbwls. Eglurodd Mam na yno oedd Taid wedi treulio ei flynyddoedd cynnar (ac yn groes i'r hyn ddwedodd Mam yn y caffi, mi oedd Taid yn siarad Cymraeg). Ond, fel ddaru ni'i ddarganfod ar ôl cyrraedd adra, roedd Mam wedi drysu'r Mwmbwls hefo'r Tymbl yng Nghwm Gwendraeth! Roedd hi'n braf cael gweld chwanag o'r ardal cyn mynd adra, o leiaf.

***

Un peth oedd cyrraedd Abertawe. Peth arall, wrth gwrs, oedd dychwelyd adra i Harlach. Y peth cyntaf ddaru Mam a finna ei sylweddoli ar ôl gadael y brifysgol oedd bod map *Route Finder* wedi'i argraffu ar gyfer y ffordd i Abertawe. Ond doedden ni ddim wedi argraffu map ar gyfer y ffordd yn ôl! Dyma benderfynu y byddai popeth yn iawn, ond inni ddarllen y map gwreiddiol am yn ôl. Nid felly y bu.

Yn gyntaf, aethon ni ar goll yng nghefn gwlad Sir Gaerfyrddin. Dwi'n cofio Mam yn holi dwy leian o'r Unol Daleithiau, oedd yn cerdded yng nghanol nunlle, am gymorth. Ond doedden nhw'm callach 'na ni. Ar ôl amser maith yn troi mewn cylchoedd (neu felly roedd yn teimlo i ni ar y pryd) rywsut, a'r haul wedi hen fachlud, dyma ni'n cyrraedd Abergwaun. Wrth gwrs, nid i Abergwaun oedden ni isho mynd, naci? Wedi chwanag o amser yn crwydro'r gorllewin yn hollol ddi-gyfeiriad, dyma ni'n cyrraedd Aberaeron. Ddaru Mam ddigwydd gweld dyn yn cerdded ar y pafin. Felly dyma hi'n stopio'r car, agor y ffenest, a holi yn ei Saesneg gorau:

"Excuse me! We're from the north and we're quite lost. Could you tell us how to get to Aberystwyth from here, please?"

Dyma'r boi yn egluro i ba gyfeiriad oedd Mam angen gyrru.

"Thank you ever so much!" medda Mam.

A ffwrdd â ni! Yna, roedd gen i gwestiwn i Mam:

"Mam, pam nes di siarad hefo fo'n Saesneg? Oedd o'n amlwg yn medru siarad Cymraeg."

"Ant, mae'n hwyr, 'dan ni ar goll a dwi isho mynd adra. Doedd gen i'm mynadd gorfod gofyn i chdi am is-deitlau!"

Dwi erioed wedi dalld pobl sy'n dweud pethau felly (nid Mam 'di'r unig un, o bell ffordd). Mae Geordies yn dalld Sgowsars ac mae Brummies yn dalld Cockneys. Felly pam 'sa rhywun o Feirionnydd yn meddwl bod angen is-deitlau arnyn nhw i allu siarad Cymraeg hefo rhywun o Geredigion? Fel y soniais i'n gynharach, cyn mynd i Abertawe y diwrnod hwnnw, doeddwn i erioed wedi bod ymhellach i'r de na Machynlleth. Ond tydw i erioed wedi cael trafferth dalld siaradwyr Cymraeg o ardaloedd gwahanol o Gymru. Oes gan addysg, llyfrau neu'r cyfryngau rywbeth i'w neud hefo hynny, tybed?

'Ta waeth, ar ôl cyrraedd Aberystwyth, roedd Mam yn hollol hyderus ei bod hi'n gwybod y ffordd adra o fanno 'mlaen. Ac mi aeth gweddill y siwrna'n hollol ddi-drafferth. Oedd hynny'n bechod mewn ffordd, oherwydd ar ôl cyrraedd adra at Nick, mi drodd popeth yn ôl i

Saesneg. Bron iawn fel petai Mam a finna wedi deffro o freuddwyd. Tydw i ddim yn beio Nick o gwbl am hyn. Yr 'arbenigwr' dwi'n ei feio am fynnu bod Mam yn fy magu yn siarad Saesneg. Hwnnw oedd wrth wraidd y ffaith ei bod hi'n amhosib i Mam a fi siarad Cymraeg heb droi'n ôl i'r iaith fain yn hwyr neu'n hwyrach. Dim ond llond llaw o sgyrsiau un i un yn Gymraeg gafodd Mam a finna rhwng diwrnod fy nghyfweliad yn Abertawe a'i marwolaeth. Ac mae hynny'n torri 'nghalon ar yr un llaw. Ond ar y llaw arall, dwi'n trysori'r sgyrsiau hynny gymaint yn fwy o ganlyniad. Ac un diwrnod arbennig yn teithio i Abertawe ac yn ôl i Harlach oedd y tro cyntaf erioed.

Fel mae'n digwydd, i Fangor es i, nid Abertawe, yn y diwedd. Yn bennaf oherwydd bod fy marciau Astudiaeth Busnes yn golygu y byddwn i'n annhebygol o gyrraedd y graddau roedd Abertawe yn gofyn amdanyn nhw. Ond o ystyried yr hyn ddigwyddodd hefo iechyd Mam, dwi o'r farn na mynd i Fangor oedd y peth gorau, yn y bôn. O leiaf, ym Mangor, oedd hi'n bosib imi fynd hefo Mam i'w hapwyntiadau *chemo* a theithio adra hefo hi yn ystod y penwsnos, er mwyn helpu. Mwy na thebyg, taswn i wedi mynd i Abertawe, 'swn i wedi rhoi'r gorau i fy astudiaethau er mwyn bod hefo Mam yn syth ar ôl clywad am ei salwch. Felly, er mai i Abertawe roeddwn i isho mynd, Bangor oedd y dewis callaf.

"Paid BYTH â chwarae o gwmpas hefo cyffuriau na byrddau Ouija!"

Cyngor fy mam cyn i mi fynd i'r brifysgol

Pennod 14

Coleg: Fy mywyd addysgiadol rhwng 2007 a 2015

ROEDD MAM YN siarad o brofiad pan 'nath hi fy rhybuddio i beidio chwarae o gwmpas hefo byrddau Ouija. Rhyw bryd ar ôl symud i Lerpwl er mwyn hyfforddi fel nyrs, roedd Mam a chriw o nyrsys ifanc dan hyfforddiant eraill wedi cael gafael ar fwrdd Ouija. Yn ôl Mam, roedd yna stafell yn y llety nyrsys fyddai neb yn mentro iddi, oherwydd bod 'na bethau rhyfedd yn digwydd ynddi. Felly un noson, aeth criw ohonyn nhw i'r stafell 'ma i geisio cyfathrebu hefo pwy, neu beth, bynnag oedd yno. Yn ystod y noson, medda Mam, mi 'nath y gwydr roedd y nyrsys wedi'i osod ar y bwrdd Ouija godi oddi ar y bwrdd a hedfan i fewn i'r wal ym mhen pella'r stafell, gan falu'n deilchion! Fel y gellid disgwyl, mi oedd pawb yn sgrechian, ac mi heglodd pawb o'na yn syth! Aeth neb yn ôl i'r stafell honno. Byth!

Ai ffrwyth dychymyg fy mam oedd yr uchod, er mwyn codi ofn arna i? 'Dwn i'm. Y prif reswm dwi'n dweud "'dwn i'm" ydi, ar wahân i'r enghreifftiau ym mhennod gyntaf y gyfrol hon, oedd Mam bob tro'n onest hefo fi. Nes i ddim holi a oedd Mam yn siarad o brofiad hefo'r rhybudd i gadw draw rhag cyffuriau. Oedd gen i ormod o ofn cael clustan!

Wrth gwrs, yn wahanol i fy mam hyderus oedd yn fodlon trio unrhyw beth yn ei hieuenctid, pan ddechreuais i fy astudiaethau ym Mangor – yn debyg i'n hanes i yn yr ysgol a'r coleg – doeddwn i'm yn hyderus iawn o gwmpas pobl eraill, yn sgil yr holl fwlio ro'n i wedi'i brofi. Er, mi ddaru'r criw o'n i'n rhannu coridor â nhw ym Mryn Dinas (roedd cyfleustra stafell *en suite* wedi fy nenu i fyw yno yn lle yr hen JMJ) fy mherswadio i ddod allan am ambell i beint a gêm o pŵl ar nosweithiau Iau. Heb sôn am y gemau achlysurol o *Texas Hold'em* (punt y gêm, ar y mwyaf, fyddai pawb yn ei roi yng nghanol y bwrdd; stiwdants sgint oedden ni, cofiwch!) Mi gawson ni, hyd yn oed, ginio Dolig ar y cyd cyn hel am adra fis Rhagfyr. Dwi'n cofio un o'r hogia oedd yn byw yn y fflat, Tom, yn dweud y canlynol – pan o'n i'n golchi'r llestri ar ddiwedd y noson (rhywbeth o'n i'n tueddol o'i wneud yn rheolaidd i bawb).

"Ti'n gwbod be' 'di dy broblem di, yn dwyt Ant?"

"Nac'dw Tom. Ond dwi'n cymryd dy fod di ar fin dweud wrtha i."

"Ti'n rhy glên!"

Mae hynny'n rhywbeth sydd wedi aros yn y cof hyd heddiw. Ydw i'n "rhy glên"? Beth yn union ydi "rhy glên"? Oedd o'n trio awgrymu fy mod i'n ormod o gadach llawr, ta be'? Oes angen i mi newid, tybed?

***

Rhywbeth arall nes i ei drio yn ystod wsnosau cyntaf fy mlwyddyn gyntaf ym Mangor oedd saethyddiaeth. Cyn i neb ddweud dim, dwi'n gwybod; cynnig bwa a saeth i foi hefo nam golwg. 'Sgwn i beth allai fynd o'i le? Ymdrech ar fy rhan i i fagu mwy o hyder wrth wneud rhywbeth hollol wahanol oedd hyn. Ond, ar ôl tair wsnos o fethu saethu'r targed, er i mi lwyddo yn y diwedd, mi ddaru'r saeth fownsio oddi ar y targed, gan lanio rhwng fy nhraed. Amser camu 'nôl, felly! Ond cadw i fi'n hun o'n i gan amlaf. A mynd adra i Harlach bob penwsnos. Roedd Mam yn gweithio ym Mangor ar ddyddiau Gwener, ar y pryd, felly roedd hi'n ddigon cyfleus cael pàs adra hefo hi a dŵad 'nôl nos Sul yn barod ar gyfer wsnos arall o ddarlithoedd.

Dwi'n cofio un nos Sul yn ystod fy mlwyddyn gyntaf yn arbennig, yn fuan iawn ar ôl imi ddechrau fy astudiaethau. Wrth ddad-bacio fy mhethau, nes i sylweddoli 'mod i wedi gadael egnïwr fy ffôn adra. Doedd Mam na finna ar y cyfryngau cymdeithasol ar y pryd (y dyddiau dedwydd gynt...). Felly nes i anfon e-bost ati i egluro, rhag ofn iddi drio fy ffonio a finna'n methu ateb. Ar ôl pwyso 'Anfon' es i i'r gwely yn syth. Oedd gen i ddarlith y peth cyntaf y bora canlynol. Wnes i adael am fy narlith tua hanner wedi wyth y bora wedyn. Oedd hi'n well gen i fod yn gynnar nag yn hwyr, fel oedd wedi digwydd un bora a finna'n meddwl bod gen i ddarlith Sbaeneg am un ar ddeg. Dim ond wrth gyrraedd a gweld pawb yn gadael y sylweddolais i mai am ddeg o'r gloch oedd y ddarlith! Roedd gen i ddiwrnod eithaf llawn o ddarlithoedd ar ddyddiau Llun yn ystod tymor cyntaf blwyddyn gyntaf fy nghwrs. Ar ôl dychwelyd i'r fflat, dyma un o'r hogia, Rob, yn rhoi egnïwr fy ffôn yn fy llaw.

"Oedd dy fam yn bangio ar ddrws y fflat fel rhywbeth ddim yn gall am ugian munud i naw bora 'ma."

Wps, doedd Mam ddim wedi darllen fy e-bost, felly! Ar ôl diolch i Rob, es i i egnïo fy ffôn er mwyn rhoi caniad i Mam. Fel o'n i wedi'i amau, doedd hi'm 'di gweld fy e-bost ers y noson gynt. Wnes i addo defnyddio'r blwch ffôn ('dach chi'n cofio rheini?) agosaf i ffonio adra, tasa rhywbeth tebyg yn digwydd eto.

Ar un achlysur arall, yn unig, nes i achosi i Mam boeni amdana i yn ystod fy mlwyddyn gyntaf ym Mangor. Tua adeg fy mhen-blwydd yn 2008 (nid y diwrnod ei hun, dydd Sadwrn oedd fy mhen-blwydd y flwyddyn honno, felly adra o'n i), oeddwn i allan hefo'r criw arferol ar nos Iau. Yfwr cymedrol fues i erioed. Felly 'dwn i'm be' ddiawl oedd yn bod arna i y noson honno, ond o'n i'n benderfynol o gadw'n wastad hefo pawb arall. Y drwg oedd bod pawb yn yfed yn wirion y noson honno. Ac mi nes i dalu'r pris y bora canlynol. Do, Tad! Ar wahân i'r adegau pan oedd y shynt wedi blocio, fues i erioed mor sâl ag o'n i'r diwrnod hwnnw. Doeddwn i methu hyd yn oed sbio ar fwyd heb chwydu. Ac wrth gwrs, dydd Gwener oedd hi. A beth oedd yn digwydd ddydd Gwener? Roedd Mam yn rhoi pàs adra i Harlach i mi! Doedd hi ddim yn hapus hefo fi o gwbl! Ges i bregeth a hanner oherwydd imi fod mor anghyfrifol. A beth am fy shynt?! Nes i feddwl am fy shynt o gwbl? Rŵan fy mod yn hŷn ac yn llawar callach, dwi'n ymwybodol iawn o fy shynt. Ond yn anffodus, doedd yr Ant ugian oed ddim isho meddwl am ei shynt. Roedd o isho bod fel pawb arall. Wel, mae hynny'n dal yn wir heddiw. Ond, tydw i byth yn mynd i gael gwarad o'r shynt 'ma, felly mae'n rhaid bod yn gallach nag o'n i'n ugian oed! Wedi dweud hynny, yn dilyn pregeth (hollbwysig) fy mam, nes i benderfynu rhoi'r gorau i yfed. Ac, ar wahân i ambell ddiod prin (achlysuron arbennig) doeddwn i'm yn yfad. Tan 2015.

Fel arall, roedd fy mlwyddyn gyntaf yn weddol dawel, ar y cyfan. Mi o'n i'n teimlo'n siomedig dros ben yn sgil gorfod rhoi'r gorau i astudio Eidaleg a Sbaeneg ar ddiwedd y tymor cyntaf. Pam felly? Doedd 'na'm llefydd addas i mi dreulio fy mlwyddyn dramor yn Sbaen na'r Eidal. Yr hyn dw i'n ei olygu wrth 'addas', wrth gwrs, ydi nad oedd 'na unlle allai sicrhau cefnogaeth i mi yng nghyd-destun fy anableddau. Pam oedd raid i fy anableddau gachu ar ben bob dim o'n i isho'i neud? Dyma gwestiwn dwi'n ei ofyn hyd heddiw, wrth gwrs, yn bennaf yn ymwneud â chyfleoedd gwaith erbyn hyn. 'Dwn i'm faint o bobl sy'n sylweddoli cymaint o ddrysau sy'n cau'n glep yn dy wyneb di pan wyt ti'n anabl. Ond, mi ydw i'n cofio'r gair o gyngor ges i gan Mam ar y pryd:

"Nothing in life is set in concrete... unless you've pissed off a member of the Mafia, or suchlike."

Gwir bob gair, Mam!

***

Erbyn fy ail flwyddyn, Ffrangeg ac Ieithyddiaeth o'n i'n eu hastudio. Roeddwn i wedi penderfynu aros yn un o'r neuaddau preswyl newydd yn fy ail flwyddyn. A hynny yn sgil anghydfod hefo'r criw Bryn Dinas. Boi Marmite-aidd fues i erioed, a chofiwch, doeddwn i ddim yn or-hoff o bobl beth bynnag ar y pryd. Felly doedd y syniad o rannu tŷ hefo nhw jysd ddim yn apelio erbyn tua mis Mawrth 2008.

Dwi'n methu â chofio pam, ond oedd rhaid i mi symud allan o fy stafell wreiddiol yn fuan ar ôl dechrau fy ail flwyddyn. Felly nes i symud i fflat ar lawr gwaelod Neuadd Enlli. Y peth cyntaf dwi'n ei gofio am fywyd yn Enlli ydi pa mor groesawgar oedd pawb. Roedd un ohonyn nhw, Nia, yn benderfynol bod rhaid cael parti i fy nghroesawu i'r fflat! Roedd lluniaeth y parti yma'n cynnwys lot fawr o bitsa (dewis Nia, nid fy newis i), ac erbyn diwedd y noson, sylweddolais fod Nia wedi diflannu. Eglurodd rhywun fod ganddi alergeddau bwyd, oedd yn cynnwys alergedd i lawar o'r cynhwysion oedd ar y pitsas. Dyma fi'n ei holi y diwrnod canlynol; pam dewis pitsas os oedd hi'n gwybod eu bod yn ei gwneud hi'n sâl? Roedd hi wir isho i mi deimlo bod croeso i fi, medda hi. Rŵan ta, i'r boi doedd, ar y cyfan, ddim yn hoff o bobl, ac oedd hefo cyn lleied o ffrindiau oedd yn bobl, roedd hyn yn rhyfeddod!

Yn ystod yr wsnosau ddilynodd, mi ddois i'n eithaf hoff o Nia. Roedd y ffaith ein bod ni'n dau yn hoff iawn o ddarllen, a'i hiwmor unigryw yn sicrhau 'mod i'n chwerthin yn rheolaidd, yn golygu na fu hi'n hir nes i mi ofyn a oedd ganddi ddiddordeb mewn mynd allan hefo fi. Nac oedd. Ond roedd hi'n awyddus i ni'n dau fod yn ffrindiau. Dyma fi'n derbyn ei chynnig ac yn ennill ffrind felly. Mae'n hen ddigon hawdd derbyn: pan mae dynes yn dweud "na", mae hi'n golygu "na". Mae angen i chwanag o ddynion ddysgu'r wers yma! Nid yn unig ydi Nia'n gyfaill i mi, ond mae hi bron fel chwaer fach sy'n caru llyfrau gymaint ag yr ydw i. Ac mi ydw i'n teimlo'n gyffredinol erbyn heddiw bod fy nghyfeillion agosaf i gyd fel estyniad hollol naturiol o 'nheulu. Dwi'n teimlo'n ffodus iawn eu bod yn ystyried y boi Marmite-aidd, anghymdeithasol 'ma o bawb yn gyfaill iddyn nhw. Dwi'n arbennig o lwcus!

Yn academaidd, does 'na'm cymaint â hynny i'w adrodd amdano yn ystod fy ail flwyddyn. Mi oedd trefniadau'n mynd yn eu blaenau i mi fynd i'r École d'Interprètes Internationaux ym Mons yng Ngwlad Belg. Yn ôl y sôn, dyna oedd un o'r llefydd gorau i mi dreulio fy mlwyddyn dramor. A chan ystyried fy niddordeb ym maes cyfieithu ar y pryd fel gyrfa bosib, roeddwn i'n edrych ymlaen yn fawr, er yn nerfus. Ac wrth gwrs, mi o'n i'n mynd adra at Mam a Nick bob penwsnos. Ac erbyn diwedd y flwyddyn academaidd, roedd Mons ar y gorwel, a finna'n paratoi am daith oedd yn addo bod yn fythgofiadwy, a hynny am y rhesymau anghywir.

***

Mae'r daith ar yr Eurostar i Frwsel ym mis Medi 2009 yn teimlo fel ddoe. Yn bennaf oherwydd 'mod i'n cachu brics! Doeddwn i'n methu coelio pa mor nerfus o'n i. Er 'mod i'n edrych ymlaen, ar ôl treulio'r haf heb siarad gair o Ffrangeg, o'n i'n poeni nad oedd fy iaith i'n ddigon da.

"Fyddi di'n iawn, 'sdi. Oedd rhaid i mi ddysgu iaith estron ar ôl symud i Lerpwl, cofia." Roedd Mam wedi mynnu dŵad draw hefo fi er mwyn sicrhau fy mod yn setlo'n iawn, ac er mwyn iddi gael gwybod pa drefniadau oedd mewn lle er mwyn fy nghefnogi ym Mons. Fel yn achos Abertawe chydig o flynyddoedd ynghynt, Cymraeg yn unig oedd Mam a finna'n ei siarad ar y daith yma.

"Mam, am be' ti'n sôn? Oeddach chdi wedi hen ddysgu Saesneg erbyn i chdi symud i Lerpwl!"

"Doedd neb yn Lerpwl yn siarad unrhyw beth tebyg i'r iaith nes i ei dysgu yn yr ysgol! Felly mi oedd rhaid i mi ddysgu iaith arall. Fyddi di'n iawn, gei di weld."

Y pos cyntaf roedd rhaid ei ddatrys ar ôl cyrraedd Brwsel oedd sut roedden ni am gyrraedd Mons? Mae'n rhaid bod yna broblem hefo'r trenau rhwng y naill ddinas a'r llall, er 'mod i'n methu cofio'n union beth. Felly dal tacsi i Mons (a thalu crocbris) oedd raid. Ar gychwyn ein siwrna, mi ddechreuais i boeni unwaith eto bod fy Ffrangeg i'n warthus, a'r gyrrwr newydd ymateb i fy nghais am bàs i Mons yn Saesneg. Dim ond wedyn nes i ddarganfod, wrth gwrs, ei fod o'n enedigol o Fflandrys ac felly'n gwrthod siarad Ffrangeg â neb fel mater o egwyddor.

Wedi i ni gyrraedd Mons, a'r tŷ oedd i fod yn gartref imi am y flwyddyn academaidd hefo criw o fyfyrwyr rhyngwladol eraill (fi oedd y cyntaf i gyrraedd), ddaru Mam a finna adael fy mhethau cyn mynd i grwydro chydig. I'r Grand-Place (prif sgwâr y ddinas) aethon ni'n gyntaf am banad.

"Dwyt ti ddim yn aros yn y tŷ 'na, Ant. Mae'n hen dwll o le! Bydd rhaid i chdi ofyn oes 'na le i chdi mewn neuadd breswyl yn y cyfarfod hefo gwasanaethau myfyrwyr bora fory."

Iawn, doedd y tu mewn i'r tŷ heb weld côt o baent na phapur wal newydd ers Saithdegau neu Wythdegau'r ganrif ddiwethaf. Ac roedd yn edrych yn hen ffash yn gyffredinol. Serch hynny, do'n i'm yn meddwl fod y tŷ yn edrych mor wael â hynny. Ond doedd 'na'm perswadio Mam. Felly dyma fi'n addo codi'r peth yn ystod fy nghyfarfod hefo gwasanaethau myfyrwyr y brifysgol y diwrnod wedyn.

Ar ôl cael panad o goffi, dyma Mam yn penderfynu piciad i'r eglwys agosaf er mwyn goleuo cannwyll a gweddïo am fy niogelwch. Rhaid cyfaddef, dwi'n meddwl na dyna oedd y tro cyntaf erioed i mi weld Mam yn gwneud unrhyw beth crefyddol, tu hwnt i ddatgan mor bwysig oedd cael perthynas hefo Duw (a finna wedi sôn yn Y Ganolfan Walton chydig flynyddoedd ynghynt na agnostig o'n i). Tystiolaeth o ffydd fy mam yn Nuw? Yn sicr! Tystiolaeth hefyd cymaint oedd hi'n poeni amdana i? Does 'na'm dwywaith am hynny! Chwarae teg iddi, ddaru nain Mandy a Jamie (mam eu tad, felly) weddïo drosta i hefyd cyn i mi adael, er 'mod i ddim yn perthyn iddi.

Y bora canlynol, aethon ni (roedd Mam yn benderfynol ei bod hi am ddŵad hefo fi) yn brydlon i'r swyddfa gwasanaethau myfyrwyr ar gyfer fy nghyfarfod. A dyna pryd ddaru pethau ddechrau mynd o chwith. Go iawn!

"Mae'n ddrwg gen i, Monsieur Barnard – pa anableddau?"

"Hydroseffalws, nam golwg a gwendid lawr ochr dde fy nghorff, Madame. Mae Bangor wedi cadarnhau i mi eu bod wedi cysylltu hefo'ch gwasanaeth i drafod cefnogaeth ar fy nghyfer i yn ystod fy mlwyddyn dramor."

"Tydi Bangor ddim wedi crybwyll unrhyw anableddau o gwbl. Ac mae arna i ofn na fydd modd i ni eich cefnogi, nac ychwaith sicrhau eich diogelwch yma. Bydd rhaid i chi ddychwelyd adref."

"Ond, alla i ddim dychwelyd adref. Mae'r flwyddyn dramor yn rhan ofynnol o fy nghwrs gradd. Fydd gen i'm gobaith o wella safon fy Ffrangeg, nac ychwaith o raddio, o ddychwelyd i Gymru."

"Rydym yn deall hynny yn iawn, Monsieur Barnard. Ac mae eich Ffrangeg o safon arbennig yn barod, er eich bod chi ond newydd gyrraedd Mons. Yn sicr, buasech chi'n rhugl ar ôl treulio blwyddyn yma. Ond fel yr wyf wedi crybwyll yn barod, oherwydd eich anableddau, mae'n amhosib i ni eich cefnogi, ac o ganlyniad, mae'n rhaid i chi ddychwelyd adref."

Wrth i'r sgwrs yma fynd rhagddi, roeddwn yn cyfieithu popeth i Gymraeg ar gyfer Mam. Ac roedd hi'n mynd o'i cho'! Nid hefo fi. Ond hefo Mons a Bangor. Doedd hi'n methu coelio bod y ffasiwn beth wedi digwydd. Erbyn diwedd y cyfarfod, o'n i'n teimlo'n ddigalon ac roedd Mam yn gandryll. Enghraifft arall (eto fyth) o fy anableddau yn cachu ar ben rhywbeth o'n i nid yn unig isho'i neud (er mor nerfus o'n i), ond *angen* ei wneud ar gyfer fy nghwrs. Ond angen neu beidio, doedd 'na'm croeso i mi yn Mons, oedd hynny'n amlwg. Paratoi i adael, ac anfon e-bost i Fangor yn egluro'r hyn ddigwyddodd oedd raid, felly. Ac erbyn i Mam a finna ddychwelyd i Gymru, roedd yna dân gwyllt ar y gorwel.

Cwestiwn sydyn i chi. Beth, yn eich barn chi, oedd wrth wraidd yr hyn ddigwyddodd? Diffyg gonestrwydd gan Fangor? Diffyg awydd i drafod ac addasu ar ran Mons? Ffawd? Gweddïau Mam a Grandma Dykstra yn cael eu gwireddu? Neu ai fi a fy anableddau oedd ar fai?

'Nôl ym Mangor, roedd yr ateb yn eithaf amlwg... Fy mai i oedd yr hyn ddigwyddodd ym Mons. Ac o ganlyniad, ges i fy niarddel o'r Brifysgol. O'n i wedi torri 'nghalon. Ac os oedd Mam yn flin yn Mons, roedd hi'n gynddeiriog rŵan! Y peth cyntaf 'nath hi oedd ffonio swyddfa ein Aelod Seneddol (oedd hefyd yn gyfaill iddi, hefo habit o alw draw am banad a sgwrs pan fyddai o'n canfasio yn Harlach) Elfyn Llwyd, yn mynnu bod rhywbeth yn cael ei wneud am y ffordd ges i fy nhrin. O ganlyniad i hyn, ges i fy ngwahodd i Fangor ar gyfer cyfarfod yr wsnos wedyn. Ges i fy ngwahodd yn ôl i'r Brifysgol, ond byddai'n rhaid trefnu lleoliad addas arall ar gyfer mis Ionawr ymlaen. Dyma fi'n ymchwilio ac yn penderfynu 'mod i am fynd ar gwrs preswyl yn Llydaw, oedd yn para rhai misoedd. Ond, unwaith eto, roedd gan fy anableddau (fy shynt yn benodol) syniadau eraill.

Ar ôl i mi wella wedi fy llawdriniaeth ddiwethaf i osod shynt newydd, dyma 'na drefniant yn cael ei roi ar waith i mi ddychwelyd i Fangor ambell ddiwrnod bob wsnos er mwyn cynnal fy sgiliau Ffrangeg. O'n i'n hapus hefo'r trefniant yma? Nag o'n. Dramor o'n i isho mynd. Dim ond blwyddyn dramor, yn fy meddwl i, oedd yn mynd i sicrhau 'mod i'n mynd i siarad Ffrangeg yn rhugl. Ac i gymharu â fy nghyd-fyfyrwyr, o'n i'n teimlo fy mod i wedi cael cam, ac yn colli allan ar brofiad hynod werthfawr. Ond dyma oedd yr unig drefn oedd ar gael bellach. Felly doedd 'na'm pwynt i mi gwyno. Wedi dweud hynny, mi oeddwn i'n poeni sut oedd safon fy Ffrangeg i yn mynd i gymharu hefo pawb arall, oedd wedi bod yn Ffrainc, Gwlad Belg a'r Swistir.

***

Un o'r pethau cyntaf roedd yn rhaid ei wynebu yn y bedwaredd flwyddyn oedd arholiad Ffrangeg llafar. Ac mi o'n i'n cachu brics, wir yr! Does gen i'm cof beth fuo'n rhaid i ni'i drafod. Ond mi ydw i'n cofio pwy gafodd y marciau uchaf yn yr arholiad hwnnw... fi! Sut ddiawl, a finna heb fynd dramor, o'n i ar frig y tabl?! A phawb arall wedi bod dramor am flwyddyn gyfan! Doedd y peth ddim yn gwneud unrhyw synnwyr i mi, ond doeddwn i'm yn pasa dadlau!

Yn wreiddiol, sgwennu traethawd hir (4,000 o eiriau; mi oedd hynny'n hir yn Ffrangeg, cofiwch) am y gwrthdaro ieithyddol rhwng Fflandrys a Walonia yng Ngwlad Belg o'n i wedi pasa ei wneud. Erbyn hyn, o'n i wedi newid fy meddwl. Sgwennu am agwedd y Wladwriaeth Ffrengig tuag at ieithoedd megis Llydaweg, Basgeg, ac yn y blaen, nes i. 'Sgwn i ai dyna ddaru arwain at fy newis ar gyfer fy astudiaethau MA? Roedd y tymor cyntaf yn eithaf di-nod fel arall. Newidiodd y cyfan erbyn mis Ionawr 2011, wrth gwrs, ar ôl dod i wybod am salwch Mam.

A finna'n ddigon agos at adra i helpu, doedd 'na'm angen i mi roi'r gorau i fy astudiaethau. Taswn i wedi cael gwybod bod Mam yn mynd i farw – hyd yn oed a finna ym Mangor yn hytrach nag Abertawe – 'swn i wedi rhoi'r gorau i fy astudiaethau yn gyfan gwbl, does 'na'm dwywaith am hynny. Ac er mai poeni am fy shynt oedd Mam, fwyaf, dwi'n eithaf sicr ei bod hi'n poeni amdana i'n gadael y brifysgol heb ennill fy ngradd hefyd. Felly dyna reswm arall dros beidio â dweud y gwir i gyd am natur ei salwch wrtha i.

Tydw i'm yn cofio llawar am yr ail dymor. Y rheswm pennaf am hyn oedd oherwydd 'mod i'n poeni am iechyd Mam, wrth gwrs. O'n i'n benderfynol o fynd hefo hi i'r apwyntiadau *chemo*, fel y buodd hi ym mhob un o fy apwyntiadau meddygol inna, ond roedd Mam isho i mi gadw draw. Er, roedd hi'n ddigon hapus i mi deithio adra hefo hi bob pnawn dydd Iau ar ôl ei sesiynau *chemo*. Un styfnig fues i erioed, wrth gwrs; felly ar ôl peth amser, dyma Mam yn caniatáu i mi ddŵad hefo hi. Er nad oedd modd i mi neud unrhyw beth, roeddwn i'n falch o allu bod yno hefo Mam pan oedd hi'n derbyn ei thriniaeth, fel roedd hi wedi bod yno i fi. Dwi'n cofio, ar ôl un apwyntiad yn arbennig (wedi i mi gael gwybod y gwir), 'nath Mam droi at f'ewythr Meic yn y car (doedd Mam yn methu gyrru erbyn hyn) a gofyn iddo fo barcio'n rhywle tu hwnt i dir yr ysbyty.

"Dwi bron â marw isho ffag!"

Dewis bwriadol o eiriau, tybed? Dyma Meic yn parcio'r car yn y lle cyfleus agosaf er mwyn i Mam gael smôc. Dyma hi'n sbio trwy ffenast y car.

"Ha, ffycin, ha! Ti'n un doniol yn dwyt, Meical?"

Roedd Meic druan wedi drysu'n lân.

"Be' dwi 'di'i neud?"

"Ti'n gwbod be' ti 'di'i neud, y diawl!"

"Nac'dw, Els!"

"Wyt!"

"Nac'dw, wir yr!"

Dyma Mam yn ei goelio, o'r diwedd.

"Sbia lle ti 'di parcio."

Roedd Meic wedi parcio tu allan i swyddfa ymgymerwyr.

"SHIT! Els, dwi mor sori!"

Dyma Mam yn dechrau chwerthin. Pwy arall ond fy mam 'sa'n chwerthin am ben marwolaeth? Pan yn wynebu marwolaeth, chwerthin hefo dy anwyliaid tra bo hynny'n dal yn bosib 'di'r peth gorau i'w wneud, decini.

"Does 'na'm angen i chdi ddeud sori."

Dyma'r tri ohonom ni'n dechrau chwerthin.

Mae gen i atgofion o fy seremoni raddio yn 2011 ar

wahân i Mam yn gadael i Eric wybod yn iawn ble roedd o'n sefyll (da iawn Mam!). Dwi'n cofio bod yn ddiolchgar dros ben i Mam, Nick, Bethan a Sioned am ddŵad i'r seremoni. Dwi'n cofio teimlo'n falch i mi beidio baglu wrth fynd ar lwyfan Neuadd Pritchard Jones yn ystod y seremoni (mi o'n i'n hanner disgwyl i hynny ddigwydd, rhwng fy niffyg cydbwysedd a hyd y gŵn), ac yn well byth, dwi'n cofio Mam yn debyg i sut oedd hi cyn cychwyn ei thriniaeth. Roedd hi'n cymryd seibiant o'r *chemo* ar y pryd. Ac er bod Mam wedi colli pwysau oherwydd y cancr (roedd hi'n ddynes fain beth bynnag), y diwrnod hwnnw – i mi, o leiaf – doedd hi'm yn edrych yn sâl. Dwi ddim yn siŵr a oeddwn i erioed wedi gweld rhywun mor hapus ag oedd Mam ddiwrnod fy seremoni raddio. Aeth hi ati y diwrnod canlynol i sgwennu rhywbeth ar Facebook oedd yn crynhoi ei theimladau:

> Anthony's graduation ceremony yesterday made me very happy, though I was rather choked when I saw him on the stage receiving his degree. No matter what life throws at him now, I know he will do well. The doctors said he wouldn't be able to do much, he was bullied at school by pupils and some teachers, endless operations, and through it all he remains positive and hard working. Well done, Ant, proud is an understatement. X

'Dwn i'm am wastad yn gadarnhaol, chwaith! Dwi wedi gwneud mwy na fy siâr o gwyno dros y blynyddoedd. Mam oedd yn f'atgoffa bob tro: ella bod fy mywyd i yn anodd ac yn annheg, ond mae yna bobl sy'n wynebu sefyllfaoedd llawar gwaeth na fi. A fi sydd angen atgoffa fi'n hun o hynny erbyn hyn. Roedd hi'n anodd cadw'r dagrau rhag llifo wrth i mi ddarllen ei neges eto yn ddiweddar, rhaid cyfaddef. Pan sgwennodd Mam hyn, roedd hi'n gwybod yn iawn ei bod hi'n mynd i farw, a doeddwn i'n ddim callach.

Roedd Mam yn awyddus i mi barhau gyda fy astudiaethau, er mwyn sicrhau cyflogaeth maes o law. Ymysg llwyth o daflenni gwybodaeth ges i ynglŷn ag astudiaethau ôl-raddedig, roedd manylion am gwrs dwys dwy flynedd yn y Gyfraith. Roedd Mam o'r farn y byddai hynny'n syniad arbennig o dda yn ariannol ac, wrth edrych 'nôl, Mam oedd yn gywir, decini. Ond ar y pryd, doeddwn i'm yn cytuno.

"Mae gen bobl hen ddigon o resymau i ladd arna i, heb i mi roi reswm arall iddyn nhw," medda fi.

Roedd yr ystrydeb o gyfreithwyr, o'n i wedi'i chlywad droeon, fel pobl ddi-egwyddor oedd ond isho'ch pres chi yn ddigon i fy mherswadio 'mod i ddim am ddilyn y llwybr yna. Er, o ystyried rhai o'r pethau sydd wedi digwydd i mi yn y cyfamser, efallai y buasai gyrfa fel twrna wedi gwneud mwy o synnwyr na'r llwybr nes i ei ddilyn yn y diwedd.

Pa lwybr ddilynais i, felly? MA Polisi a Chynllunio Ieithyddol. Daeth Mesur y Gymraeg i rym yn 2011, ar ôl gorfod teithio dros y ffin i gael cydsyniad brenhinol (yn bersonol, dwi'n meddwl ei bod yn hurt bod angen gwneud y ffasiwn beth yn yr unfed ganrif ar hugian, ond dyna'r drefn). Felly, a finna mor angerddol dros y Gymraeg, ro'n i'n gweld cyfla yma i wneud gwahaniaeth. Er i mi brotestio bod 'na'm angen iddi neud y fath beth, dyma Mam yn mynnu talu fy ffioedd ar gyfer y cwrs. Felly dyma hi'n cymryd fy ngherdyn banc, mynd i NatWest a throsglwyddo'r pres yn syth! Er fy mod i'n dal yn anghytuno hefo penderfyniad fy mam i wneud hynny, dwi'n fythol ddiolchgar iddi am wneud. Oedd rhaid i mi lwyddo rŵan. Dwi ddim yn cofio Eric yn cynnig cyfrannu, hyd yn oed. Er, 'swn i byth yn derbyn dima' ganddo fo!

Y prif beth 'nath sefyll allan i mi ar ddechrau'r cwrs ym mis Medi oedd y ffaith na fi oedd yr unig fyfyriwr oedd yn gwneud y cwrs y flwyddyn honno. Wir yr! Er cymaint o'n i'n mwynhau, roedd y darlithoedd un i un yn teimlo'n rhyfedd i ddechrau – a finna wedi arfer hefo gweld chwanag o fyfyrwyr o 'nghwmpas. Mi o'n i wrth fy modd hefo pob elfen o'r cwrs. Ar wahân i'r modiwl 'Y Broses Ymchwil'. Er mor hanfodol oedd y modiwl dan sylw pan oeddwn i'n sgwennu fy nhraethawd estynedig, ro'n i'n ei weld o'n llai difyr o lawar na'r modiwlau oedd yn canolbwyntio fwy ar bolisi a chynllunio ieithyddol.

Agwedd arall ar y cwrs oedd yn swnio'n ddifyr dros ben i mi oedd taith i Wlad y Basg. Ond, a finna'n helpu i ofalu am Mam ar y pryd, doeddwn i'm yn teimlo'n gyfforddus hefo'r syniad o'i gadael – er na dim ond wsnos o daith oedd hi, os cofia i'n iawn. Mi oedd Mam ar y llaw arall yn awyddus iawn i mi fynd.

"Mam, nes di 'rioed neidio ar awyren i fynd dramor pan o'n i yn yr ysbyty ar ôl cael llawdriniaeth. Dwi ddim yn mynd i dy adael di rŵan, hyd yn oed am wsnos! Awn ni hefo'n gilydd ar ôl i chdi wella, os t'isho."

O'n i mor blydi naïf – ansensitif, hyd yn oed – i awgrymu'r ffasiwn beth. Ac mi ddwedais i union yr un peth ar ôl gwrthod cynnig, tua'r un pryd, i gystadlu mewn cystadleuaeth cyfieithu testun ar gyfer Eisteddfod Chubut yn Yr Ariannin – er bod Mam isho i mi fynd. Felly pan es i i'r Ariannin yn 2015, er mwyn fy mam oedd y daith honno yn bennaf. Dwi'n dal angen mynd i Wlad y Basg ryw bryd. A'r Eidal. Wnes i addo mynd â Mam ar wyliau i'r Eidal. Felly a hitha'n methu mynd bellach, dwi angen mynd, er ei mwyn hi.

Un peth oedd cwblhau yr elfen o'r MA a addysgir. Peth arall, wrth gwrs, oedd cwblhau'r ymchwil a'r traethawd hir.

Rhwng marwolaeth fy mam, trio fy ngorau glas i ddod o hyd i rywle i fyw a chyfnod o ddigartrefedd ar ôl i Dad y Ganrif werthu fy nghartref, nes i ddim cwblhau'r ymchwil, na graddio, tan 2015. Dwi'n fythol ddiolchgar i Dr Rhian Hodges am ei chefnogaeth a'i hamynedd di-ben-draw tra oeddwn i'n profi cyfnod mwyaf heriol fy mywyd. Dwi'n teimlo'n ffodus dros ben i mi, rywsut, lwyddo i basio. Fel sy'n wir hefo fy TGAU, dwi'n dal yn rhoi amser caled i fi fy hun am beidio â gwneud yn well. Ond, dan yr amgylchiadau heriol, ella fy mod i'n *rhy* galed arnaf fi fy hun?

Er i mi ennill MA, ar wahân i eithriadau prin (Nia, er enghraifft), doedd yr holl addysg roeddwn wedi'i derbyn ddim wedi fy nysgu sut i ymddiried yn eraill. Ac ers i mi adael yr ysgol, roedd Mam yn awyddus iawn i mi ddysgu'r wers honno.

Pennod 15

Gwynfor

"CALLIA! DOES 'NA neb mor ffeind a charedig â hynny!"

Dyna oedd f'ymateb i, pan ddaru Mam ddisgrifio cyfaill roedd hi wedi'i gyfarfod trwy'i gwaith, Gwynfor Owen, fel y dyn mwyaf ffeind a charedig yn y byd i gyd. Wrth gwrs, a finna yn f'arddegau hwyr ar y pryd, ar y cyfan, roeddwn i'n dal yn amheus o bobl. Yn enwedig felly dynion (diolch Eric). Felly i mi, y ffrindiau pwysicaf yn fy mywyd o hyd oedd fy anifeiliaid anwes (hefo ambell i eithriad prin). Ond, er i Mam dderbyn ac annog hynny yn ystod fy mhlentyndod, wrth i mi fynd yn hŷn, mi oedd hi'n ei gweld hi'n bwysig imi ddysgu sut i ymddiried mewn pobl eraill. Roeddwn i'n anghytuno'n llwyr!

Yn rhinwedd ei gwaith fel gweithwraig cymorth oedolion ifanc ym Mhorthmadog ddaru Mam gwrdd â Gwynfor, sef tad Gareth, un o'r oedolion ifanc roedd hi'n ei gefnogi. Dwi'n sicr bod yna reolau yn erbyn trafod y sawl roedd hi'n eu cynorthwyo. Ond roedd Mam yn reit ffyddiog, dwi'n meddwl, na faswn i'n mynd i hel clecs. Prin oedd gen i'r hyder i siarad â neb beth bynnag, diolch i'r holl fwlio. A 'ta waeth, roedd Mam yn meddwl y byd o Gareth. Felly hefyd ei rieni. Ond roedd yna rywbeth am Gwynfor yn benodol roedd Mam yn meddwl 'sa'n gwneud i mi fod yn awyddus i gwrdd â fo; y ffaith ei fod o'n gyfieithydd. Ac ar y pryd, roeddwn i'n ystyried o ddifri dilyn gyrfa yn y maes hwnnw.

Dwi'n cofio Mam yn sôn am fynychu cyfarfod ble roedd o'n cyfieithu. Ac er nad oedd angen cyfieithiad arni, ddaru hi wisgo clustffonau am gyfnod yn ystod y cyfarfod. Roedd hi wedi rhyfeddu, cofiwch!

"Does gen i'm syniad sut oedd o'n gwneud hynny mor sydyn! Oedd o'n wych!"

Gwaetha'r modd, fy nrwgdybiaeth gyffredinol i o bobl ddaru drechu brwdfrydedd Mam ar y pryd. Wir yr, tasa gen i beiriant amser, un o'r camgymeriadau (niferus; dwi wedi gwneud sawl peth hollol hurt) 'sa'n rhaid i mi ei ddatrys fasa'r camgymeriad o beidio cwrdd ag o pan oedd Mam yn dal yn fyw. Dwi hyd yn oed yn gwybod be' 'swn i'n ei ddweud wrthaf fi fy hun hefyd:

"Be' ddiawl sy'n bod arna chdi?! Iawn, dwi'n gwbod cystal â neb bod pobl wedi dy drin di fel baw. A dwi'n gwbod, oherwydd Eric, bo' chdi'n meddwl bod gen Mam ddim syniad sut i ddarllen dynion. Ond ffrind iddi 'di o. Ac mae Mam yn llawar gwell am ddewis ffrind nag ydi hi am ddewis gŵr. Felly dos i'w gyfarfod o y cyfla cynta' gei di! Wneith hynny fyd o les i chdi, 'sdi. Mae be' ddwedodd Mam yn wir. Fo ydi'r dyn mwyaf ffeind a charedig yn y byd i gyd! A dwi'n dweud hynny fel rhywun sy'n dal yn osgoi pobl yn aml."

Ond na, does 'na neb wedi dyfeisio peiriant amser eto, gwaetha'r modd. Os 'dach chi'n darllen y llyfr hwn ac wedi digwydd dyfeisio'r ffasiwn beiriant, gadewch i mi wybod cyn gynted â phosib, os gwelwch yn dda.

***

Er gwaethaf fy nerfusrwydd, parhau i siarad am Gwynfor 'nath Mam bob cyfla gafodd hi. Cymaint felly, nes i mi ddweud a gofyn y canlynol pan ddaru Mam holi – rhyw bryd rhwng ysgaru Eric, a'i diagnosis o gancr – sut 'swn i'n teimlo tasa hi'n ailbriodi:

"Mam, cyn belled ag ei fod o'n ddim byd fel Eric, yn dy garu di gymaint ag wyt ti'n ei garu fo, ac yn dy drin di fel wyt ti'n haeddu cael dy drin, dydi dy ddewis di i ailbriodi yn ddim byd i'w neud hefo fi. Pwy 'di'r dyn lwcus, beth bynnag? Y Gwynfor 'ma ti wedi bod yn ei drafod gymaint hefo fi?"

"Callia, Ant! Mae o'n briod."

"Bechod. Os ydi chwartar y pethau ti wedi'u dweud wrtha i am Gwynfor Owen yn wir, mae ei wraig o wedi ennill y loteri briodasol, go iawn! Ond alli di'm gweld bai arna i am holi, a chditha'n siarad gymaint am y dyn. Pwy 'ti am ei briodi, felly?"

"Neb. Mae dy dad wedi'n rhoi fi off dynion."

"Pwy 'di'r ddynes lwcus, felly? Dwi'm yn homoffôb, cofia!"

"Ha, ffycin, ha! Dwi ddim yn mynd i briodi neb, Ant. Jysd isho gweld sut 'sa chdi'n ymateb o'n i."

Dwi'n gweld y ffaith na ddaru Mam briodi eto'n bechod. Roedd hi'n fy nharo i fel y math o ddynes fasa, hefo'r gŵr cywir, wedi bod yn hapusach o lawar yn briod nag y buodd hi naill ai hefo Eric, neu ar ôl yr ysgariad. Ond roedd gan ei chancr syniadau eraill, gwaetha'r modd.

***

Un o'r gorchmynion (nid cais, cofiwch, gorchymyn) ges i gan Mam rai dyddiau cyn ei marwolaeth oedd addo 'swn i'n cyfarfod Gwynfor. Er 'mod i'n dal yn nerfus iawn o bobl eraill, roedd Mam yn gwybod, a hitha ar ei gwely angau, 'mod i'n methu gwrthod unrhyw beth. Dyma fi'n cytuno, felly.

Roeddwn i wedi bod ar Drydar (dwi'n foi sy'n dal i alw Opal Fruits yn Opal Fruits; no wê ydw i'n mynd i alw'r cyfrwng cymdeithasol dan sylw wrth ei enw newydd, hollol hurt) ers fis Mawrth 2012, rhyw ddeg diwrnod ar ôl imi ddod i wybod y gwir am gancr fy mam, a'r ffaith ei bod hi'n mynd i farw. Yn ogystal â darllen, roeddwn i'n defnyddio Trydar i ddenig rhag y gwirionedd am chydig. O ganlyniad, doeddwn i'm yn trafod sefyllfa Mam, na chwaith y ffaith 'mod i'n gofalu amdani. Dwi'n cofio ymgysylltu dipyn hefo aelodau a chefnogwyr Plaid Cymru i ddechrau, a finna'n aelod o'r Blaid ers fis Ionawr 2012. Ac roedd hynny'n destun balchder i fy mam, ddwedodd hyn isod wrtha i pan aeth hi â fi – a finna'n naw oed ar y pryd – i Neuadd Goffa Harlach pan oedd hi'n mynd i bleidleisio yn etholiad San Steffan 1997:

"Ti'n gweld rhain?" meddai, gan bwyntio at y Triban ar y papur. "Rhain yn unig sy'n poeni am Gymru. Does gen y lleill ddiawl o ots! Cofia di hynny."

'Dach chi'n cofio fi'n sôn am Mam yn lladd ar Margaret Thatcher pan fyddai hi'n trafod gwleidyddiaeth hefo fi, a finna ond yn fabi ar y pryd? I fy mam, roedd trafod gwleidyddiaeth hefo dy fabi/plentyn ifanc yn rhywbeth hollol naturiol. Dwi'n cofio, o ban o'n i'n saith mlwydd oed ymlaen, fel y byddai hi'n amhosib gyrru heibio i Lyn Celyn ar ein ffordd i un o fy apwyntiadau ysbyty niferus heb i Mam alw Cyngor Lerpwl yn bob enw dan haul. Y Cyngor cofiwch, nid y ddinas. Roedd ei merch a'i mab hynaf yn Sgowsers, ac roedd Mam yn gefnogwr tîm pêl-droed Lerpwl. Fuodd hynny'm yn rhwystr iddi rhag priodi i mewn i deulu o Evertonians (yn sgil priodi tad Mandy a Jamie), chwaith.

'Ta waeth, beth amser 'rôl sefydlu 'nghyfrif Trydar, yn sicr wedi marwolaeth Mam, dyma fi'n dŵad o hyd i gyfrif rhywun o'r enw Gwynfor Owen, oedd yn gyfieithydd, ac a oedd yn byw ym Mhenrhyndeudraeth. 'Dwn i'm faint o bobl o'r enw Gwynfor Owen, oedd yn gyfieithwyr ac yn byw ym Mhenrhyndeudraeth o'n i'n meddwl oedd yna, ond dwi'n cofio meddwl i ddechrau... *Nid Gwynfor ffrind Mam ydi hwn? Mae hyn yn ormod o gyd-ddigwyddiad.* Nes i benderfynu dilyn y cyfrif 'run fath. Ac wrth i amser fynd heibio, nes i ddechrau meddwl ella na hwn *oedd* ffrind fy mam. Ond, sut 'swn i'n codi'r peth? 'Bora da, oeddach chi'n arfer bod yn ffrind i fy mam sydd wedi marw o gancr, dwi'n meddwl. Ydi'r enw 'Elspeth' yn golygu unrhyw beth i chi o gwbl?' Doedd hynny ddim yn swnio'n iawn rywsut. Ac ella 'mod i'n dilyn y Gwynfor anghywir. Dychmygwch y cywilydd taswn i'n holi'r boi anghywir! Eto, dwi'n meddwl bod hyn yn dystiolaeth bellach o ba mor ansicr o'n i o bobl ar y pryd. Cymaint felly fel 'mod i'n methu hyd yn oed gofyn cwestiwn syml oedd angen ateb syml. Serch hynny, nes i barhau i'w ddilyn ar Drydar. Ac mi fuodd y ddau ohonom yn sgwrsio arno, yn dod i nabod ein gilydd dros gyfnod o flynyddoedd. Dyma un ohonom ni (fo, decini, o gofio cyn lleied o hyder oedd gen i o gwmpas pobl) yn awgrymu inni gyfarfod yng nghynhadledd y Blaid yng Nghaernarfon yn 2017. Dyma fi'n derbyn y cynnig.

Dwi'n cofio teimlo'n eithaf nerfus ar fy ffordd i Galeri. O'n i'n mynd i lwyddo i gynnal sgwrs gall hefo fo o gwbl? Neu oedd fy nerfau yn mynd i fod yn drech na fi? Ches i'm cymaint â hynny o amser i boeni yn Galeri, oherwydd yn fuan iawn ar ôl cyrraedd, dyma fi'n clywad llais rhywun yn fy nghyfarch.

"Su'mai, Ant? Gwynfor sy 'ma."

Yn sgil fy nam golwg, yn wahanol iawn i'r mwyafrif o bobl, llais unigolyn ydi'r peth cyntaf sy'n denu fy sylw. A dwi'n meddwl ei bod hi'n bosib dweud cryn dipyn am gymeriad rhywun wrth ei lais. Wel, y rhan fwyaf o'r amser. Dwi wedi cael fy nghamarwain gan lais rhywun o'r blaen. Ond roeddwn i'n hollol hyderus fod llais Gwynfor yn perthyn i rywun hynod o garedig. Dyn mawr, pen moel, oedd yn gwisgo crys a thei, trwsys, sgidia ffurfiol, a sbectol oedd bia'r llais caredig. Dyna oedd yr *ail* beth sylweddolais i wrth i mi ysgwyd ei law. Sy'n wahanol iawn i'r rhan fwyaf o bobl. Dwi'n cofio sgwrs rhyngddo fo, ei wraig Debbie a finna yn Abertawe y flwyddyn wedyn. Roedd y tri ohonom yn sgwrsio'n Gymraeg, a dyma 'na ddynes ger llaw yn holi:

"Are you farmers from west Wales?" Oherwydd ein bod ni'n siarad Cymraeg, decini.

"That makes a nice change!" medda Gwynfor. "Normally, people take one look at me and automatically assume I'm a bouncer."

Mi 'nath ei eiriau o gadarnhau i mi fy mod i'n darllen pobl yn wahanol pan dwi'n eu cyfarfod am y tro cyntaf, i gymharu ag eraill. Tra 'mod i'n canolbwyntio ar yr hyn dwi'n ei glywad, mae pobl eraill, ar y cyfan, yn dibynnu mwy ar eu llygaid. Er, gan ein bod ni'n siarad Cymraeg, clustiau'r ddynes ddaru'i harwain i holi a oedden ni'n ffermio, decini.

Felly, wedi'r cyflwyniadau, dyma Gwynfor a finna'n sgwrsio chydig cyn mynd i wrando ar araith Ben Lake. Dwi'n cofio bod Galeri dan ei sang, felly roedd sicrhau rhywle i eistedd yn anodd. Wedi hynny, dyma Gwynfor yn dweud bod rhaid iddo fo adael yn gynnar oherwydd ei fod o'n gorfod mynd i rywle i gyfieithu, os dwi'n cofio'n iawn. Felly dyma fo'n cynnig pàs adra i mi, chwarae teg. Ma' siŵr inni drafod rhywfaint ar ei waith, a'r holl deithio roedd o'n ei wneud, oherwydd dyma fo'n awgrymu:

"Mae gen i broffil Facebook lle dwi'n cofnodi'r llefydd

dwi'n teithio iddyn nhw pan dwi'n gweithio. Croeso i chdi yrru cais ffrind i mi, os wyt t'isho."

Dyma fi'n derbyn y cynnig, felly, ac anfon cais ffrind. Am bum munud ar hugian wedi wyth y noson honno, ar ôl iddo fo gymeradwyo'r cais ffrind, dyma fi'n cael neges gan Gwynfor yn holi a oedd hi'n gyfleus iddo fy ffonio. Oedd, medda fi. Dyma'r ffôn yn canu a'r peth cyntaf ddwedodd o oedd:

"Dwi'n gwbod pwy wyt ti, rŵan. Oedd dy fam a finna'n ffrindia."

Fy llun proffil ar Facebook o Mam a finna ar ddiwrnod fy seremoni raddio oedd wedi amlygu pwy o'n i. Wel, o'n i wedi gwirioni'n lân! Doeddwn i erioed wedi bod mor hapus i gwrdd â rhywun! O gofio mor ddrwgdybus o bobl o'n i ar un adeg, mae hynny'n ddweud mawr. Mae'n debyg bod Mam wedi sôn cymaint amdana i wrth sgwrsio hefo Gwynfor ag oedd hi wedi sôn am Gwynfor wrth siarad hefo fi. O ganlyniad, roedd o'n fy nabod yn dda iawn o gychwyn ein cyfeillgarwch.

Ers y diwrnod hwnnw, dwi wedi cael y pleser o gyfarfod ei wraig, Debbie (gyda llaw, un o'r synau gorau i 'nghlustiau i ydi'r Gymraeg yn cael ei siarad gydag acen Stoke), Richard ei frawd yng nghyfraith, ei chwaer ac un o'i frodyr. Dwi'n cofio mynd i ymweld ag o yn ei gartref am y tro cyntaf, a Gareth yn ei ffonio. Dyma fo'n sôn wrth Gareth bod "mab Elspeth" wedi galw draw. *Mab?* medda fi wrthaf fi'n hun, wrth i sgwrs y ddau barhau. *Oedd Mam wedi dweud wrth Gwynfor 'mod i'n unig blentyn?* Ar ôl i'w sgwrs ddod i ben, dyma fi'n crybwyll y ffaith bod gan Mam un ferch a thri o feibion. Doedd ganddo fo ddim syniad! Nid oherwydd fod Mam wedi dweud fy mod i'n unig blentyn, ond oherwydd mai dim ond fi oedd Mam wedi'i grybwyll yn ystod eu sgyrsiau.

Yn sgil fy niddordeb yn y maes cyfieithu, dwi wedi treulio cryn dipyn o amser yng nghwmni Gwynfor wrth ei waith (er enghraifft yn yr Eisteddfod Genedlaethol, neu'n ystod cyfarfodydd Plaid Cymru). A phan fydd o yn cyfieithu, mi fydda inna'n gwneud ymdrech i gyfieithu yn fy mhen. Dwi'n meddwl fy mod i'n llwyddo i wneud hynny ar y cyfan. Ar wahân i'r adegau prin hynny pan fo siaradwr yn defnyddio gair yn y Gymraeg, a finna'n dalld y gair Cymraeg, ond yn methu cofio neu ddim yn gwybod y gair cyfatebol yn Saesneg. A Saesneg ydi fy iaith gyntaf, i fod! Roedd yr addysg Gymraeg ges i yn Ysgolion Tan Y Castell ac Ardudwy yn rhy effeithiol, decini! Mae o wedi awgrymu, yn rhannol oherwydd fy niffyg trwydded yrru, 'swn i'n well yn cyfieithu testun na chyfieithu ar y pryd. A dwi'n dueddol o gytuno hefo fo. O leiaf, os dwi'n anghofio neu ddim yn gwybod gair Saesneg, mae'n ddigon hawdd sbio drwy eiriadur wrth gyfieithu testun.

Dwi'n cofio Gwynfor yn dweud, yn ystod Eisteddfod Genedlaethol Bae Caerdydd yn 2018, y basa fy mam wrth ei bodd ein bod ni'n treulio cymaint o amser yng nghwmni ein gilydd. Ac wrth gwrs, mi nes inna gytuno. Anodd oedd dal y dagrau yn ôl, serch hynny. Dwi wir yn difaru peidio â'i gyfarfod o pan oedd Mam yn dal yn fyw. A dwi'n dalld pam; oherwydd doedd gen i'm hyder o gwmpas pobl yn gyffredinol. Ond taswn i wedi'i gyfarfod o yn fy arddegau hwyr/ugeiniau cynnar, 'sa hynny wedi rhoi hwb sylweddol i fy hyder. A 'sa Mam wedi bod mor hapus yn gwylio'r hyder yna, a gafodd ei chwalu gan bobl greulon, yn cael ei ailadeiladu gan ddyn arbennig o garedig. Dyna pam dwi mor awyddus i dreulio amser yn ei gwmni o pan mae'r cyfleoedd yn codi, decini, er mwyn gwneud yn iawn am yr amser hynod werthfawr 'na gafodd ei golli.

Dros y blynyddoedd ers i ni gyfarfod, mae Gwynfor a

finna wedi bod mewn cyswllt rheolaidd. 'Dan ni (a Debbie a Richard yn achlysurol) wedi bod allan am beint neu bryd o fwyd hefo'n gilydd droeon. Mae o wedi bod yn gymorth anferth i mi ar hyd y blynyddoedd (dwi am grybwyll ambell i enghraifft yn y penodau sydd i ddod). Cymaint felly nes fy mod i'n teimlo bod gen i dipyn o ddyled i'w had-dalu. Ond, yn wahanol iawn i ddyledion benthyciad myfyrwyr, mae ad-dalu'r dyledion yma yn bleser pur! Er enghraifft, dwi wedi bod yn barod i helpu hefo arbrofion Zoom neu Teams, er mwyn gwneud yn saff bod y sain yn gweithio yn ei glustffonau ar gyfer ei gyfarfodydd ar-lein. Ac yn fwy diweddar, dwi wedi cael y pleser o warchod Nel, ci Gwynfor a Debbie, tra oedden nhw ar eu gwyliau. Fel mae nifer o fy ffrindiau agosaf wedi sylweddoli ers tro bellach: boi cŵn ydw i. Ac mae'n bleser cael mynd am dro hefo Nel. Ac mae hitha wrth ei bodd yn crwydro Caernarfon. Dwi wedi sôn o'r blaen; tydw i wir ddim yn dalld y pwynt o fynd am dro heb gi. Felly braf iawn oedd cael esgus, a finna wedi gorfod byw heb gi ers 2016.

Dwi wedi bod yn dychmygu ymateb fy mam i Gwynfor a finna'n cyfarfod ers y diwrnod hwnnw yn Galeri. A'r hyn sy'n dychwelyd i fy nychymyg bob tro ydi Mam yn datgan yn hunanfodlon:

"'Udish i, do?!"

Haha – do, Mam! A tydw i byth yn mynd i glywad diwedd hyn, nac'dw?

Pennod 16

Annibyniaeth

ELLA BOD TEITL y bennod hon i'w weld yn rhyfedd. Dyma eglurhad, felly.

Dwi'n cofio'n glir y sgwrs olaf un ges i hefo Mam. Roedd hi'n eistedd i fyny yn ei gwely, yn gwenu. A dyma hi'n dweud ei bod hi'n mynd i fynd cyn bo hir. Dwi'n cofio ei bod hi'n gwenu wrth ddatgan hynny. Ac mi ddaru hynny fy nrysu ar y pryd. Doedd hi'm yn hapus i farw, siawns? Nac oedd. Y peth nesaf 'nath hi oedd ymddiheuro am fy ngadael i. A finna'n dweud 'mod i byth isho ei chlywad yn ymddiheuro i mi byth. Doedd hi'm 'di deffro un bora a phenderfynu, "Dwi isho marw yn y ffordd fwyaf poenus, fwyaf erchyll bosib." Felly doedd 'na'm rheswm iddi ymddiheuro. Ai trio fy nghysuro i trwy wenu oedd hi? Erbyn hyn, dwi'n meddwl mai gwenu oedd hi oherwydd ei bod hi'n gwybod bod ei phoen yn mynd i ddŵad i ben cyn hir.

Dyma Mam yn mynd ati wedyn i adrodd rhestr o orchmynion (doedd gwrthod ddim yn opsiwn i mi, ac roedd Mam yn gwybod hynny'n iawn).

"Paid â lladd dy dad."

"Hawdd. Tydi o'm yn werth treulio pum munud mewn cell, heb sôn am weddill fy oes. Gaddo." Tydw i'm yn berson treisgar yn naturiol beth bynnag. Nesa.

"Dwi isho i chdi fod yn gwrtais hefo fo bob amser." Dyma fi'n cytuno eto. Er mor anodd fyddai cadw'r addewid hwnnw dros y misoedd i ddod. Yna. "Dwi isho i chdi gadw llygad ar Jamie. Dwi ddim yn meddwl ei fod o'n ddigon cry' i ddelio hefo fy marwolaeth i. Dwi isho i chdi gadw llygad ar Mandy hefyd. Mae'n llawar rhy naïf. A dwi isho i chdi gadw llygad ar Nick. Mi fedra i dy ddarllen di'n hawdd, Ant. Ti'n llyfr agored, hefo print bras a lluniau. Mi fyddi di'n iawn. Ond mae Nick yn llyfr caeedig. A does gen i'm syniad be' sy'n mynd trwy'i feddwl o. A dwi ddim yn licio hynny." Dyma fi'n cytuno eto. Er, doedd gen i'm syniad pwy oedd yn mynd i fy nghefnogi i. Darllenodd Mam ei llyfr agored, a chynigiodd restr i mi. "Dyma'r bobl dwi'n eu trystio i dy helpu di, os byddi di angen. Elin Ifan. Paul May. Meic a Stef. A Gwynfor."

Cyn i neb ddweud dim, dwi'n gwybod bod yr uchod yn rhestr eithriadol o fyr. Tydi hynny ddim yn golygu nad oedd Mam yn caru ei theulu a'i ffrindiau i gyd. Roedd Mam yn eich caru chi i gyd i'r cymylau! Ac roedd hi'n dal dros ei phen a'i chlustiau mewn cariad hefo Eric (er, doedd hi'n ddim callach pam). Serch hynny, mi oedd hi'n gwybod na fyddai Eric yn fawr o help i mi. Yn enwedig wrth i mi stryglo i ddod o hyd i rywle arall i fyw. Dewis pobl oedd nid yn unig yn fy nabod i yn arbennig o dda (cofiwch fod Gwynfor wedi cael *crash course* ganddi), ond a oedd mewn lle i fy helpu os byddai angen 'nath Mam. Ac ers ei marwolaeth, mi ydw i wedi ychwanegu enwau i'r rhestr fy hun. Y rhan fwyaf ohonyn nhw 'sa hi'n yn eu cymeradwyo (dwi'n meddwl). Ond mae yna un enw dwi'n gwybod 'sa Mam yn ei wrthwynebu'n chwyrn!

A sôn am Gwynfor, gorchymyn arall (os cofiwch chi) oedd i mi addo ei gyfarfod. Dyma fi'n derbyn.

Dyma Mam wedyn yn datgan ei bod hi'n berffaith hapus i mi deithio i ble bynnag o'n i isho. Ond, doedd hi ddim isho i mi symud tu allan i Gymru yn barhaol. Byth!

Magu gwreiddiau yma yng Nghymru oedd hi am i mi'i wneud. Cytunais unwaith eto.

Ella y bydd y gorchymyn nesaf 'ma i'w weld yn gwrthddweud yr uchod. Ond dyma, o bosib, oedd yr un pwysicaf o safbwynt Mam:

"Os bydd unrhyw un byth yn trio tanseilio neu fygwth dy annibyniaeth di, mewn unrhyw ffordd, dwi isho i chdi ddiflannu."

Roedd galwad ffôn annisgwyl gan y gwasanaethau cymdeithasol chydig fisoedd ynghynt wedi codi ofn ar Mam. Ac roedd hi'n poeni 'sa rhyw rai yn ceisio fy rhoi i mewn cartref gofal wedi ei marwolaeth. Pryderon di-sail? Ella. Ond rhaid cofio, ers pan o'n i'n fabi, doedd Mam ddim yn ymddiried yn neb lle ro'n i yn y cwestiwn (ar wahân i'r sawl ar ei rhestr). Ac, o bosib, mae hynny wedi arwain at sefyllfa lle tydi rhai ddim yn ymwybodol mor abl ac annibynnol ydw i mewn gwirionedd. Pobl oedd yn ddim callach o hynny oedd yn beryglus, yn ôl Mam. Felly dyma fi'n cytuno. Ac mi o'n i wedi dewis ble o'n i am fynd, neu 'ddiflannu' iddo fo, hefyd. Cyn i Brexit gau'r drws yna. Diolch i chi'r diawliaid! Ac felly dwi wedi gorfod dewis rhywle arall. Rhag ofn. Er, pedair ar hugian oed o'n i ar y pryd. A thri deg saith ydw i rŵan. Felly, dwi'n cymryd fy mod i'n ddiogel erbyn hyn. Ond, mae'r lleoliad amgen yno o hyd, rhag ofn. Dyna i chi felly'r eglurhad am deitl y bennod hon.

Nesaf: "Rho gyfla i Dduw." Fuodd Mam erioed yn gyfforddus hefo fi'n datgan fy mod yn agnostig. Er na fuon ni i'r capal fel teulu pan oeddwn yn tyfu i fyny, roedd Mam o'r farn bod ffydd yn rhywbeth oedd yn cael ei etifeddu, fel lliw dy wallt neu dy lygaid. Dwi'n sicr, a finna'n llyfr agored, bod Mam yn ymwybodol o'r funud iddi sôn gyntaf ei bod hi'n sâl, hyd y diwedd, 'mod i isho cyfnewid llefydd hefo hi. Pam? Oherwydd mi oedd ganddi hi gymaint i'w gynnig i bobl eraill o hyd. Roedd pobl yn ddibynnol arni. Doedd gen i'm byd i'w gynnig i neb a doedd 'na neb yn dibynnu arna i, felly ar y pryd, roedd hyn yn gwneud synnwyr i mi. Nes i erioed ddatgan hynny wrth Mam, wrth gwrs; doeddwn i'm isho'i hypsetio hi. Er, mi oedd hi'n gwybod yn iawn na dyna sut o'n i'n teimlo, dwi'n gwbl hyderus o hynny. Felly'r hyn nes i, o'r noson gyntaf hyd y noson olaf cyn iddi farw, bob nos, oedd gweddïo am gael cyfnewid llefydd hefo Mam. A hitha hefo cymaint o ffydd, oedd hyn yn gynnig digon teg yn fy meddwl i. Ond mae'r ffaith fy mod i yma'n sgwennu'r gyfrol hon, a bod Mam ym mynwant Capal Ucha' yn dystiolaeth na chafodd fy ngweddïau ystyriaeth. Yn fy meddwl i, felly, mi o'n i wedi rhoi cyfla i Dduw yn barod. Ac roedd Duw wedi fy ngadael i lawr. Ond yn bwysicach na hynny, roedd Duw wedi gadael Mam, a hitha hefo cymaint o ffydd ynddo, i lawr. Dwi'n cofio geiriau Mam pryd bynnag y byddai rhywun cas neu greulon yn profi rhyw lwyddiant: "The Devil looks after his own." Beth oedd hynny'n ei ddweud am Dduw, felly? Ai tad esgeulus oedd Duw? Serch fy nheimladau ar y pryd, mi nes i gytuno i'r gorchymyn yma. Parhau i weddïo wedi marwolaeth fy mam nes i felly. Ac mi es i i wasanaethau ar y Sul am gyfnod ar ôl symud i Gaernarfon. Ond ar ôl chydig dros flwyddyn, a finna'n dal heb yr un ffydd ag oedd gan fy mam 'stalwm, rhaid cyfaddef imi deimlo'n dwyllodrus. Felly dyma un gorchymyn lle dwi'n teimlo fy mod i wedi bod yn fethiant. Mae gen i nifer o gyfeillion â ffydd, a dwi'n eu parchu yn fawr. Dwi'n dal i ddisgrifio'n hun fel agnostig. Ella bod gen i'm ffydd (eto?). Ond does gen i'm hyder yr anffyddwyr chwaith.

Roedd y gorchymyn nesaf yn un ofnadwy o anodd i'w ddilyn. Doedd Mam ddim isho i mi alaru, ypsetio, na chrio na ddim byd wedi ei marwolaeth. A hynny oherwydd, fel yn achos ei diagnosis, roedd hi'n poeni am fy shynt a'r effaith 'sa'r holl straen yn ei gael ar fy iechyd a fy lles. Cytuno oedd raid. Doedd gen i'm dewis. Ac yna un gorchymyn olaf: "Canolbwyntia ar dy astudiaethau, dod o hyd i rywle i fyw a dod o hyd i waith." Dyma fi'n cytuno'n syth. Er, fel y daw'n amlwg cyn bo hir, roedd cyflawni dau allan o'r tri yn mynd i fod yn anodd uffernol. Ac yn sgil digartrefedd, byddai cwblhau'r traethawd hir yn dasg anodd hefyd.

Y peth olaf un ofynnodd Mam i mi'i wneud iddi oedd ei helpu i fynd allan ar y decing o flaen drysau allanol ei llofft iddi gael smôc. Roedd yr hoelion arch uffernol 'na wedi gwneud y difrod gwaethaf erioed eisoes, felly doedd un arall ddim yn mynd i wneud gwahaniaeth y naill ffordd neu'r llall, decini. Nes i gytuno, felly, a'i helpu i gael un sigarét olaf.

Fuodd hi'm yn hir nes i Mam ddechrau profi rhywbeth maen nhw'n ei alw'n "*terminal agitation*" yn yr iaith fain. Roedd hi wedi ypsetio'n lân, ac isho gwybod ble roedd ei gŵr. Er iddi hi ac Eric ysgaru yn 2009, roedd Mam wedi anghofio hynny. O ganlyniad, er na effaith y cancr oedd hyn, Eric o'n i'n ei feio am ypsetio Mam. Ar y pryd, o'n i'n teimlo dim byd ond casineb tuag ato fo. Rhyw ddeuddydd wedyn, buodd Mam farw, ar yr 31ain o Awst 2012, yn chwedeg un oed. Dwi'n cofio Eric yn fy ffonio droeon, yn ei ddagrau yn llawn hunandosturi. "I'm sorry, I can't speak to you at the moment," oedd fy ymateb bob tro. Oedd gen i ormod o ofn dweud rhywbeth 'swn i'n ei ddifaru wedyn, ac o ganlyniad, methu â chydymffurfio â gorchymyn Mam. Rhywbeth arall dwi'n ei gofio o'r diwrnod hwnnw ydi gair o gyngor ges i gan f'ewythr Gareth.

"Ant, tydi'r boen wyt ti'n ei deimlo heddiw byth yn mynd i dy adael di, 'sdi. Yr unig beth 'edri di'i neud ydi dysgu byw efo'r boen."

Dwi'n hoff o feddwl, er bod yna rai dyddiau pan mae'r boen yn annioddefol (er enghraifft, pen-blwydd Mam, fy mhen-blwydd i, a Sul y Mamau – bob un ym mis Mawrth, wrth gwrs), fy mod i wedi dysgu byw efo'r boen bellach.

Ar wahân i fynd i weld corff Mam am y tro olaf yn Nhremadog i ffarwelio â hi (er, doedd Mam ddim yno mwyach, wrth gwrs), dwi'n teimlo 'mod i wedi bod ar *autopilot* rhwng diwrnod ei marwolaeth a'i chynhebrwng ar y 10fed o Fedi. Dwi ddim yn cofio llawar am y cyfnod yna, ac o'n i'n stryglo i fyta. Rhywbeth dwi yn ei gofio ydi arwydd 'Ar Werth' gwerthwyr tai Tom Parry yn cael ei dynnu i lawr o'r tu allan i'r byngalo. Dyma fi'n ffonio i holi pam:

"I thought the last thing you'd want would be people coming and going for viewings at the moment," eglurodd Karen.

"Thanks ever so much, Karen. You're quite right and that's very much appreciated. Sorry to be a nuisance, but I think it would be better if the sign went back up. I'm worried in case Eric drives past in his van and notices it's down. I could do without World War Three kicking off at the moment."

Chwarae teg, roedd Karen yn dalld yn iawn, ac felly, er nad oeddwn i'n croesawu'r arwydd yn dychwelyd, o leiaf o'n i wedi osgoi dadl hefo Eric.

Y prif beth dwi'n ei gofio o ddiwrnod cynhebrwng Mam ydi digwydd gweld Jamie yn gadael y te cynhebrwng yn Neuadd Goffa Harlach, a hynny heb sôn wrth neb. Dyma fi'n creu rhyw esgus fy mod i wedi blino'n lân (erbyn meddwl, dwi'n siŵr 'mod i wedi blino'n lân) er mwyn dilyn fy mrawd hynaf 'nôl adra. Dwi'n cofio cerdded trwy'r drws, rhyw bum munud ar ei ôl, a hynny'n fwriadol – doeddwn i ddim isho'i gwneud hi'n amlwg 'mod i'n ei ddilyn – gan ddatgan wrth gerdded i'r stafell fyw a'i weld yn eistedd ar y soffa: “I don't know about you, but I'm absolutely knackered and couldn't be bothered with that carry on.” Y gwir oedd, wrth gwrs, 'mod i'n poeni am Jamie yn dilyn yr hyn ddwedodd Mam. Felly cadw llygad arno fo o'n i.

Roedd digonedd o berthnasau i mewn ac allan o'n cartref tan ganol fis Medi, yn gwneud yn siŵr bod Nick a finna'n iawn. Dwi'n cofio'n glir Meic yn dweud y drefn wrtha i am nad oedd y drws ffrynt wedi'i gloi; rhywbeth doedden ni byth yn ei wneud yn ystod y dydd pan fyddai 'na rywun adra:

“Ti'm yn gwbod pwy sydd o gwmpas erbyn hyn, 'sdi, Ant!” medda fo.

Felly hyd heddiw, ble bynnag dwi wedi byw ers hynny, mae'r drws ffrynt wedi'i gloi gen i bob amser – hyd yn oed pan dwi adra.

Tawelodd pethau ar ôl i Mandy a Jamie ddychwelyd i Lerpwl. Doedd pethau ddim yn wych, wrth reswm, ond roedden nhw'n haws na beth o'n i'n ei ddisgwyl rywsut. Mi o'n i'n mynd i'r fynwant bob dydd, oherwydd roedd bod yno'n gwneud i mi deimlo'n well, ac (er bod hyn yn swnio'n wirion) yn saffach, rywsut, yn cael sgyrsiau unochrog hefo Mam; rhywbeth dwi'n ei wneud hyd heddiw, er yn llai aml, yn sgil y pellter rhyngom.

Un diwrnod fis Hydref, dwi'n cofio cerdded i'r gegin a'r dagrau yma'n dŵad allan o nunlla. Dyma fi'n rhedeg i'n llofft, a Nick yn holi beth oedd yn bod, a finna'n ymateb, “Just give me five minutes.” Pum munud? A'r gweddill! 'Dwn i'm am faint fues i'n crio, ond fues i wrthi am dipyn hirach na phum munud. Mi ddoth Nick i'n llofft i, ac mi eisteddodd hefo fi. O'n i jysd isho Mam. Ar ôl i'r llifddorau gau o'r diwedd, ro'n i'n teimlo'n warthus. O'n i wedi llwyddo i beidio crio hyd y diwrnod hwnnw; hyd yn oed ar ddiwrnod cynhebrwng Mam roedd fy llygaid i'n sych. A dyna fi, heb reswm amlwg, wedi methu â chadw fy ngair i fy mam. Oedd gen i gymaint o gywilydd.

Dwi'n cofio Nick, doedd ddim cweit yn un ar hugian eto, yn sôn ei fod yn mynd allan hefo ffrindiau un noson. "Don't wait up," medda fo. Ond "wait up" o'n i'n mynd i'w wneud, wrth gwrs! O'n i wedi addo i Mam 'swn i'n cadw llygad ar Nick, a dyna o'n i'n pasa'i wneud. Mi ddoth o adra yn hwyr, a finna'n eistedd i fyny yn fy ngwely hefo drws fy llofft ar agor. Dyma fi'n ei gyfarch hefo cwestiwn:

"What's happened to your face?"

"I got punched."

"By who? What for?!"

"Mistaken identity. He thought I'd snogged his girlfriend."

"Have you rung the police?"

"No."

"Why not? That's assault!"

"I can't be arsed. I just want to go to bed."

A Nick yn oedolyn bellach, doeddwn i'm yn teimlo bod gen i'r hawl i alw'r heddlu y tu ôl i'w gefn. Diolch i'r drefn, dyna oedd y tro cyntaf a'r olaf i rywbeth o'r fath ddigwydd i Nick.

***

Ar ben y galar, wrth gwrs, prif frwydrau'r flwyddyn nesaf – a finna wedi gofyn am estyniad ar fy nhraethawd estynedig MA yn barod – oedd darganfod rhywle i fyw ar gyfer Nick a finna, a swydd i fi'n hun. Am dalcen caled! Nes i drio am dair swydd yn yr wsnosau wedi cynhebrwng Mam, heb unrhyw lwc o gwbl. Ac er bod digon o lefydd i'w rhentio (sector preifat) yn lleol, doedden nhw ddim isho tenantiaid di-waith na chwaith tenantiaid hefo anifeiliaid anwes. Roedd y *menagerie*, chwedl Mam 'stalwm, wedi lleihau yn sylweddol erbyn hyn. Dim ond Muffin, oedd erbyn hyn yn bedair ar ddeg oed ac hefo cryd cymalau, a Tara'r gath pum mlwydd oed oedd ar ôl bellach. Ond roedd hynny'n ormod ar gyfer landlordiaid preifat. A doedd 'na'm llawar o lwc i'w gael hefo'r Tîm Opsiynau Tai, chwaith, er 'mod i'n eu ffonio nhw'n wythnosol.

Yn ôl Tad y Ganrif, doeddwn i'm yn gwneud digon o ymdrech i symud allan. Gwaetha'r modd, ddaru hyn arwain at ambell i ddadl rhyngom, yn groes i ddymuniadau Mam. 'Nath o hyd yn oed gael ei was bach – sori, ei frawd – Vince i roi pwysau arna i. Yn bersonol, 'dwn i'm beth arall allwn i fod wedi'i wneud, ar y pryd, y tu hwnt i f'ymdrechion hefo'r sector preifat a chymdeithasol. Os gwelwch chi fi, croeso i chi grybwyll unrhyw opsiynau posib nad oeddwn yn ymwybodol ohonyn nhw ar y pryd.

Fel y soniais i'n gynharach, mewn ymgais i brynu chwanag o amser i ddod o hyd i gartref newydd, pryd bynnag y byddwn i'n gwybod fod pobl yn dŵad i weld y byngalo, mi fyddwn i'n "peidio sylwi" (a finna hefo nam golwg, cofiwch) ar ambell dalpyn o faw ci yn yr ardd gefn. Eto, arweiniodd hynny at ddadlau pellach rhwng Eric a finna. Doedd o ddim yn fodlon ein helpu ni i chwilio am rywle chwaith. Roedd hyn yn wahanol iawn i'w agwedd tuag at fy hanner brawd, Danny, oedd wedi symud 'nôl i Gymru o Perth hefo'i deulu. Oedd Eric yn fwy na bodlon i'w gynorthwyo fo i gael hyd i gartref iddo'i hun a'i deulu. Gwaetha'r modd, does gan Nick na finna acenion Aussie. Ma' siŵr 'sa'r ddau ohonon ni wedi cael bob cymorth tasa hynny'n wir!

Er gwaethaf f'ymdrechion gorau i oedi gwerthiant cartref Nick a finna ac i ddod o hyd i gartref amgen, gwerthodd Eric y byngalo (heb unrhyw ymdrech i helpu ei feibion i ganfod cartref newydd), gan sicrhau'n bod ni'n mynd i fod ddigartref. Daeth y diwrnod tyngedfennol ar yr ail ar bymtheg o Ragfyr. Dwedodd Eric wrth y perchnogion newydd fod Nick a finna'n bod yn lletchwith ac yn cau symud. Dyma fi'n egluro nad gwrthod symud oedden ni, ond bod gynnon ni nunlla arall i fynd. Roedd clywad hyn yn destun tristwch i'r perchnogion newydd, aeth ati i ymddiheuro.

"Nid chi sydd ar fai am gael eich camarwain," medda fi.

Gadael oedd raid 'run fath. Aeth Nick i fyw at ein modryb Bethan a'i gŵr John a'n modryb Sioned (oedd yn cyd-fyw yn yr un tŷ), am gyfnod, cyn symud i Lannau Merswy – ble mae o wedi hen fagu gwreiddiau erbyn hyn ac wedi gweithio fel Swyddog Cymorth Cymunedol yr Heddlu ers rhai blynyddoedd rŵan. Dwi'n wirioneddol falch ohono fo. Aeth Tara y gath i loches cathod. Trefniant dros dro oedd hyn i fod, ond yn sgil yr heriau ynghlwm â darganfod cartref newydd ble roedd landlordiaid yn fodlon derbyn tenant hefo anifeiliaid anwes, penderfynais y byddai'n well iddi hi (a hitha'n ddigon ifanc) gael cartref newydd, yn lle aros amdana i i ddŵad o hyd i rywbeth. Fuodd 'na'm rhaid iddi aros yn rhy hir, chwaith. Cafodd Tara gartref newydd yn ardal Bontddu, rhwng Bermo a Dolgellau.

Muffin a finna oedd ar ôl felly. Oedd Muffin yn rhy hen, yn fy marn i, i fynd i genals. Ble bynnag o'n i'n mynd, roedd rhaid i Muffin ddŵad hefo fi, felly! Doedd gen i'm syniad beth oedd yn mynd i ddigwydd i ni. Roedd diffyg lle hefo perthnasau yn lleol yn golygu bod pethau'n edrych yn dywyll. Nes i Vicky, fy chwaer yng nghyfraith, gynnig i ni fynd i Lerpwl ati hi, Jamie a fy nith ieuengaf, Charlotte. Afraid dweud, a'r fainc ger mynediad y stad yr unig ddewis amgen, cytunais yn syth! Meic ddaru gludo Muffin a finna i Lerpwl. Doedd Jamie ddim yn yr hwyliau gorau ar ôl i ni gyrraedd. Ddaru hyn gymell Meic i holi:

"Wyt ti'n siŵr dy fod di'n iawn i aros yma, Ant?"

"Vicky ddaru gynnig, Meic. Mae hi braidd yn hwyr iddyn nhw gael traed oer rŵan. Hefo rhyw lwc, fyddwn ni ddim yma'n rhy hir beth bynnag."

Yr hyn ddilynodd oedd bron i chwe mis o gysgu ar soffa a gwely aer, oedd ddim yn brofiad arbennig o braf. Yn enwedig felly i 'nghefn. Ac yn waeth na hynny, roedd Toto (brawd Tara, oedd wedi byw hefo Jamie ers cyn iddo fo a Vicky ailgynnau eu perthynas, a'r ddau yn nabod ei gilydd ers eu dyddiau ysgol) yn rhedeg o gwmpas y stafell fyw gyda'r nos fel rhywbeth ddim yn gall. Dwi'n cofio deffro un bora, ac roedd y gwely aer yn fflat. Roedd y blydi gath wedi byrstio'r peth hefo'i grafangau pan oedd o'n rhedeg o gwmpas yn ystod y nos!

Roedd yna dipyn o straen a dadlau yn y tŷ, sy'n reit ddealladwy o edrych 'nôl. Cegau ychwanegol i'w bwydo, heb affliw o syniad pryd oedden nhw'n mynd i lwyddo i sicrhau cartref iddyn nhw'u hunain, oedd Muffin a finna, yn de? Rydw i'n dal yn ddiolchgar dros ben i Jamie a Vicky. Fel arall, cysgu ar fainc 'sa Muffin a finna wedi gorfod ei wneud, decini. Er i mi dderbyn hanner cyfran Mam o werthiant ein cartref erbyn mis Chwefror 2014 (Nick oedd hefo'r hanner arall) doedd 'na'm gobaith i mi fforddio i brynu rhywle. A doedd yr un banc am roi morgais i fyfyriwr oedd yn ddi-waith ac yn ddigartref.

A beth am Eric? Beth oedd y dyn oedd bron yn fethdalwr (medda fo) yn mynd i'w wneud hefo hanner gwerth fy nghartref? Fel y soniais i'n gynharach, mynd ar ei ben i Awstralia. Methdalwr go iawn, felly!

***

Canolbwyntio ar ddod o hyd i rywle i fyw ar gyfer Muffin a finna o'n i i fod i'w wneud, wrth gwrs. Doedd bywyd Eric a'i deulu newydd yn ddim o fy musnes i, bellach. Felly, o gofio'r hyn nes i ei addo i Mam am beidio symud o Gymru i fyw yn barhaol, dyma fi'n troi fy sylw at ddarganfod rhywle i'w rentio 'nôl yn yr Hen Wlad. Ond, roedd yna ddwy broblem. Yn gyntaf, diffyg cartrefi addas (mi oedd angen cartref heb staer arna i). Yn ail, doedd yr un landlord yn fodlon ystyried tenant hefo Labrador oedrannus hefo cryd cymalau. Dwi'n cofio, er enghraifft, mynd i weld byngalo yng Nghricieth (hefo gwair plastig hyll tu allan). Unwaith y deallodd y Cymro (oedd yn byw yn Llundain; ei Dad oedd yn fy nhywys o gwmpas y byngalo) fod gen i gi, doedd o ddim isho gwybod. Doedd o'm hyd yn oed yn byw yn yr un wlad! Pa wahaniaeth oedd Muffin yn mynd i'w wneud i'w fywyd?! Gorau Cymro, Cymro oddi cartref? Nid hwnnw, mae hynny'n sicr!

Fel dwi wedi sôn droeon, dwi'n casáu rhaffu c'lwyddau! Ond, ar ôl misoedd o fethu dŵad o hyd i gartref newydd, es i i ymweld â thŷ teras dwy lofft yn y Felinheli, rhwng Caernarfon a Bangor. Oedd, roedd yr eiddo yn hollol anaddas. Ond roedd yn ddigon agos i Fangor i mi gwblhau fy MA. Ac wrth gwrs, mi oedd Mam wedi sôn 'stalwm – pe bai'n rhaid iddi adael Harlach – mai i'r Felinheli 'sa hi wedi dymuno symud. Pan ofynnais i i'r perchennog a oedd o'n fodlon ystyried tenant hefo ci, "na" pendant oedd ei ymateb. Heb feddwl (oedd fy ffon wen gen i ar y pryd) dyma fi'n holi tybed sut fyddai o'n teimlo am gi tywys oedd wedi ymddeol. Doedd Muffin erioed wedi fy nhywys i nunlla! Ond erbyn hyn, a fy nghefn mewn cryn dipyn o boen ar ôl treulio misoedd yn cysgu ar soffa a gwely aer, o'n i'n teimlo bod gen i'm dewis. Dyma'r perchennog yn newid ei feddwl yn syth! Roedd fy nghyn-landlord yn ŵr bonheddig deallus dros ben, a dwi bron yn sicr ei fod o'n gwybod yn iawn 'mod i wedi dweud celwydd y diwrnod hwnnw. 'Nath o erioed grybwyll y peth chwaith, chwarae teg iddo fo.

***

Un effaith hir dymor mae digartrefedd wedi'i chael arna i ydi fy mod i bellach yn dipyn o Scrooge yn sgil cael fy ngwneud yn ddigartref jysd cyn Dolig. Peth Mam oedd y Nadolig. Oedd hi'n gwneud ymdrech arwrol bob blwyddyn! Nid yn unig hefo'r addurno (gan gynnwys coeden yr un yn y stafell fyta, y stafell fyw a'r stafell haul), ond roedd y bwyd (mwy na digon o fwyd, a fyddai yna byth unrhyw wastraff) hefyd yn hollol wych bob blwyddyn. Oedd y gerddoriaeth Nadoligaidd a'r awyrgylch arbennig yn golygu ei bod hi'n amhosib peidio mwynhau! A hynny hyd yn oed pan ddaru Fudge a Muffin lwyddo i agor y popty un flwyddyn i gladdu hanner y twrci rhyngddynt, cyn mynd i'r stafell fyw (diolch i allu Fudge i agor drysau) er mwyn helpu'u hunain i'r siocledi oedd ar y bwrdd coffi. Diolch i'r drefn, doedd Fudge na Muffin yn ddim gwaeth wedi'r wledd. Nid yn unig oedd Mam yn arbennig o dda am drefnu dathliadau Nadolig, roedd hi hefyd yn hollol wych am drefnu dathliadau Calan Gaeaf (gan brynu lot o addurniadau o'r Unol Daleithiau), Nos Galan a phenblwyddi. Dwi erioed wedi mwynhau dathliadau gymaint â'r rhai fyddai Mam yn eu trefnu 'stalwm.

Ond, erbyn y 6ed o Fai 2014, mi ddoth cyfnod Muffin

a finna o ddigartrefedd i ben. Fel y dwedais i, dwi'n ddiolchgar dros ben i Jamie a Vicky am sicrhau na fuo'n rhaid i Muffin a finna gysgu ar fainc am bron i chwe mis. Ond does 'na'm teimlad gwell yn y byd i gyd na chysgu yn dy wely dy hun am y tro cyntaf ers talwm! Ar wahân i fy ngwely, o'n i wrth fy modd yn cael siarad Cymraeg bob dydd unwaith eto! Ar ôl dychwelyd o Lerpwl, roedd hynny'n wirioneddol wych! Peth arall oedd yn plesio'n fawr ar ôl symud oedd sylweddoli pa mor groesawgar oedd pawb! Wir yr, hynny'n fwy na dim byd arall 'nath fy helpu i setlo mor sydyn. Cyn bo hir, o'n i'n cael fy nhrin fel taswn i wedi bod yno erioed! Er cymaint o groeso ges i, doeddwn i'm yn un i fynd allan i yfed yn y pentref ar nosweithiau Gwener a Sadwrn. Yn un peth, doeddwn i'm yn or-hoff o adael Muffin ar ei phen ei hun. Rheswm arall oedd, er mwyn cyrraedd y pentref o Dalarfor (enw'r tŷ ble o'n i'n byw), roedd angen cerdded i lawr Ffordd Brynffynnon. Ac hefo ceir yn mynd a dod o'r naill gyfeiriad a'r llall, roedd cerdded i fyny ac i lawr Ffordd Brynffynnon yn beryg bywyd! A'r prif reswm? Doedd gen i'm cymaint â hynny o hyder yng nghwmni pobl eraill, wrth gwrs. Er, mi fyddwn i yn mynd i siarad hefo siaradwyr Cymraeg newydd lawr yn y pentre dros banad weithiau. Er gwaetha fy niffyg hyder fy hun, mi o'n i'n berffaith hapus i hybu hyder pobl eraill i siarad Cymraeg.

Roedd gen i gymdogion clên ar y ddwy ochr i mi. Er, mi oeddwn i'n poeni am iechyd meddwl un ohonyn nhw'n benodol, gan nad oedd ganddyn nhw deulu'n byw yn lleol. Rhai dyddiau roedden nhw'n iawn, ond ar ddyddiau eraill roedd yr unigolyn dan sylw yn amlwg yn stryglo. O'n i'n awyddus iawn i'w helpu. Ond, y cyngor ges i gan rywun oedd yn gweithio yn y maes oedd:

"Oni bai eu bod nhw'n gofyn am help, does 'na'm lot

fedri di wneud, 'sdi." Ddaru hynny wneud i mi deimlo'n eithaf rhwystredig, a finna mor awyddus i fod o gymorth bob cyfla bosib, rhaid cyfaddef.

Doedd Muffin ddim yn setlo cystal â fi, bechod. O gofio ei hoedran, a'r ffaith ei bod hi wedi treulio ei bywyd cyfan tan yn ddiweddar mewn byngalo, doedd hi'm yn dalld ble o'n i'n mynd gyda'r nos pan fyddwn i'n mynd i fyny'r staer i'r gwely. A doedd hi'n methu dringo staer chwaith; doedd hi erioed wedi gorfod dysgu. Felly roedd hi'n cyfarth a chyfarth bob nos, i ddechrau. O'n i'n poeni y byddai fy nghymdogion newydd yn cwyno – naill ai wrtha i, neu'n waeth, wrth fy landlord. Ond chwarae teg, chafwyd erioed yr un gŵyn ganddyn nhw. Wedyn, ar ôl rhai wsnosau, dwi'n cofio codi un bora a dechrau mynd i lawr staer er mwyn mynd allan am dro sydyn hefo Muffin, a gweld ei bod hi wedi llwyddo i ddringo hanner ffordd i fyny'r staer. Troi rownd a dŵad i lawr eto hefo fi oedd yr her iddi wedyn, y graduras. Ond mi ddaru hi gyrraedd yn y diwedd, er na wnaeth hi erioed ddysgu mynd i fyny ac i lawr staer yn iawn.

***

Mi orffennais i fy MA yn 2015, a llwyddo i basio wedi estyniad ar ben estyniad (neu felly roedd yn teimlo i mi). Yn hynny o beth, roedd byw yn Y Felinheli yn gyfleus iawn er mwyn teithio i Fangor ar gyfer cyfarfodydd i drafod fy nhraethawd estynedig. Nid ar Teams, na Zoom, ond wyneb yn wyneb. Y dyddiau dedwydd gynt... Yndw, dwi'n llwyr ymwybodol fy mod i'n siarad fel rhywun dipyn hŷn na thri deg saith! O'n i rhwng dau feddwl p'un a o'n i isho trafferthu hefo seremoni raddio yn 2015, cyn cofio na Mam dalodd am yr MA. A tasa Mam yn dal yn fyw, 'sa hi wedi mynnu seremoni a dathlu mawr wedyn! Dyma Jamie a Nick yn derbyn gwahoddiad i ddod.

Felly dyma ni'r diwrnod mawr yn cyrraedd, a finna'n disgwyl iddyn nhw'u dau gyrraedd – cyn gorfod diflannu i gefn llwyfan, fel petai. Ond, mae Jamie yn dipyn o goc oen sy'n meddwl ei fod o'n ddoniol. Ges i alwad ffôn ganddo fo i ddweud ei fod o a Nick wedi cael damwain ar y ffordd. Wel, mi es i i boeni'n ofnadwy, cyn i Jamie ddatgelu na "jôc" oedd o ac y bydden nhw yno o fewn pum munud. Dwi'm yn siŵr a ydi hi'n syniad da i mi sgwennu'r holl iaith anweddus nes i ei defnyddio mewn ymateb fan hyn, ond doeddwn i'm yn hapus hefo fo. A nes i'n saff 'mod i'n gadael iddo fo wybod hynny hefyd ar ôl iddyn nhw gyrraedd. Ac mi aeth y seremoni yn ei blaen yn union fel y tro cyntaf, ond heb negeseuon Facebook emosiynol gan Jamie a Nick, wrth reswm. Diolch i'r drefn, mae'n bosib i mi gofio "jôc" Jamie a gwenu erbyn hyn.

Yn fuan ar ôl graddio am yr eildro, byddai gen i antur a thri chwarter ar y gorwel!

"Fan hyn oedd eu lle nhw. I be' oeddan nhw isho mynd i ben draw'r byd, i wlad pobl erill?"

Mam

Pennod 17

Cyfeillgarwch annisgwyl

"CAEL BACH O drafferth 'da'r ffon, 'yt ti?"

Mi neidiais i allan o 'nghroen yng ngerddi botaneg Buenos Aires wrth glywad llais yr hen Gardi, y llais hwnnw oedd wedi codi ofn arna i yn y gwesty. A dyma ni'n dau rŵan ar ein pennau'n hunain. O'n, mi o'n i'n nerfus!

"Yndw, ma'r cortyn wedi torri."

"Dere i mi ga'l gweld."

Dyma fi felly'n cynnig fy ffon iddo, ac yntau'n sbio arni am chydig, cyn datgan rhywbeth hollol amlwg:

"Wel, 'so hon unrhyw iws i ti! 'Wi'n credu fedra i 'i thrwshio hi. Ond yn y cyfamser, gad i mi dy helpu lan y stâr 'yn."

Doeddwn i'm yn siŵr a o'n i wedi'i glywad o'n gywir. Oedd o wedi cynnig trwshio fy ffon? Oedd o wedi cynnig fy helpu i i fyny'r stepiau 'ma? Tybed a oedd fy nghlustiau, am unwaith, wedi bod yn anghywir?

"Dwi'm isho'ch slofi chi lawr, cofiwch."

"Paid bod yn sofft. Dere!"

Dyma fi'n cael fy nhywys i fyny'r stepiau ar yr un ochr ac i lawr yr ochr arall yn llwyddiannus. Ac am weddill f'amser yn Yr Ariannin, felly, byddai gen i warchodlu un dyn personol. Oherwydd fy nam golwg, decini, roedd yr hen foi (sef erbyn hyn, fy nghyfaill Alan; dwi'n methu cofio pryd ddysgais i ei enw) yn cymryd fy niogelwch a'n lles o ddifri!

Ac mae hynny wedi parhau yn wir hyd heddiw, chwarae teg iddo fo. Dwi'n ddiolchgar dros ben am ei gyfeillgarwch. Mae o a'i wraig Larraine, fel Gwynfor a Debbie, gystal â theulu i mi bellach. Dysgais yn ddiweddar na sail pryderon Alan oedd fy ffon wen. Yn benodol, roedd o wedi cymryd yn ganiataol, fel cynifer o bobl eraill, 'mod i'n gwbl ddall! Doeddwn i'm wedi sylweddoli hynny yn 2015.

Parhaodd y cysgodi ar y Plaza de Mayo (ble ddaru Alan, chwarae teg iddo fo, geisio trwsio fy ffon am y tro cyntaf) ac eto pan aethon ni i ardal La Boca. Roedd ein tywysydd wedi'n rhybuddio bod rhaid ymweld â'r ardal honno o fewn ffenast o chydig oriau yn unig. Fel arall, byddai'n rhy beryglus i ymwelwyr grwydro o gwmpas, oherwydd tlodi'r ardal. Y prif atgofion sydd gen i o La Boca ydi'r adeiladau lliwgar a stadiwm clwb pêl-droed y Boca Juniors. Pryd o fwyd arbennig ym mwyty'r Brasas Argentinas yn ardal Puerto Madero o'r ddinas ydi'r prif atgof olaf sydd gen i o'r diwrnod hwnnw cyn dychwelyd i'r gwesty.

Yn ôl yn y gwesty, dyma Alan ym mynd ati i drwsio fy ffon, ond gan nodi (yn amlwg) 'sa'n well i mi gael un newydd ar ôl dychwelyd adra. Ddaru ni sgwrsio wedyn (ia, fi, boi oedd yn ofn pobl eraill yn gyffredinol yn fodlon sgwrsio hefo hen foi blin oedd wedi bod o gymorth mawr i mi'r diwrnod hwnnw) a dod i nabod ein gilydd. Yn ystod y sgwrs yma, nes i'r camgymeriad o gyfeirio ato fo fel Cymro (methu cofio pam; gofyn a oedd 'na rywfaint o Gymry'n byw yn Awstralia, ella?)

"NAGE BLYDI CYMRO 'YF FI! Sais 'yf fi!"

Yn debyg iawn i'r hyn ddigwyddodd yn Abertawe, o'n i wedi drysu'n lân. I fi, Cymry oedd yn siarad Cymraeg. Ac yn sicr, doedd Cardi Cymraeg hefo enw fel Alan Williams ddim yn ticio'r bocs "Sais" i mi o gwbl!

"Ond, 'dach chi'n siarad Cymraeg."

"'Yt ti'n siarad Ffrangeg, nag 'yt ti?"

"Yndw."

"Wel, 'so hynny'n dy neud di'n Ffrancwr, nag yw e?"

Felly mi ddysgais i fod Alan a'i deulu yn wreiddiol o Wolverhampton. Wedi iddyn nhw symud i Ddyffryn Ardudwy yn y 1940au, cyn symud drachefn i Geredigion (ble buo'n rhaid iddo fo newid y ffordd oedd o'n siarad, am ei fod o'n "gormod o Gog") ac yna i Awstralia ddiwedd y 60au, dyma Alan yn cael ei drochi yn y Gymraeg yn yr ysgol gynradd leol. Mae'n debyg na arbrofi hefo addysg Gymraeg oedd yr ysgol ar y pryd. "Sink or swim o'dd hi," medda fo, gan nad oedd o'n dalld y plant na'r athrawon, a'r plant ddim yn ei ddalld yntau chwaith. Wel, mae'n nofiwr arbennig o dda, os 'dach chi'n gofyn i mi!

***

"BLE FUEST TI?! 'NI WEDI BOD YN 'WHILO AMDANAT YM MHOBMAN!!"

Mae'n debyg 'mod i wedi mynd "ar goll" (doeddwn i ddim ar goll) ym Maes Awyr Buenos Aires tra'n disgwyl am awyren i Drelew.

"Fa'ma dwi wedi bod yn aros. O'n i'n dechra meddwl lle oedd pawb arall, i ddeud y gwir."

"WEL, TI'N SEFYLL 'DA FI NAWR! 'SA I MOYN I TI FYND MÂS O 'NGOLWG I O HYN YMLÂN! 'YT TI'N DEALL??!"

Oedd Alan yn dechrau mynd ar fy nerfau braidd erbyn hyn. Pwy ddiawl oedd hwn yn meddwl oedd o, 'lly? Ond o'n i mewn gormod o sioc i ddadlau. Dyma fi felly'n ymateb hefo, "Yndw." Tybed a oedd y sioc yn amlwg yn fy llais?

"Dere dy *boarding pass* i fi."

"E, pam?"

"Er mwyn i fi gael gwbod ble fyddi di'n ista ar yr awyren."

Dyma fi'n cynnig yr hyn oedd o isho iddo fo. Y peth nesaf, roedd o'n gwenu fel giât. "Ti'n ista wrth fy ymyl i! Bydd hi'n haws i mi neud yn saff na fyddi di'n mynd ar goll y pen arall nawr!"

Wrth edrych yn ôl, dwi'n meddwl bod y sgwrs uchod rhwng Alan a finna'n ddifyr dros ben. O'n i'n berffaith hapus i wneud beth bynnag oedd o'n gorchymyn i mi'i wneud, heb gwestiynu na herio pa hawl oedd ganddo fo i fynnu'r pethau 'ma. Dwi'n meddwl bod hyn yn enghraifft arbennig o dda o gyn lleied o hyder oedd gen i ar y pryd. Tasa rhyw ddieithryn yn meiddio siarad hefo fi fel'na heddiw, 'swn i'n dweud wrthyn nhw lle i fynd.

"Reit, stedda di fan hyn." Roedd o am roi galwad FaceTime i'w wraig, ac roedd o isho sicrhau 'mod i yn eistedd rhywle o fewn ei olwg. Dyma fi'n dechrau ei ddychmygu fo'n cwyno wrth ei wraig druan am ryw Gog anystywallt hefo nam golwg, 'nath lwyddo i godi wên. Y prif atgof sydd gen i o'r hediad o Buenos Aires i Drelew ydi babi bach iawn yn crio'r holl ffordd. Dyna uffern o beth, yn de? Mae'r byd yn hollol newydd i chdi, a'r peth nesaf mae dy rieni yn mynd â chdi ar hen beiriant mawr, swnllyd i fyny yn yr awyr. Bechod. Roedd Alan i'w weld yn hapusach beth bynnag. Oherwydd 'mod i o fewn golwg, decini.

Fuodd hi'm yn hir iawn nes i mi ddysgu ei ateb o yn ôl chwaith. A hitha'n 150 o flynyddoedd ers i'r Cymry wladychu Chubut gyntaf, roedd yna dipyn o bresenoldeb newyddiadurol ar y pryd. Dwi'n cofio Alan, Brian (boi o Abertawe, a'r un fu'n gyfrifol am fy nhröedigaeth i fyd coffi) a finna yn cael sgwrs sydyn hefo Craig Duggan, Newyddion S4C. Ar ddiwedd y sgwrs, dyma Brian yn holi:

"What was that bloke's name, again?"

"Don't quote me on this, because I'm terrible with names, but I think it was Craig Duggan," medda finna.

Yna, dyma Alan yn datgan, "That's not a very Welsh name for a Welshman, is it?"

Doeddwn i'n methu helpu fy hun... "Perhaps not. But then, I suppose you could also make the argument that *Alan Williams* isn't a very English name for a proud Englishman from Wolverhampton, is it?"

"CA' DI DY BEN, Y JIAWL BACH DIG'WILYDD!"

"Ella 'mod i'n 'jiawl bach dig'wilydd'. Ond, o leia' dwi'n 'jiawl bach dig'wilydd' sy'n dweud y gwir."

Does gen i'm syniad sut mae Alan a finna'n ffrindiau cystal. Ond, dwi'n gwerthfawrogi ei gyfeillgarwch yn fawr iawn!

Dwi'n cofio eistedd mewn tafarn hefo fo, ac yntau'n dweud y drefn wrtha i am ei alw fo'n "chi". Typical Aussie. Roedd o yn ei saithdegau cynnar, felly dwi'n gwybod 'sa Mam wedi mynd o'i cho' taswn i ddim wedi'i alw fo'n hynny. Dyma fi'n cytuno, felly, i beidio â'i alw fo'n "chi" mwyach. "Ond, os oes 'na fywyd tu hwnt i'r un yma, *chdi* sy'n delio hefo dicter fy mam, am fod yn ddylanwad drwg arna i, nid fi." Dyma fo'n cytuno. Wnes i sôn yn gynharach 'mod i wedi ychwanegu un enw at restr Mam (o bobl oedd yn bosib i mi ymddiried ynddyn nhw), 'sa Mam yn anghytuno ag o. Alan 'di'r unigolyn dan sylw.

***

Dwi'n cofio meddwl mor swreal oedd gweld y gair 'Croeso' ymhlith yr ieithoedd eraill oedd yn croesawu pobl i faes awyr Trelew. Yn enwedig o gofio'r hyn o'n i wedi cael fy nysgu yn yr ysgol 'stalwm, sef bod y Gymraeg wedi marw allan yn llwyr ym Mhatagonia erbyn y 1950au cynnar!

Er wrth gwrs, does 'na nunlle yn Nyffryn Camwy na Chwm Hyfryd sydd â dwysedd o siaradwyr Cymraeg tebyg i Gaernarfon, na Harlach hyd yn oed. Iaith leiafrifol ydi hi yno bellach, does na'm dwywaith am hynny.

O Drelew i Borth Madryn (*Puerto* Madryn yn Sbaeneg; Madryn ar lafar gan amlaf) aethon ni yng nghwmni ein tywysydd newydd. Y peth cyntaf 'nath fy nharo i am Fadryn oedd y gwyntoedd cryfion. A phan dwi'n dweud cryf, roedden nhw'n dŵad trwy ddrws y fflat gwyliau ble o'n i'n aros. Chwarae teg, mi oedd hi yng nghanol gaeaf. Ond doeddwn i wir yn methu coelio sŵn a chryfder y gwynt yno! Ar ôl cyfarfod am banad o goffi a *medialuna* (rhywbeth tebyg i *croissant* hynod o felys), aethon ni ar daith dywys o gwmpas Porth Madryn, oedd yn canolbwyntio'n bennaf ar hanes y ddinas, gan gynnwys plac ger y traeth hefo enwau pawb oedd wedi glanio oddi ar y Mimosa gant a hanner o flynyddoedd ynghynt. Er cymaint dwi'n ymddiddori mewn hanes, rhaid cyfaddef, yr uchafbwynt i mi y diwrnod hwnnw oedd gwylio'r morfilod o draeth El Doradillo. Doeddwn i'n methu coelio pa mor agos at y lan oedden nhw'n dŵad. O'n i'n gallu'u gweld nhw'n hollol glir. O'n i wedi anghofio fy sbectol yn y fflat, felly mae'r ffaith 'mod i wedi llwyddo i'w gweld yn tystio i ba mor agos oedden nhw!

Fel y gwyddoch chi, dwi wrth fy modd hefo cŵn. Ond rhywbeth ddysgais i'n fuan iawn ar ôl cyrraedd Yr Ariannin oedd i fod yn wyliadwrus iawn o'r cŵn oedd yn crwydro strydoedd y wlad. Dyna'r unig adeg erioed i gŵn godi ofn arna i. A'r noson honno, mae'n debyg imi fod mewn perygl go iawn... Dwi'n cofio cerdded 'nôl i'r fflat ar ôl i bawb fynd allan am bryd o fwyd y noson honno. Roedd fy ngwarchodlu un dyn personol yn cadw llygad barcud arna i, wrth gwrs, yn dawel bach. Hynny ydi, nes i mi ei glywad o'n ffrwydro, gan fygwth cicio pwy neu beth bynnag oedd wedi'i bechu i Gefnfor yr Iwerydd, petai'n cymryd un cam arall yn nes ata' i. Wedi'r tawelwch, o'n i wedi dychryn am fy mywyd. Felly dyma fi'n troi rownd, ac mi welais i'r ci anferth, tywyll 'ma oedd wedi bod yn cerdded i 'nghyfeiriad i. Dyma'r ci yn oedi, ac yna'n eistedd. Dyna'r tro cyntaf erioed i rywun dalu unrhyw fath o sylw i'r ci 'na, decini – cadarnhaol neu negyddol. Ac yn sicr, dyna'r tro cyntaf erioed i rywun floeddio yn Gymraeg ar y cradur.

Roedd yna dipyn o fwrlwm o gwmpas y ddinas, wrth reswm. Roedd 'na lwyth o bobl wedi dod ynghyd i ddathlu. Ac nid pobl o'r Dyffryn a'r Andes yn unig chwaith! Dwi'n cofio Rhisiart (cyd-deithiwr o Gaerdydd) a finna'n cwrdd â dynes a'i hogan fach, oedd wedi teithio rhywbeth yn debyg i bedair awr ar hugian ar fws yr holl ffordd o Buenos Aires. Dwi'n cofio iddyn nhw fod yn siomedig nad oedden nhw wedi llwyddo i gael baner Draig Goch ar gyfer yr achlysur. Ac roedd gan y byd a'i wraig faner Draig Goch y diwrnod hwnnw! Fel mae'n digwydd, mi oedd gan Rhisiart sgarff Draig Goch. Felly dyma fo'n cynnig ei sgarff i'r ddwy, chwarae teg iddo fo.

Prif ddigwyddiad y diwrnod, wrth gwrs, oedd ail-greu'r glaniad yn lleoliad y Glaniad yn 1865. Er gwaetha'r haul a'r awyr las, fy mhrif atgof i o'r achlysur ydi nerth y gwyntoedd ar lan y môr. Doeddwn i'm yn arbennig o gyfforddus o gwbl, felly 'dwn i'm sut oedd Rhisiart yn ymdopi heb ei sgarff. Tu hwnt i'r gwynt, nes ymlaen y diwrnod hwnnw cynhaliwyd te prynhawn ble, rhywsut neu'i gilydd, ges i fy mherswadio, ynghyd â Brian, Rhisiart ac Alan i ganu. Nid canwr mohonof. Tydw i'n sicr ddim yn ganwr cyhoeddus, felly does gen i'm syniad sut ges i fy mherswadio i wneud hynny. Ond, gwell pedwarawd nag unawd, decini.

***

Diwrnod yn crwydro Rawson a Threlew oedd ar y gorwel y bora canlynol, a ninna'n ffarwelio â Phorth Madryn ar drywydd llety yn Y Gaiman. Mae'n ymweliad ni â Chapel Berwyn, Rawson wedi aros yn y cof. Mi ddoth criw o blant ac athrawon, oedd ar drip ysgol, i mewn; ac unwaith iddyn nhw glywad ein bod ni'n dŵad o Gymru (ar wahân i Alan, wrth gwrs(!), a Mary a David Sinclaire oedd yn byw yn Yr Alban) mi oedd rhaid canu emyn, yn doedd? 'Calon Lân' amdani! Yr eildro i mi orfod canu, er nad oes gen i fawr o lais! Ymweliadau ag Ysgol yr Hendre a Chapel Moriah oedd ar y gweill yn y prynhawn. Dwi'n cofio meddwl, *'dwn i'm sut 'swn i wedi teimlo am fynd i'r ysgol drws nesa' i fynwant.* Roedd gwrthgyferbyniad amlwg rhwng heddwch y capel a thawelwch y fynwent – ble claddwyd nifer o'r fintai gyntaf – a'r bwrlwm a'r egni yn Ysgol yr Hendre, rhwng y sgyrsiau gawson ni â rhai o'r disgyblion, a'r canu (gan y disgyblion, nid ni, am unwaith!)

***

Yn Y Gaiman, roedd rhai ohonom ni (gan gynnwys fi) yn aros yng ngwesty Yr Hen Ffordd, ac eraill yn aros yng ngwesty/tŷ te Plas y Coed. Roedd fy ystafell i yn Yr Hen Ffordd yn gyfforddus iawn, hefo hen luniau o'r Gaiman – Coleg Camwy, er enghraifft – wedi'u fframio ar y waliau. O leia' doedd 'na'm gwynt yn hyrddio trwy'r drws yma!

Un peth eithaf amlwg am Y Gaiman ydi'r nifer o dai te sydd yno. Llawar mwy na'r nifer 'sa rhywun yn disgwyl ei weld mewn tref o'i maint. Un o'r tai te hynny ydi Tŷ Te Caerdydd. Mae'n debyg bod yr un penodol hwn yn enwog, oherwydd mai i fanno'r aeth Diana Spencer am banad ar y 25ain o Dachwedd 1995, fel sy'n cael ei nodi tu allan. Tydyn nhw heb hyd yn oed olchi'r gwpan ers ei hymweliad, yn ôl y sôn!

Mi gawson ni glywad chydig o hanes ardal y Gaiman yng Nghapel Bethel, dan ofal Luned Gonzales, gor-wyres i Michael D. Jones a Lewis Jones; y naill yn un o sefydlwyr y fenter i fynd draw i Batagonia, a'r llall yn arweinydd cyntaf Y Wladfa. Roedd yna dipyn o hanes i'w drafod, felly, ac roedd hi'n sesiwn ddifyr dros ben. Roedd chwanag o hanes lleol yn ein haros yn amgueddfa'r dref hefyd, dan arweiniad Fabio Gonzales, mab Luned. Unwaith eto, roedd yn arbennig o ddifyr. Roedd angerdd y ddau ohonyn nhw o ran hanes eu milltir sgwâr yn berffaith amlwg i bob un ohonom ni.

Draw â ni i Ddolavon, ac er fod yr awyr yn las, roedd hi'n ddigon oer a hitha'n dymor y gaeaf yn Hemisffer y De. I hen adeilad Cwmni Masnachol Camwy (cwmni cydweithredol cyntaf yr Ariannin, yn ôl y sôn) aethon ni gyntaf, er mwyn dysgu am hanes y cwmni, o'i sefydliad gan y Cymry yn 1885 hyd at ei ffawd pan aeth i'r wal yn ystod Dirwasgiad Mawr y 1930au. Y pethau 'nath fy nharo i fwyaf am yr adeilad oedd, yn gyntaf, mor wag oedd o. Ges i'r argraff bod y lle wedi arfer bod yn llawn bywyd yn ei anterth. Ac yn ail, heulwen gaeafol yn adlewyrchu oddi ar y lloriau pren mahogani.

***

Croesi'r paith draw am Gwm Hyfryd, gan aros dros nos yn Los Altares (Yr Allorau) ac yn Gualjaina oedd cam nesaf ein taith. Un o'r llefydd cyntaf dwi'n cofio ein bws yn dŵad i stop oedd ger Argae Ameghino, argae disgyrchiant gafodd ei gwblhau yn 1963 er mwyn cynhyrchu trydan, i ddyfrhau'r tir, ac i amddiffyn cymunedau Dyffryn Camwy rhag llifogydd. Draw yng Nghymru, wrth gwrs, boddwyd cymuned Gymraeg yn 1965 er lles dinas dros y ffin.

Fel y tirlun rhwng Porth Madryn a Dyffryn Camwy, o'n i'n gweld tirlun y paith ar y ffordd i Gwm Hyfryd bron yn arallfydol mewn mannau. Mae gen i atgofion clir ohonom ni'n mynd oddi ar y bws yn rhywle i gael golwg ar ambell i greirfa oedd wedi'i gosod ar lethrau gweddol serth (dim mor serth â Llech yn Harlach chwaith, cofiwch). Diolch i'r drefn, ges i ffon gerdded gan Meic a Stef ar gyfer y daith, felly oedd hynny o gymorth mawr i mi. Dwi'n cofio gweld darn o bren ffosiledig tua chwarter y ffordd i fyny, felly nes i estyn fy nghamera i gael tynnu llun. Ond wrth i mi dynnu'r llun, dyma fi'n colli fy malans. Diolch i'r ffon gerdded, o'n i'n iawn. Ond doedd hynny'm yn ddigon da i rywun...

"REIT! DERE LAWR FAN HYN ATA' I, NAWR!" Oedd Alan wedi ffrwydro go iawn tro 'ma. Ond doeddwn i'm yn pasa gwrando arno fo.

"Alan, dwi'n iawn – sbïwch! Dwi wedi cael fy malans 'nôl a phob dim!"

"'SDIM OTS 'DA FI! TI'N DOD LAWR FAN HYN Y MUNUD 'MA, CYN I TI GAEL DAMWAIN!" A dyma fo'n rhedeg o'r gwaelod i fyny at lle o'n i o fewn tua deg eiliad. Rŵan 'ta, fel arfer, 'sa gweld dyn saithdeg a dwy oed oedd yn pwyso can cilogram yn cyflawni hynny heb fynd allan o wynt yn rhywbeth 'swn i wedi'i edmygu. Ond y diwrnod hwnnw, o flaen cynulleidfa o'n cyd-deithwyr, oedd gen i gymaint o gywilydd o'n i isho marw.

"Rho dy law ar 'yn ysgwydd, ac a' i â ti lawr."

Doeddwn i ddim yn mynd i gael getawê hefo aros fyny fan hyn, felly, oedd hynny'n amlwg. Ond os oedd rhaid mynd 'nôl lawr, o'n i am fynd fy hun.

"Peidiwch â phoeni, mi fydda i'n iawn."

"Wel, 'yt ti'n mynd i gerdded tu cefn i mi, 'te, rhag ofn i ti gwympo."

Doedd 'na'm dadla hefo hwn. Ond mi o'n i'n benderfynol o gael gair hefo fo ar ôl cyrraedd y gwaelod. Roedd hyn wedi mynd dros ben llestri rŵan. Ond, ar ôl cyrraedd y gwaelod, dyma fo'n troi rownd ac mi sylweddolais i faint oedd o'n poeni. Felly mi ddwedais i rywbeth hollol groes i'r cynllun.

"Ddrwg gen i am hynna. Dwi jysd ddim yn hoff o feddwl 'mod i'n niwsans i neb."

Gwenodd Alan cyn ymateb, "'So ti'n niwsans, boi! Petai hynny'n wir, 'sen i wedi dy foddi di cyn nawr!"

"'Dwn i'm sut chwaith, does na'm dŵr o gwmpas. Oni bai am yr Afon Camwy rhyw ugian munud yn ôl."

"Neith fanno'r tro'n iawn! Felly bihafia!"

"Sicr o neud."

Byddwn yn cael f'atgoffa o eiriau Alan llai na blwyddyn yn ddiweddarach.

***

Uchafbwynt un diwrnod i mi oedd y cyfla i gael *asado* arbennig yng nghwmni'r teulu Green ar eu fferm yn Nhrevelin. Unwaith eto, ges i dipyn o sylw cadarnhaol yn sgil y ffaith fy mod i'n dŵad o Harlach. Dwi'n cofio sgwrsio hefo Alwen Green, a hitha'n holi un o ble o'n i. Unwaith i mi ddweud "Harlach", dyma hi'n ymateb, "Mae fy chwaer wedi bod yn Harlech! Mary, mae hwn yn dod o Harlech!"

Un o'r rhesymau (ar wahân i 'nheulu, yn amlwg) pam fy mod i'n ymfalchïo yn y ffaith fy mod yn dŵad o Harlach ydi'r ymateb cadarnhaol mae hynny'n ei ennyn gan bobl (bron) bob tro. Ond tydw i erioed wedi profi pobl yn gwirioni cymaint â phobl Patagonia. Ac mae yna rywbeth braf iawn am hynny. Tasa pobl yn ymateb i'r ffaith fy mod yn dŵad o Harlach trwy ddweud rhywbeth fel "twll o le", ella 'swn i ddim mor gadarnhaol am y lle. Ond mae'r ffaith bod pobl, ar y cyfan, mor gadarnhaol ynglŷn â bro fy mebyd yn gwneud i mi deimlo'n wych!

***

Roedd yna gryn dipyn o eira ar ein taith i ardal y ffin rhwng Yr Ariannin a Tsile. Roedden ni wedi mynd i ardal benodol ble roedd yna arwydd yn egluro dadl hanesyddol ynglŷn â'r ffin. Hynny ydi, mewn un rhan roedd dŵr yr Afon Encuentro yn llifo i gyfeiriad Môr Iwerydd (felly yn Yr Ariannin oedd y tir ble roedd y dŵr yn llifo i'r cyfeiriad hwnnw). Ond yn is i lawr roedd y dŵr yn llifo i gyfeiriad y Môr Tawel (ac felly'n torri trwy dir Tsile). Tu hwnt i'r hanes (a'r oerni) roedd yna olygfeydd trawiadol yn yr ardal honno. Wedi dweud hynny, roedd hynny'n wir ym mhob rhan o'r Ariannin.

Erbyn y prynhawn, 'nôl yn y cwm, roedd hi wedi dechrau bwrw glaw. Diolch i'r drefn, roedd yna groeso hynod gynnes i'w gael gan y diweddar Vicente Evans a'i fab Mervyn ym Melin Nant Fach, ble cafodd pawb gyflwyniad i waith a hanes y felin, cyn i'r pnawn ddirwyn i ben hefo ni'n canu 'Hen Wlad fy Nhadau'. Ac er iddo fynnu na Sais ydi o, roedd yr angerdd yn llais Alan wrth ganu'r anthem yn hen ddigon amlwg i mi. Mae'r dyn yn fwy o Gymro na mae o'n fodlon ei gyfaddef! Er, ac yntau'n weriniaethwr rhonc, 'sa fo byth yn canu'r sothach brenhinol 'na sy'n cael ei ddefnyddio fel anthem Lloegr.

Yn sgil yr holl law, mi lithrodd gyrrwr ein bws ar ei hyd ar stepiau allanol y felin. Chwarae teg iddo fo, dyma Vicente yn mynnu fy nhywys i i lawr yn ddiogel, rhag ofn i'r un peth ddigwydd i mi.

Wir yr, y brif agwedd ar y daith yma sydd wedi aros yn y cof i mi ydi caredigrwydd fy nghyd-deithwyr a'r trigolion lleol fel ei gilydd. Er fod yr holl hanes a'r bywyd gwyllt (yn enwedig y morfilod) yn ddifyr dros ben i mi, roedd caredigrwydd y bobl o 'nghwmpas yn wers bwysig, a finna hefo cymaint o ofn pobl ar y pryd.

'OUR LAND YOUR LAW
PRISONER OF WAR'

Neges ar wal un o'r celloedd yn hen garchar Melbourne
gan garcharor brodorol

Pennod 18

Cyfeillgarwch annisgwyl yn parhau...

GES I FY nghroesawu ym maes awyr Adelaide tua hanner wedi wyth i naw y bora gan Alan, oedd yn gwisgo crys T streipiog a thrwsys byr. Doedd y tywydd ddim mor aeafol â hynny y diwrnod gyrhaeddais i, felly. Rhywbeth na welais i ar y pryd (ond ges i weld y fideo yn y diwedd) oedd Alan yn fy ffilmio ar ei iPad yn dod i lawr y staer yn edrych yn debyg i sombi. Diawl! Ar ôl casglu'n siwtces, dyma Alan yn ffonio Larraine:

"I've found 'im!"

"Ti'n neud i mi swnio fel siwtces oeddach chdi wedi'i golli!"

Ar y ffordd, chydig cyn cyrraedd cartref Alan a Larraine yn Port Elliot, dyma ni'n cyrraedd Victor Harbor (maen nhw'n ei sillafu fo yn y dull Americanaidd am ryw reswm), tref glan y môr o faint tebyg i Borthmadog.

"Croeso i God's Waiting Room!"

Ac Alan yn ei saithdegau cynnar, roedd ganddo fo'r hawl i ddefnyddio'r disgrifiad yna ar gyfer Victor Harbor, decini. Aeth ymlaen i egluro bod yna ganran sylweddol o boblogaeth penrhyn Fleurieu wedi symud yno i ymddeol. Problem arall oedd yn bodoli yn yr ardal oedd y nifer o ail gartrefi oedd wedi'u prynu gan drigolion Adelaide.

Roedd hyn, yn ei dro, yn ei gwneud hi'n anodd i bobl leol brynu eu cartrefi eu hunain.

Cyn bo hir, roedden ni wedi cyrraedd Port Elliot. Mewn ffordd, roedd y dref glan y môr yma yn f'atgoffa o Harlach, ar wahân i'r diffyg castall, y ffaith ei bod hi'n bosib cyfri'r nifer o siaradwyr Cymraeg ar un law, a bod y dref yn fflat fel crempog. Does 'na'm byd tebyg i Dwtil na Llech yno! Ges i groeso arbennig o gynnes gan Larraine. A nes i sylweddoli'n syth ei bod hi yr un mor garedig ag oedd hi'n swnio yn ein sgyrsiau dros y ffôn. Y peth nesaf, dyma Alan yn estyn potel o win pefriog i'w hagor. Chwarae teg, doeddwn i erioed wedi profi'r ffasiwn groeso. Un gwydriad ges i, cyn mynd am gawod er mwyn deffro chydig, a newid i ddillad ffres.

Wrth i ni sgwrsio o gwmpas y bwrdd bwyd wedyn, dyma Larraine yn gofyn cwestiwn ddaru fy nharo i fel un difyr dros ben:

"Do all Welsh people swear as much as Alan does? Because I can assure you Australians certainly don't."

"One moment Larraine, I just need to check something." Dyma fi'n troi i'r Gymraeg a dweud wrth Alan, "Mae arna chdi esboniad i mi."

"Pam?"

"Pan nes i'r camgymeriad o dy alw di'n Gymro yn Yr Ariannin, nes di bron â rhigo 'mhen i oddi ar fy sgwydda. Mae dy wraig annwyl newydd neud 'run peth, a dwyt ti heb ymateb o gwbl."

"O, wel, 'so nhw'n rhy hoff o Saeson yn y wlad 'yn, t'weld."

"Ac maen nhw wrth eu boddau hefo Saeson yn Yr Ariannin, yndyn? Wyt ti'n cofio be' mae '*Las Malvinas son Argentinas*' yn ei olygu? Oeddach chdi'n deud wrth bawb yn fanno na Sais oeddach chdi."

"Wel 'sa i'n gorffod byw 'na, nag'w i?"

"Pwynt arbennig o dda. Sorry about that, Larraine. To answer your question, generally speaking no, Welsh people don't swear as much as Alan does. Certainly not where I was raised. I can only assume it's a characteristic peculiar to people from Ceredigion."

Ymddiheuriadau lu i unrhyw Gardis sy'n darllen y gyfrol hon ac sydd ddim yn rhegi. Doeddwn i'm isho achosi ysgariad, a finna newydd lanio yn Awstralia! 'Ta waeth, doedd 'na'm angen i mi ymddiheuro o gwbl am siarad Cymraeg hefo Alan, medda Larraine. "Fair warning then," medda fi. "You'll probably be fluent by the time I leave."

***

Mae yna ambell ddiwrnod yng nghanol yr holl grwydro nes i yng nghwmni Alan yn Awstralia sydd wedi aros yn y cof yn well na'r lleill. Un diwrnod pan oedden ni'n gyrru ar hyd beth oedd Alan yn ei alw'r "scenic route", rhywle rhwng Adelaide a Port Elliot, dyma fo'n stopio ei gar ar ffordd dawel hefo llwyth o goed canŵ (creu canŵs o'r pren oedd prif ddefnydd y coed yna i frodorion Awstralia 'stalwm, medda Alan) a throi ata' i.

"Mâs."

"E, pam?"

"Paid gofyn cwestiyne. Mâs, NAWR!"

"Ocê, iawn 'ta!"

Dyma'r ddau ohonom ni'n gadael y car.

"Cer i sefyll 'da dy gefen yn erbyn y goeden canŵ 'na."

O'n i wedi synhwyro na gorchymyn oedd hwn, nid cais. Wrth imi gerdded at y goeden, dyma fi'n meddwl i fi'n hun... *'nath hwn fygwth fy saethu i'r diwrnod o'r blaen, do?* A finna'n sefyll hefo 'nghefn yn erbyn y goeden canŵ, dyma

Alan yn estyn am rywbeth yn ei gar... ac yn tynnu fy iPad allan er mwyn tynnu llun ohona i. Oedd rhaid iddo fo godi ofn arna i fel'na?! Mae'r atgof yma'n codi gwên yn gyson.

Diwrnod cofiadwy arall, am resymau tebyg, oedd pan aeth Alan a finna i gronfa ddŵr Myponga. Byth ers cyrraedd Awstralia, o'n i'n ymwybodol iawn o faint o ddŵr o'n i'n ei ddefnyddio, a pha mor brin oedd y glaw. Ond roedd Alan yn awyddus i ddangos i mi nad oedd yn rhaid i mi boeni ynglŷn â phethau felly. Ac nid yn unig oedd cronfa ddŵr Myponga yn llawn, ond roedd cymylau duon anferth uwchben. Ges i 'mherswadio i beidio poeni am ddŵr, felly. Ac i goroni'r cyfan, mi welodd Alan ecidna yn cerdded ar ochr y ffordd. Felly dyma fo'n stopio'r car i mi gael tynnu llun. Ar ein ffordd o'r gronfa dŵr, dyma fi'n troi at Alan, gan ofyn, "Dwi'n cymryd 'mod i'n dal ddim yn niwsans i chdi, felly?"

"Dim o gwbl! Pam?"

"'Nes di ddeud yn Yr Ariannin llynadd 'sa chdi'n fy moddi fi taswn i byth yn niwsans i chdi."

"O, 'yt ti'n cofio 'ny, 'yt ti?"

"Yndw, mi ydw i'n cofio boi mawr blin yn dweud 'sa fo'n fy moddi fi taswn i byth yn niwsans iddo fo."

"Wel, 'so ti'n niwsans, yn amlwg."

"Yn amlwg, neu 'swn i yng ngwaelod cronfa ddŵr Myponga erbyn hyn."

"Ti moyn i mi droi'r car 'ma rownd?"

"Dim diolch!"

***

Aeth Alan a finna i nifer o lefydd yn ystod fy wsnos olaf, gan gynnwys Gorge Wildlife Park, ble cafodd Alan ei frathu ar gefn ei law gan gasowari. Mi o'n i wedi deud wrtho fo ella mai doethach fyddai peidio â chynnig ei law i aderyn oedd yn edrych fel cymysgedd o estrys a deinosor. Ond 'nath o'm gwrando arna i, naddo? Felly wrth iddo fo gwyno wrth aelod staff, "The cassowary took a bite out of me", doeddwn i'n methu helpu ond ei atgoffa: "I did tell you to watch your fingers, didn't I? Lucky you didn't lose one of those." Doedd o ddim i'w weld yn hapus hefo fi. Ges i ddal coala yn fy mreichiau tra oedden ni yn y parc hefyd. Mae nhw'n llawar trymach nag y mae rhywun yn ei ddisgwyl!

Yna, mae gen i atgof clir o gael fy nhywys o gwmpas Ratalang Basham Beach Reserve gan Alan un diwrnod eithriadol o oer, pan 'nath o gerdded trwy wair hir at goeden oedd â dail newydd wedi cychwyn ymddangos ar y canghennau – er gwaetha'r ffaith bod y gaeaf wedi hen gyrraedd erbyn hyn. O'n i'n gyndyn iawn o'i ddilyn, felly dyma fo'n holi pam...

"Ym, nadroedd."

"Paid bod mor ffycin stiwpid! Ma' fe'n rhy ôr i nadroedd, achan!"

***

Digwyddodd rhywbeth annisgwyl wrth i fy nghyfnod yn Awstralia ddirwyn i ben. Un noson, o'n i wedi cynnig gwneud paneidiau i bawb tra oedd Alan a Larraine yn gwylio'r teledu. Wrth i mi osod y cwpanau i lawr, dyma Alan yn troi at Larraine:

"I think we should keep him y'know, Raine. He makes a very good butler."

Jôc oedd hyn, mae'n rhaid. O'n, oeddwn i wedi helpu allan rhywfaint yn ystod yr wsnosau dwytha er mwyn dweud diolch am y croeso. Dim byd mwy na hynny. Felly dyma fi'n ymateb:

"You couldn't afford me."

Ond dyma Alan yn gofyn, "How does $25 an hour, room and board included, and private health insurance sound?"

Oedd hwn o ddifri, felly? Doeddwn i'n methu coelio'r hyn o'n i newydd ei glywad!

"Um, in that case, consider me very affordable!"

Ar ôl llyncu ei banad, dyma Alan yn mynd i'w swyddfa i chwilio am fisa addas. Oedd Larraine a finna'n eistedd yn sgwrsio cyn i ffrwydriad darfu ar y cyfan.

"FOR FUCK'S SAKE!!"

"I better go and see what's annoyed the boss."

Dyma fi'n cerdded i'r swyddfa a holi (er 'mod i'n hanner gwybod yr ateb yn barod), "Be' sy'n bod?"

"'Wi ffaelu cynnig y swydd i ti wedi'r cyfan. Does 'na'm fisas ar gyfer bwtlers."

"Ma' raid cyfadda, doeddwn i'm yn meddwl bod 'na gymaint â hynny o alw am fwtlers yn Awstralia."

"Ond 'so fe'n deg! Mae 'da ti M.A.!"

Dyna oedd y peth agosaf at gynnig swydd o'n i wedi'i gael erioed. A hynny nid yng Nghymru, ond ym mhen draw'r byd yn Awstralia! O'n i'n gwerthfawrogi cynnig Alan yn fawr. Ond ar yr un pryd o'n i'n gandryll hefo cyflogwyr Cymru. Pam nad oedd neb yng Nghymru yn fodlon rhoi cyfla i mi, pan oedd rhywun ym mhen draw'r byd yn fwy na hapus i wneud? O'n i'n teimlo bod gan fy niffyg trwydded yrru (diolch byth nad oedd Alan isho *chauffeur*, yn de?) a fy anableddau lot i'w wneud hefo'r ffaith 'mod i ddim yn cael fawr o hwyl yn chwilio am waith adra.

***

Ar ôl cyrraedd adra, hyd yn oed ar ôl cael Muffin yn ôl, o'n i'n teimlo fel taswn i'n cysgu mewn gwely diarth – mewn tŷ diarth, hyd yn oed – am gryn dipyn o amser. O'n i'n teimlo fel taswn i wedi gadael adra ac wedi symud dramor! Mae hynny'n dweud y cyfan am y math o groeso ges i gan Alan a Larraine yn Port Elliot. Dwi'n edrych ymlaen yn fawr at ddychwelyd!

Pennod 19

Y drefn newydd

A HITHA'N UN ar bymtheg oed bellach, mi oedd Muffin wedi arafu i lawr yn sylweddol ers tro. Er, mi oedd hi'n dal yn bwyta ei bwyd ac unrhyw beth arall o'n i'n ei gynnig iddi, ac yn hapus i fynd allan am chydig o awyr iach ar y patio dros ffordd (oedd, mi oedd fy ngardd ffrynt yn Y Felinheli dros y ffordd i'r tŷ ei hun). Serch hynny, o'n i'n boenus o ymwybodol erbyn 2016 fod yr amser oedd gen i'n weddill hefo 'nghyfaill triw yn brin.

Yr arwydd cyntaf o hynny oedd pan ddaru hi ddechrau gwrthod yfad dŵr am gyfnod. Roedd hyn yn destun pryder mawr i mi ar y pryd. Diolch i'r drefn, nes i ffeindio ffordd o sicrhau bod Muffin yn cael digon o ddŵr trwy roi ei dŵr ar ben ei bwyd sych. Hyd yn oed wedyn, parhau i ddirywio'n raddol 'nath fy nghyfaill annwyl ar ôl i mi ddychwelyd o Awstralia. Tan iddi golli ei balans yn y gegin fora'r 26ain o Hydref 2016 a methu â chodi. Roedd ei gweld hi'n trio ond yn methu â chodi ar ei thraed eto (hyd yn oed hefo fy nghymorth i), a'i chlywad hi'n crio, yn ei gwneud hi'n berffaith glir i mi na digon oedd digon. Felly dyma fi'n galw'r milfeddyg, gan ofyn iddyn nhw ddŵad draw i'r tŷ am y tro olaf. Ac ystyried bod Muffin â chymaint o ofn milfeddygon, nes i gynnig darn bach o gaws iddi wrth i'r milfeddyg glipio'i ffwr ar ei choes blaen, ac yna ail ddarn o gaws pan aeth y nodwydd i mewn. Bu farw Muffin yn syth ar ôl llyncu'r ail ddarn o gaws. O'n i'n falch nad oedd hi'n dioddef mwyach. Ac mi o'n i'n arbennig o falch 'mod i yno hefo hi yn y diwedd, fel o'n i ar ddiwrnod ei genedigaeth. Nes i grybwyll fy nymuniad i amlosgi ei gweddillion yn unigol (er gwaetha'r pris uwch, doeddwn i ddim isho darnau o anifeiliaid pobl eraill). Ar ôl cael ei llwch yn ôl, es i a fy nghyfnither Jude i'r traeth yn Harlach er mwyn ei wasgaru ar ddiwrnod eithriadol o oer a gwyntog. Claddwyd Fudge yn Harlach, felly i mi roedd hi'n hollbwysig i Muffin gael dychwelyd adra.

Ac yna roedd y tŷ yn wag. Am y tro cyntaf ers pan o'n i'n bedair oed, doedd 'na'r un anifail yn byw o dan yr un to â fi. Roedd hynny'n deimlad annaturiol iawn. Er, doedd 'na'm modd croesawu'r un anifail arall i 'nghartref rhent ar y pryd, na chwaith fy nghartref rhent nesaf. Felly am y tro, o leiaf, roedd angen dod i arfer â'r drefn newydd.

Pennod 20

Ant yn y gweithle

Un o fy ffaeleddau mwyaf fel unigolyn ydi fy mod i'n stryglo i ddweud y gair "na".

Ar bapur, oedd y swydd yn berffaith i mi. Ond, dros y deunaw mis dilynol, 'nath y swydd honno fwy o niwed i'n hunanhyder a'n iechyd meddwl i na phob un o'r un ar ddeg o flynyddoedd nes i'u treulio fel disgybl ysgol. Wir yr! Mi fydd rhai ohonoch sy'n darllen y gyfrol hon yn gwybod yn iawn pa swydd oedd honno. Dwi ddim yn mynd i enwi'r sefydliad. A'r unig reswm am hynny ydi 'mod i ddim isho tynnu nyth cacwn cyfreithiol i 'mhen.

Dwi'n cofio diwrnod y cyfweliad yn iawn. Fel oedd yn wir bob tro y byddai gen i gyfweliad, o'n i'n cachu brics. Yn ystod y cyfweliad ei hun, doeddwn i'n methu darllen yr aelodau panel o gwbl. Ac o ganlyniad, doedd gen i'm syniad sut hwyl o'n i wedi'i chael ar bethau. Felly pan ddaru un ohonyn nhw ffonio yn cynnig y swydd i mi, roedd fy nheimladau'n gymysgedd o fod mewn sioc ac wedi gwirioni. Oedd gen i swydd o'r diwedd! Er i mi dreulio blynyddoedd yn methu dalld pam nes i dderbyn y swydd yn y lle cyntaf, wrth sgwennu'r geiriau yma rŵan, mae'n berffaith amlwg imi. O'n i wedi bod yn chwilio am swydd bob dydd ers cynhebrwng Mam. Doeddwn i byth yn mynd i wrthod unrhyw gynnig, nag o'n? Oedd pawb yn fy llongyfarch, a mwy na thebyg, yn meddwl rhywbeth tebyg i fi: *diolch byth* a *hen bryd*.

Ges i fy lluchio i'r pen dwfn o'r diwrnod cyntaf; dydd Llun y deunawfed o Fedi, 2017. Diolch i'r drefn, dwi wrth fy modd yn cael fy herio, ac fel dwi wedi'i ddweud erioed: "Does 'na'm byd werth ei neud yn hawdd". O'n i wedi dysgu lot erbyn diwedd yr wsnos gyntaf. Ond oedd gen i lot i'w ddysgu eto, oedd hynny'n amlwg. Swydd ran amser oedd hon, felly mi o'n i'n dal yn gwneud chydig bach o ran rhedeg cyfrif Trydar tîm OPUS Gwynedd, oedd yn golygu cyfla i adael i bawb wybod sut oedd y swydd newydd yn mynd ac ati. Gyda llaw, prosiect oedd OPUS a oedd yn derbyn cyllid gan yr Undeb Ewropeaidd ('dach chi'n cofio hynna?) i helpu pobl dros bump ar hugian oed oedd wedi bod yn chwilio am waith ers dros flwyddyn i ddod o hyd i gyflogaeth, cyfleoedd gwirfoddoli ac ati.

Yn ystod yr wsnosau cyntaf, mi oedd pethau'n mynd yn eithaf da. A hynny er gwaetha'r ffaith 'mod i hefyd yn chwilio am rywle arall i fyw. Doedd 'na neb wedi gofyn imi adael fy nghartref, eto. Ond yn sgil marwolaeth Phil, un o fy landlordiaid (ei weddw, Donna, oedd y llall), roedd profiad blaenorol wedi 'nysgu i bod marwolaeth = digartrefedd. Ac roedd hynny'n rhywbeth o'n i'n awyddus i'w osgoi. Erbyn y pumed o Ragfyr 2017, roeddwn i wedi symud i dŷ (doedd 'na'm byngalos fforddiadwy na chwaith fflatiau llawr gwaelod, yn anffodus) yng Nghaernarfon. Ac er 'mod i'n hapus yng Nghaernarfon, yn y pen draw, mi fyddwn i'n difaru symud i'r tŷ hwnnw. Fel ro'n i'n ei ddweud, er gwaetha'r straen, o'n i'n meddwl fod pethau'n mynd yn dda. Yna, digwyddodd dau beth fis Hydref i wneud pethau'n reit glir i mi, o safbwynt gwaith o leiaf, nad oedd hynny'n wir.

Yn gyntaf, ges i fy ngalw i weld fy rheolwr llinell. O'n i wedi gwneud rhywfaint o gamgymeriadau. Digon naturiol mor gynnar mewn swydd newydd, yn tydi? Ac fel 'neith y mwyafrif sydd erioed wedi gweithio hefo fi dystio, dwi'n dysgu o 'nghamgymeriadau'n weddol sydyn. Ar ôl derbyn cywiriadau rhyw ddwywaith, dair, dwi'n iawn.

Yn ail, nes i gyflwyno llythyr apwyntiad i fy rheolwr llinell ar gyfer apwyntiad yn Y Ganolfan Walton yn ymwneud â fy shynt ar gyfer mis Mawrth 2018. Rhywbeth digon diniwed, medda chi? Dyna o'n i'n ei feddwl, yn sicr. 'Nath fy rheolwr llinell ymateb i'r llythyr trwy fy nghyhuddo o ddweud celwydd am natur fy anableddau. Ar ba sail oedden nhw'n honni hyn? Doeddwn i heb grybwyll fy hydroseffalws yn ystod fy nghyfweliad. Dau beth sydd gen i i'w ddweud am hynny. Yn gyntaf, o'n i'n nerfus, felly o'n i'n canolbwyntio ar ateb y cwestiynau roedd yr aelodau panel yn eu gofyn i mi. A'r unig gwestiwn ynglŷn â fy anableddau gafodd ei holi oedd faint o'n i'n gallu'i weld (oherwydd y ffon wen). A doedd 'na'm pwynt iddyn fod wedi holi'r cwestiwn yna beth bynnag, oherwydd y disgwyliad yn y gwaith oedd i mi gadw'r ffon wen lawr staer yn y gegin staff, "am resymau iechyd a diogelwch". Tasa rhywun yn meiddio awgrymu hynny i mi heddiw, 'swn i'n ymateb trwy ddweud: "Fel mater o fy iechyd a 'niogelwch i, dwi angen y ffon wen wrth law trwy'r amser." Ac yn ail, mi nes i grybwyll fy hydroseffalws y cyfla cyntaf ges i trwy gyflwyno'r llythyr apwyntiad. Taswn i wedi dymuno dweud celwydd, 'swn i'm wedi gwneud hynny – a jysd ffonio i fewn yn sâl ar ddiwrnod yr apwyntiad, decini.

Ar ôl y digwyddiad uchod, y peth callaf i'w wneud oedd troi rownd a cherdded i ffwrdd o'r swydd honno. Dyna sut 'swn i'n ymateb heddiw tasa rhywun yn meiddio fy nghyhuddo o ddweud celwydd am natur fy anableddau. Ond be' nes i ar y pryd? Dim byd. Idiot! Wedi dweud hynny, doedd gen i'm syniad am fy hawliau fel unigolyn anabl ar y pryd. Yn sicr, doeddwn i'm yn dalld na trosedd gasineb oedd cyhuddo rhywun ar gam o ddweud celwydd am natur ei anableddau. Dwi'n cofio'r sgwrs hefo'r ymchwilydd BBC Radio Cymru yn glir, a finna ar fin gadael fy ngwaith ar fy niwrnod olaf fel cymhorthydd canolfan datblygu iaith ym mis Hydref 2022, pan ddaru nhw fy ffonio yn gofyn a o'n i erioed wedi profi trosedd gasineb o dan ddiffiniadau Deddf Cydraddoldeb 2010:

"Dyn gwyn strêt dwi."

"Ond mae gennych chi anableddau, yn does?"

Oedd y ffaith bod pobl anabl yn gallu profi troseddau casineb yn newyddion i mi! Taswn i ond wedi bod yn ymwybodol o hynny yn 2017, 'sgwn i pa mor wahanol 'sa pethau wedi troi allan i mi? Yn anffodus, yn 2017, doedd gen i'm hanner digon o wybodaeth ynglŷn â fy hawliau.

Newidiodd pethau er gwaeth wedi'r honiad fy mod i wedi dweud celwydd. Doedd y mwyafrif o'r staff ddim yn or-hoff ohona i beth bynnag (boi Marmite-aidd fues i erioed). Ond gwaethygu 'nath pethau wrth i amser fynd heibio. Roedd honiadau'n cynnwys haeriad 'mod i byth yn gwneud unrhyw beth yn iawn, 'mod i'n creu chwanag o waith iddyn nhw, a'u bod nhw'n methu dioddef dod i fewn i'r gwaith pan o'n i yno. Aeth y sylwadau negyddol yn eithaf plentynnaidd ar un adeg hefyd, ar sail y ffaith 'mod i'n dod o Harlach. Gan gynnwys y ffaith fy mod i'n dweud "staer" yn lle "grisia", neu "gwair" yn lle "*grass*". Canabis 'di *grass* cyn belled â dwi yn y cwestiwn. A chyn i neb holi, mi o'n i'n berffaith ymwybodol erbyn 2017 o'r gwahaniaeth rhwng tynnu coes diniwed a bod yn greulon er mwyn bod yn greulon. Er enghraifft, dyma ran o sgwrs dwi'n ei chofio rhwng Alan, Larraine a finna yn 2016:

Larraine:	It's a wonder Anthony's mates with you at all, the way you speak to him. It's dreadful!
Alan:	He doesn't mind! Do you, boy?
Fi:	That's how Alan speaks to everyone, isn't it Larraine?
Larraine:	Yes.
Fi:	Well in that case, if he was ever nice to me, I think I'd feel offended.
Alan:	HA! See? I told you he didn't mind abuse!

Creulondeb o'n i'n ei ddioddef yn y gwaith, nid tynnu coes diniwed. A dim ond ambell i enghraifft sy'n y llyfr hwn.

Oedd agwedd fy rheolwr llinell wedi newid hefyd. O'n i'n cael fy nghyhuddo o ailadrodd yr un camgymeriadau dro ar ôl tro. Sydd eto ddim yn gwneud synnwyr, am y rhesymau nes i eu hamlinellu cynt. Rhyw ddwywaith, dair, ar y mwyaf, dwi'n ailadrodd camgymeriad cyn dysgu. Ond oedd y cyhuddiadau yma yn digwydd o hyd ac o hyd. Wedyn, i gael chydig o amrywiaeth, ges i fy nghyhuddo o weiddi ar gydweithiwr i mi. Ddaru'r cyhuddiad yna frifo. O'n i'n nabod rhywun oedd yn digwydd bod o gwmpas yr union adeg a lleoliad lle roedd hyn i fod wedi digwydd. Ymateb y person hwnnw ar ôl i mi ei holi oedd, "Ant, dwyt ti ddim yn gweiddi. Tasa chdi wedi codi dy lais, 'swn i wedi dod i weld beth oedd yn bod."

A sôn am weiddi, ges i uffern o lond ceg – o flaen cynulleidfa hefyd, cofiwch – gan fy rheolwr llinell ar ddiwrnod fy mhen-blwydd yn 2018. A hynny am wastio amser yn helpu hen ŵr bregus oedd yn amlwg angen cymorth. Ges i f'atgoffa na nid gweithiwr cymdeithasol o'n i. Ella wir, ond nid robot di-enaid ydw i chwaith! Ges i neges yn hwyrach ymlaen yn ymddiheuro, gan nad oedden nhw'n 'ymwybodol ei bod hi'n ben-blwydd arnat'. A nes i, y ffŵl ag yr o'n i, dderbyn yr ymddiheuriad. Taswn i'n derbyn neges debyg rŵan, beryg 'sa fy ymateb yn debycach i: 'Felly, byddai'ch ymddygiad wedi bod yn dderbyniol y diwrnod cyn neu'r diwrnod ar ôl fy mhen-blwydd? Dim digon da, sori.' Enghraifft arall o sefyllfa ble dwi'n difaru peidio gadael y swydd yn syth. Dwi byth yn mynd i adael i neb fy nhrin i fel'na eto.

A wyddoch chi be'? Tydw i byth wedi gweithio ar ddiwrnod fy mhen-blwydd ers hynny. Nid fy mod i'n meddwl am eiliad 'sa fy nghydweithwyr presennol, yn sicr ddim fy rheolwr llinell, yn fy nhrin i fel baw byth. Ond yn anffodus, mae profiadau negyddol hefo'r gallu i daflu cysgod hir dros rywun.

***

"Ti yn dalld na bwlio ydi hynny, yn dwyt?"

"Callia Sel, nid yn yr ysgol dwi."

"Nid plant ysgol yn unig ydi bwlis, was."

Mi fuodd David Craik o gymorth mawr i mi yn ystod y cyfnod yma hefyd, ac yntau wedi delio hefo sefyllfaoedd tebyg yn y gorffennol. O'n, mi o'n i'n trafod gwaith hefo ffrindiau a pherthnasau. Wel, doeddwn i'm yn debygol o gael cefnogaeth yn y gwaith, nag o'n? Wedi dweud hynny, a dwi'n gweld hyn yn ddoniol wrth sbio 'nôl, mi ddaru gwaith dalu am sesiynau cwnsela i mi. Rhyfedd, de? Doedd y bwlio ddim yn mynd i stopio, ond roedden nhw'n fodlon talu am therapi er mwyn cocio bach eu bod nhw'n poeni amdana i. Chwarae teg iddyn nhw! Ond rhywbeth braf am y sesiynau cwnsela oedd cael rhywun niwtral yn dweud ei bod hi'n fy nghoelio i. Oedd hynny'n werth y byd i mi ar y pryd. Ddaru'r cwnselydd hyd yn oed lwyddo i sicrhau chwanag o bres gan gwaith ar gyfer chydig o sesiynau ychwanegol, oherwydd ei bod hi'n hollol amlwg iddi hi fod angen y gefnogaeth arna i.

Doedd Alan yn sicr ddim yn hapus hefo sut o'n i'n cael fy nhrin, a finna'n ei ddiweddaru yn rheolaidd yn ystod galwadau FaceTime.

"BETH WEDES I?!"

"Dwi'n gwbod. Oedd dŵad 'nôl i Gymru yn syniad gwael. Ond, fel 'dan ni'n dau yn gwbod yn iawn – doedd gen i'm dewis yn y bôn, nagoedd?"

Ffrind arall o'n i'n eithriadol o falch o gael siarad hefo fo yn ystod y cyfnod tywyll yma yn fy mywyd oedd Gwynfor. Diolch byth imi ei gyfarfod yn Galeri fis Hydref 2017, yn de? Amseru perffaith! O'n i'n hapus iawn i fanteisio ar unrhyw gyfla i dreulio amser yn ei gwmni. Oedd o, ac mae hyn yn dal yn wir hyd heddiw, bob tro yn gwneud i mi deimlo'n well. Dwi'n siŵr 'sa Mam wedi bod yn ofnadwy o falch o'r cymorth dwi wedi'i dderbyn gan Gwynfor beth bynnag. Ond yn sicr 'sa hi wedi bod yn ofnadwy o falch ohono fo yn ystod y cyfnod yma. Mi o'n i'n adrodd wrth Gwynfor yn gyson am yr hyn oedd yn digwydd, ac yntau'n awgrymu camau gweithredu, neu hyd yn oed yn trio gwneud pethau ei hun yn anuniongyrchol i fy nghefnogi. Ddaru ni hefyd dreulio cryn dipyn o amser yng nghwmni'n gilydd yn ystod wsnos yr Eisteddfod Genedlaethol ym Mae Caerdydd. Oedd hi'n braf cael treulio amser yng nghwmni cyfaill (hyd yn oed pan oedd o'n cyfieithu), o ystyried mor wenwynig oedd pethau yn y gwaith erbyn hynny.

Er gwaethaf beth oedd Mam wedi'i ddweud am yr un adeg honno yr aethon ni fel teulu i Steddfod 1997 – a finna'n methu mwynhau o gwbl oherwydd bod gen i gymaint o ofn pobl ar y pryd – nes i ddechrau mwynhau teithio i'r Eisteddfod Genedlaethol bob blwyddyn o 2016 ymlaen.

Er, dim ond am ddiwrnod es i i'r Fenni, a Muffin adra gen i (na, doeddwn i ddim yn gall yn gwneud hynny!) Hyd yma, yr Eisteddfodau gorau i mi eu mynychu ers 2016 (a finna wedi methu mynd i Dregaron) ydi Eisteddfodau Bae Caerdydd a Phontypridd. Am yr agweddau cymdeithasol a'r hwb enfawr i'm hyder, yn bennaf. Braf iawn oedd cwrdd â nifer fawr o 'nghyfeillion Trydar ym Mhontypridd. A dwi'n ddiolchgar dros ben i Jon, ei wraig Sarah, a'u dwy ferch Elena ac Onwy (heb anghofio fy 'nghysgod a 'nghyfaill bach Ianto'r ci) am y croeso cynnes iawn yn eu cartref yng Nghaerdydd yn ystod yr wsnos. Fel sydd bob tro'n wir, wrth gwrs! Diolch yn fawr iawn i chi i gyd!

Un traddodiad sydd gen i pan fydda i'n mynd i'r Eisteddfod (fel y cofiwch chi) ydi prynu llond bag o lyfrau. Ond dwi'n cofio cyn Eisteddfod Bae Caerdydd, o'n i wedi sôn wrth Nia (yr unig ffrind o'r coleg dwi'n dal mewn cyswllt cyson ag o) 'mod i ddim yn pasa prynu chwanag o lyfrau, a finna hefo cymaint heb eu darllen ar fy silffoedd adra. Ond, a finna wedi mentro i babell y Cyngor Llyfrau i bori ('dwn i'm pam es i yno, a finna ddim yn pasa ychwanegu at fy nghasgliad adra), mi 'nath un nofel hawlio fy sylw bron yn syth... *Y Düwch* gan Jon Gower. Roedd y crynodeb ar y cefn, a'r ffaith nad oeddwn i rywsut ('dwn i'm sut, a finna'n darllen cymaint) wedi darllen unrhyw beth gan yr awdur yma o'r blaen, yn ddigon i wneud i mi brynu copi. Dwi'n cofio tynnu llun o'r llyfr a'i anfon at Nia, gan ddweud: 'Dwi'n gwybod nes i ddweud 'mod i ddim yn pasa prynu chwanag o lyfrau. Ond...' Heb yn wybod i mi ar y pryd, byddai'r awdur yn dod yn ddylanwad, yn fentor ac yn gyfaill pwysig dros ben i mi ymhen chydig o flynyddoedd.

Tu hwnt i Faes y Steddfod, roedd pethau'n mynd o ddrwg i waeth yn y gwaith. Ac o ganlyniad, pan oeddwn i ddim yn gweithio, o'n i'n ceisio am swyddi eraill (er enghraifft, swydd cyfieithydd dan hyfforddiant yn y Senedd). Un peth dwi'n ei gofio o'r adeg yma, pan o'n i'n cael cyfweliadau (yng Nghaerdydd yn bennaf, ond weithiau ar gyfer swyddi oedd yn agosach at adra fel Llandudno), ydi'r dull oedd gen i o ymlacio cyn cyfweliad. Os oedd yna lyfrgell yn agos i ble bynnag oedd fy nghyfweliad, byddwn i'n mynd i'r llyfrgell am chydig cyn fy nghyfweliad. Dwi'n cofio treulio cryn dipyn o amser yn llyfrgell ganolog Caerdydd yn 2018 a 2019, yn sgil y nifer o gyfweliadau ges i yn y brifddinas yn ystod y cyfnod yma.

Ond, er gwaetha'r gefnogaeth gan ffrindiau a pherthnasau a'r sesiynau cwnsela, rhwng methu sicrhau swydd yn rhywle arall a phethau yn y gwaith yn mynd o ddrwg i waeth, mi oedd fy iechyd meddwl yn dirywio. Yn debyg i sut oedd jin yn arfer effeithio ar emosiynau Mam, yn ystod y cyfnod yma, roedd wisgi'n cael effaith debyg arna i. Cymaint felly, aeth fy meddyliau i lefydd eithaf tywyll unwaith neu ddwy pan o'n i'n yfad y stwff. Ac mi ddaru hynny godi ofn arna i. Faint o amharch i ymdrechion fy mam ar hyd y blynyddoedd 'sa dod â fy mywyd i ben? No wê 'swn i isho dangos cyn lleiad o barch tuag ati! Oedd y cam yna yn ddatrysiad parhaol ar gyfer problem dros dro (doeddwn i byth yn mynd i fod yn y swydd honno yn yr hir dymor). **I unrhyw un sy'n darllen y gyfrol hon, ac sydd ella'n teimlo'n debyg i sut o'n i, gair o gyngor i chdi. Mae dy fywyd di yn bwysicach o lawar nag unrhyw ffycin swydd. Troi cefn ar swydd wenwynig sydd angen i chdi'i neud, nid troi cefn ar dy fywyd. Wir yr!** Er gwaetha'r ffaith mai fy swydd oedd wrth wraidd y meddyliau tywyll yma, ges i gymaint o ofn, dwi'm 'di yfad wisgi ers blynyddoedd bellach.

Ar y seithfed o Chwefror 2019, ges i fy niswyddo. O'n i'n teimlo fel crap ar y pryd, oherwydd o'n i'n dal i fod wrth fy modd efo'r swydd (idiot!). Yr unig beth dwi'n ei ddifaru erbyn heddiw ydi peidio cerdded i ffwrdd pan ges i fy nghyhuddo o ddweud celwydd am fy anableddau. Dyna be' dwi'n pasa'i wneud os byth y bydd yn rhaid imi brofi rhywbeth tebyg eto. A gan fy mod i'n ymwybodol erbyn hyn na trosedd gasineb ydi'r ffasiwn beth, y tro nesaf, bydda i'n ffonio'r heddlu hefyd.

***

"MR EVANS! GAIR! RŴAN!"

Be' ddiawl dwi wedi'i wneud i bechu hwn, tybed? Dyma fi'n codi o 'nesg, pan o'n i'n gwneud rhywbeth hefo cyfrif Trydar y tîm OPUS, i gael gair hefo Sel tua diwedd mis Tachwedd/dechrau mis Rhagfyr 2017. Cynnig swydd i mi 'nath o, yn gwneud gwaith gweinyddol, ateb y ffôn, prosesu anfonebau ac yn y blaen yng nghartref Frondeg (cartref gofal ar gyfer oedolion gydag anableddau dysgu) yng Nghaernarfon. Dyma fi'n derbyn yn syth! Ac o ganlyniad, rhwng y ddwy swydd oedd gen i erbyn hyn, roeddwn i'n mynd i fod yn gweithio 37 awr yr wsnos i gyd. O'n i'n gweithio'n llawn amser. Gwych! Dim ond dros dro oedd y swydd, rhwng mis Ionawr a diwedd Mawrth 2018, ond gwaith oedd gwaith cyn belled ag o'n i yn y cwestiwn. A gwell byth, oedd hi'n bosib cerdded yno o ble o'n i'n byw ar y pryd.

Gan gydnabod bod y ddwy swydd yn wahanol iawn, roedd y ddwy'n dal yn gofyn ymdrin â phobl a gweithio fel rhan o dîm. Ac er i mi gael fy nhrin fel baw yn y swydd arall, oedd agwedd y staff yn Frondeg yn hollol wahanol. Ges i fy nghroesawu a 'nhrin fel taswn i wedi bod yno erioed. Tra bo cwynion cyson amdana i yn y swydd arall, ni fuodd erioed unrhyw gwynion amdana i yn Frondeg (er mai dim ond am dri mis o'n i yno). Ac roedd y staff yn ei gweld hi'n bechod bod rhaid i mi adael ddiwedd Mawrth. Ac o'n i'n teimlo 'run fath. Taswn i wedi cael dewis naill ai y swydd yn Frondeg, neu'r llall, a hynny'n barhaol, y swydd yn Frondeg 'swn i wedi'i dewis. O'n i'n tynnu ymlaen yn wych hefo pawb yno. Roedd gweithio yno'n bleser pur! Gwrthgyferbyniad llwyr i'r profiadau ges i ac agweddau aelodau staff yn y lle arall tuag ata' i 'nath neud i mi gwestiynu: Ydw i mor annymunol â hynny, os ydi pawb yn Frondeg yn dod ymlaen hefo fi? Dwi'n trin pawb dwi'n ei gyfarfod 'run fath, sef y ffordd dwi'n dymuno cael fy nhrin.

Roedd hi'n ddiddorol cael gweld hefyd y math o le roedd Mam yn ofni 'sa aelodau busneslyd o 'nheulu yn ceisio fy anfon iddo wedi ei marwolaeth. Roedd hi'n amlwg i mi o'r diwrnod cyntaf yn y swydd 'swn i byth yn cael fy nerbyn fel preswylydd yno. Ond y drwg ydi, hyd yn oed heddiw, mae yna ambell unigolyn sydd ddim i'w weld yn dalld y gwahaniaeth rhwng hydroseffalws ac anableddau dysgu. O ganlyniad, dwi'n cadw un llygad barcud ar lefydd i fyw yn fy nihangfa amgen, rhag ofn y bydd yn rhaid i mi ddilyn gorchymyn Mam a diflannu rhyw ben.

***

Roedd Dylan Bryn, Swyddog Datblygu Menter Iaith Bangor (ble roeddwn wedi bod yn gwirfoddoli ers peth amser bellach) wedi penderfynu gostwng yr oriau roedd yn eu gweithio. O ganlyniad, cafodd swydd 'Cymhorthydd Canolfan Datblygu Iaith' rhan amser dros dro ei chreu. Dyma fi'n trio amdani, ac ar ôl y cyfweliad ym mis Chwefror 2020, cynigiwyd y swydd imi – i ddechrau ar y cyntaf o Ebrill 2020 – ac mi nes inna dderbyn. Un cwestiwn oedd gan Alan, pan nes i ei alw ar FaceTime i rannu'r newyddion da:

"Cychwyn swydd ar Ffŵl Ebrill? Yw hynny'n syniad da, gwêd?"

Ond a hitha'n 2020, roedd y ddwy flynedd gyntaf dreuliais i yn y swydd yn wahanol iawn i'r disgwyl! Yn sgil y Pandemig, a gorfod gweithio o adra, Ffŵl Ebrill oedd y peth olaf ar fy meddwl cyn cychwyn y swydd. Y prif bryder oedd gen i oedd 'mod i erioed wedi gweithio o adra o'r blaen. A fyddai hi'n bosib i mi weithio'n effeithiol o adra, tybed?

Diolch i'r drefn roedd Llywela, fy rheolwr llinell, mor gefnogol. Rhwng cyfarfodydd Teams rheolaidd i drafod cynnydd yn y gwaith a chyfarfodydd Panad a Sgwrs (ar Teams) ar gyfer y tîm i gyd, o'n i'n teimlo'n llai pryderus ynglŷn a fy ngallu i gyflawni fy nyletswyddau o adra. Yn bennaf, roedd rhain yn cynnwys meddwl am syniadau ar gyfer digwyddiadau ar-lein trwy gyfrwng y Gymraeg, a'u hybu a'u hyrwyddo. Yn anffodus, hefo cymaint yn digwydd ar-lein ar y pryd, roedd denu cynulleidfa'n heriol ar adegau. Ond serch hynny, ges i wir fwynhad yn y swydd honno. Ac yn debyg i Frondeg, er gwaetha'r angen i weithio o bell, roeddwn yn teimlo 'mod i'n dŵad ymlaen yn arbennig o dda hefo pawb. Sydd eto'n codi'r cwestiwn nes i ei ofyn i fi'n hun pan o'n i'n gweithio yn Frondeg... Ydw i mor annymunol â hynny, os ydi pawb dwi'n gweithio hefo nhw yn dod ymlaen hefo fi?

Erbyn diwedd fy nghyfnod hefo Menter Iaith Bangor fis Hydref 2022, roedd rhywfaint wedi newid. Roedd Swyddog Datblygu newydd gan y Fenter, Mei Owen, ers fis Tachwedd 2021, ac mi o'n i'n gweithio diwrnod yr wsnos (swydd deuddydd yr wsnos oedd hi) yn y swyddfa. Ac er 'mod i erioed wedi bod yn ffan o'r daith bws rhwng Caernarfon a Bangor (yn sgil y bysiau gorlawn, er eu bod nhw'n rhedeg bob chwarter awr), mi oedd hi'n braf gweithio yng Nghanolfan Pobdy, oddi ar Stryd Fawr Bangor, yn hytrach na sbio ar yr un pedair wal trwy'r adeg adra. Ond symud ymlaen oedd raid. A phan welais i hysbyseb ar gyfer swydd Swyddog Iaith Cynorthwyol yng Nghaernarfon, roedd rhaid trio amdani!

***

"Swydd chwe mis 'di hon, 'sdi, Ant. Wyt ti dal isho trio amdani?"

"Yndw tad. Mae'n swydd llawn amser ac yn gyfla i ddatblygu fy sgilia ymhellach."

Dyna'r sgwrs ffôn ges i hefo Llywela ynglŷn â'r swydd ar ôl i mi gyflwyno cais. Swydd arall hefo'r "bastad Cyngor", chwedl fy mam (ar ben y swyddi yng nghartref Frondeg a'r Fenter Iaith, oedd yn dal yn rhan o'r Cyngor ar y pryd). Er iddi hefyd ddweud "beggars can't be choosers", mae sut 'sa Mam wedi teimlo ynglŷn â'r swydd hon yn rhywbeth oedd yn destun pryder mawr i mi. Er, mae Gwynfor wedi llwyddo i fy mherswadio i na fyddai Mam wedi bod yn wrthwynebus.

Cynigiwyd y swydd imi ('dwn i'm sut; doeddwn i'm yn rhy hapus hefo fy mherfformiad yn ystod y cyfweliad) ac mi nes i dderbyn y cynnig, gan ddechrau arni'r wsnos ar ôl gadael fy swydd hefo'r Fenter Iaith fis Hydref 2022. Er 'mod i'n dod i gyswllt hefo'r un bobl yn yr Uned Iaith a Chraffu, dyma fi'n holi'r un cwestiwn eto yn fuan iawn ar ôl cychwyn yn y swydd... Ydw i mor annymunol â hynny, os ydi pawb yma yn dod ymlaen hefo fi? Nid yn unig oedden nhw'n dod ymlaen hefo fi, ond roedd gan bawb fwy o barch ata' i o gymharu â'r swydd gyntaf honno. Yn hytrach na fy nghyhuddo o ddweud celwydd, ymateb Mei Mac (Swyddog

Enwau Llefydd y Cyngor ers mis Medi 2021) pan glywodd am fy hydroseffalws oedd holi am y cyflwr. Er, mae gan Mei Mac fwy o ddeallusrwydd yn ei fys bach nag oedd gan fy rheolwr yn fy swydd gyntaf o'i gorun i'w sawdl. Mae gen i barch mawr tuag at Mei, fel sydd hefyd yn wir am bawb arall dwi wedi gweithio hefo nhw ers 2020, wrth reswm.

Yn ogystal â'r newid o weithio'n rhan amser i lawn amser, roedd y swydd newydd hon yn golygu newid rhwng gweithio hefo'r Gymraeg yn y cyd-destun cymunedol i'r cyd-destun polisi. Ac mae'r her newydd yna wedi cynnig dipyn o gyfleoedd i mi ddatblygu fy hyder yn y gwaith o ganlyniad. Dwi'n ddiolchgar dros ben am y swydd hon (felly hefyd bob swydd dwi wedi'i derbyn ers yr un yn Frondeg) a'r cyfleoedd i ddatblygu sydd wedi amlygu eu hunain yn ei sgil.

***

'Prynhawn da Ant, gobithio dy fod yn cadw'n iawn. Tybed oes gen ti ddiddordeb mewn (a) adolygu ambell lyfr i Nation. Cymru a (b) cyfrannu i gyfres *Letter From...* sy'n mynd i ddechrau ym mis Medi? Os oes gen ti awydd gwneud wna i ffonio ti prynhawn 'ma neu bore fory... ta p'un sy'n siwtio. Cofion gorau, Jon.'

Dim amarch o gwbl i'r bobl dwi wedi gweithio â nhw o gartref Frondeg ymlaen, ond cael fy nhalu am ddarllen ac adolygu llyfrau? Doedd 'na'm angen i Jon (oedd yn gyfaill arbennig o dda i mi erbyn hyn) ofyn ddwywaith ar y degfed ar hugian o Orffennaf 2022! Wrth gwrs nes i gytuno! A gwell byth, roedd yn ffitio o gwmpas fy ngwaith o ddydd i ddydd. Roedd dysgu adolygu yn dipyn o grefft i ddechrau. Ond ar ôl dipyn o gyngor gan Jon, o'n i'n eithaf hyderus. Yr uchafbwynt hyd yma i mi oedd adolygu cyfrolau Cymraeg oedd ar restr fer Llyfr y Flwyddyn 2024. Yn enwedig felly yr her nes i ei gosod i mi fy hun i gyfieithu'r darnau o'r cyfrolau barddoniaeth o'n i'n eu dyfynnu yn fy adolygiadau o'r Gymraeg i'r Saesneg (yn Saesneg dwi'n sgwennu fy adolygiadau o lyfrau Cymraeg). O'n i wedi gwirioni pan ges i'r teitl swyddogol 'Golygydd Llyfrau Cymraeg' ym mis Awst 2024. Ail uchafbwynt 2024 i mi, does 'na'm dwywaith am hynny. Diolch o galon i chdi, Jon am gysylltu hefo fi yn cynnig i mi adolygu llyfrau yn 2022. Yn anffodus, rhwng symud tŷ a sgwennu'r gyfrol hon, dwi'm wedi cael y cyfla i adolygu dim byd ers mis Chwefror 2025. Dwi'n edrych ymlaen yn fawr at ailgychwyn cyn gynted â phosib, rhaid cyfaddef.

Mae fy hanes gyrfaol hyd yma wedi bod yn dipyn o gymysgedd. Wrth edrych tua'r dyfodol, un peth dwi wir isho ydi sefydlogrwydd. 'Sa swydd lawn amser barhaol rhyw ben yn wych! O 'mhrofiad i – hyd yn oed wedi'r cyfnod clo, a'r dystiolaeth ei bod hi'n bosib gwneud nifer o swyddi heb fod angen car – mae nifer o swyddi dwi'n gymwys i'w gwneud yng ngogledd a gorllewin Cymru yn dal i fynnu trwydded yrru a char, a hynny heb brofi'r angen, yn fy meddwl i. Felly er fy mod i wedi ceisio osgoi gorfod symud i ochrau Caerdydd, mae'n edrych yn debygol iawn y bydd rhaid gwneud, yn hwyr neu'n hwyrach. Diolch i'r drefn fy mod i'n hoff iawn o'r ddinas! Ond amser a ddengys, decini. A sôn am y cyfnod clo, oedd hwnnw'n dipyn o newid byd i bawb, yn doedd?

Pennod 21

Cilio rhag y Byd, eto? Cyfnodau clo a chyfeillion newydd

"BE' OEDD PWYNT hynna?"

Ar y pedwerydd ar bymtheg o Fawrth 2020, nes i gwestiynu am y tro cyntaf erioed beth oedd diben apwyntiad ysbyty yn Y Ganolfan Walton. Dwi'n cofio cwestiynu, a Chovid 19 bellach ar ein stepan drws, a oedd hi'n syniad da i mi fynychu'r apwyntiad o gwbl. Roedd hi'n hanfodol bwysig i un o rejistrârs yr Athro Paul May fy ngweld i, oedd yr ymateb ges i.

Dyma fi'n eistedd yn yr ystafell aros, felly. Ystafell aros llawn pobl oedd yn pesychu ac yn tisian! A doedd gen i'm masg ar y pryd, wrth reswm. Dyma un o'r rejistrârs yn galw f'enw. Ac ar ôl i fi ista i lawr, dyma hi'n dweud bod Y Walton wedi penderfynu cynghori bob un o'u cleifion oedd hefo shynt VP (fel fi) i hunanynysu ar unwaith "rhag ofn". Ac felly dwi'n gofyn eto, flynyddoedd wedyn, be' oedd pwynt hynna? Pam nad oedd hi'n bosib i rywun ddweud hynny ar y ffôn, neu anfon llythyr, yn hytrach na disgwyl i mi, a chleifion eraill, beryglu ein hunain ac eraill, trwy ddŵad 'rholl ffordd i'r Ganolfan? Does 'na'm synnwyr yn y peth, nac oes?

Dyma fi'n dychwelyd i'r tŷ yng Nghaernarfon a chloi'r drws ar f'ôl. Doeddwn i ddim yn mynd i fentro allan am rai misoedd. A hyd yn oed wedyn, i ddechrau, dim ond i waelod y stryd at y blwch post fyddwn i'n mynd. Byddai angen dipyn o waith er mwyn codi fy hyder i deithio eto. Ond yn y cyfamser, yn gaeth i'r tŷ o'n i. Diolch i'r drefn (yn ôl fy nhrefn arferol) o'n i newydd gael gwerth mis o siopa bwyd yr wsnos honno. Felly doedd 'na'm rhaid i mi boeni am fwyd am fis arall. Oedd, mi oedd angen pethau fel bara a llefrith ychydig yn amlach. Ond diolch i'r grŵp Cofis Curo Corona a Dewi, oedd yn byw dafliad carreg oddi wrtha i ar y pryd, mi oedd hi'n bosib i mi gael bara a llefrith yn ôl yr angen. Tua diwedd Ebrill nes i sylweddoli bod sicrhau slots ar gyfer archebion bwyd ar-lein yn mynd yn anoddach. A hynny am y rheswm, cwbl amlwg erbyn hyn, bod pawb yn dibynnu arnyn nhw! Rhywsut, doedd hi'm yn bosib i mi gael slot blaenoriaeth, er fy mod i'n hunanynysu. Ges i'm hyd yn oed llythyr swyddogol, fel oedd nifer o 'nghyfeillion bregus wedi'i dderbyn eu hunain. Felly dim ond gair Walton oedd gen i fy mod i ella'n fregus o gwbl. Er, doeddwn i'm yn awyddus i gamblo hefo fy iechyd er mwyn ffeindio allan, chwaith. O ganlyniad, os o'n i isho gwneud siopa bwyd ar-lein, oedd rhaid aros ar fy nhraed tan hanner nos er mwyn bwcio slot wrth i chwanag ohonyn nhw ddod ar gael. Niwsans? Oedd. Ond mi oedd o'n gweithio! Fel arall, tu hwnt i weithio bob dydd Mawrth a Mercher, mi oedd fy mywyd i'n ddigon tawel. Ond mi oedd gen i ddigonedd o lyfrau, DVDs a gemau fideo i 'nghadw i'n brysur.

Er 'mod i erioed wedi bod yn or-hoff o ddathlu fy mhen-blwydd (dwi'm yn hoff iawn o sylw; un o'r rhesymau pam o'n i'n gyndyn o sgwennu'r gyfrol hon), oeddwn i'n methu peidio â chymharu diwrnod fy mhen-blwydd yn 2020, hefo fy mhen-blwydd ddeuddeng mis ynghynt. Yn 2019, o'n i wedi mynd i Lundain ar gyfer gorymdaith gwrth-Frecsit, ac i grwydro'r Natural History Museum a'r National Gallery. Heb anghofio pori drwy siopau llyfrau annibynnol y ddinas! Yn amlwg, roedd fy mhen-blwydd flwyddyn yn ddiweddarach dipyn tawelach! Ond, a finna wedi sôn ar y cyfryngau cymdeithasol nad o'n i wedi rhagweld y byddwn i'n treulio fy mhen-blwydd yn gaeth i'r tŷ, ymysg y nifer o negeseuon yn dymuno pen-blwydd hapus i mi (a dwi'n ddiolchgar dros ben i bawb am eu cyfarchion), 'nath un neges yn benodol ddenu fy sylw:

'Pen-blwydd hapus iawn o Dreganna. Os ga i dy gyfeiriad, wna i hala anrheg hwyr atat... (mwy na thebyg llyfr, oherwydd dwi wastad yn rhoi llyfrau...).'

Oes 'na well anrheg na llyfr? Nac oes! Er, ella 'sa'r Ant deg oed 'nath dderbyn ci bach Labrador lliw siocled fel anrheg pen-blwydd yn anghytuno. Dyma fi felly yn ymateb i'r neges: 'Diolch yn fawr, Jon, gwerthfawrogi'n fawr.'

Deuddydd yn ddiweddarach... cyrhaeddodd copi o *Y Düwch* wedi ei lofnodi! Gan fod llyfrau hefo llofnod gan yr awduron yn werth dipyn mwy i mi na llyfrau heb lofnod, o'n i wrth fy modd! Ac roedd gen i esgus perffaith i ail-ymweld â'r stori, a mwynhau yr ail ymweliad lawn cystal â'r un cyntaf! Penderfynais chwilio am gartref newydd i'r copi brynais i 'nôl yn 2018. A gan i fy nghyfaill Sel fy nghyflwyno i nofelau Llwyd Owen (*Yr Ergyd Olaf*, i fod yn fanwl gywir), dyma fi'n penderfynu rhoi'r copi o *Y Düwch* brynais i yng Nghaerdydd yn 2018 i Sel, y tro nesaf i mi ei weld. Fel y soniais i yn y bennod am lyfrau, cyrhaeddodd *Y Dial*, dilyniant i *Y Düwch*, wedyn ym mis Awst 2020, cyn i Jon yna gysylltu i holi a oedd gen i awydd cymryd rhan mewn arbrawf llenyddol o fath, ac awgrymu syniadau am yr hyn o'n i am ei weld yn digwydd nesaf. Ac wrth gwrs, erbyn i *Y Diwedd* weld golau dydd, o'n i wedi gwneud cameo yn ail hanner y nofel (syniad Jon, nid fi).

Ond yn ogystal â llyfrau, mae Jon wedi bod o gymorth anferth mewn ffyrdd eraill. Fel y soniais i ym mhennod Eric, ers symud i Gaernarfon gyntaf, o'n i wedi bod yn dioddef dipyn o aflonyddwch gan fy landlord. Ddaru o hyd yn oed gyfaddef ar un pwynt ei fod o'n gadael llonydd i'w denantiaid eraill, ac mai dim ond oherwydd fy nam golwg (llwch ar *skirting boards* yn benodol, oedd yn "peryglu 'structural integrity' yr eiddo", os coeliwch chi'r ffasiwn beth) oedd o yn aflonyddu arna i bob munud. 'Ta waeth, mi ddoth y landlord i'r tŷ ar yr wythfed o Dachwedd 2021 am dros dair awr ac ugian munud, ac mi fuodd o'n afiach hefo fi o'r eiliad y cyrhaeddodd o. O'n i'n cadw cofnod o'r hyn oedd yn digwydd ar y cyfryngau cymdeithasol. O ganlyniad, mi welodd Jon yr hyn o'n i'n ei sgwennu, a ges i neges: 'Beth yw dy rif ffôn Ant? Gweld dy fod yn cael amser gwael, felly'n meddwl y byddai'n neis cael gair er mwyn anghofio'r peth... ac er mwyn gweld a alla i helpu mewn unrhyw ffordd... Jon.' Dyma fi'n anfon fy rhif ffôn, gan nodi 'swn i'n gwerthfawrogi sgwrs yn fawr unwaith i'r landlord fynd. Ac ar ôl iddo fo adael, dyma fi'n rhoi gwybod i Jon, ac mi ffoniodd o yn syth, chwarae teg. Ac o gofio'r hyn dwi wedi'i ddweud o'r blaen am sut dwi'n cael fy argraff gyntaf o bobl wrth eu lleisiau, 'nath Jon fy nharo fel person oedd yr un mor garedig ag oedd ein sgyrsiau ar-lein wedi'i awgrymu. Ar ôl i mi egluro'r sefyllfa, dyma fo'n awgrymu i mi gael sgwrs hefo'i gyfaill, Sel Jones, oedd hefo rhywfaint o wybodaeth ynglŷn â hawliau tenantiaid. Roedd y sgwrs ges i hefo Sel yn hynod werthfawr. 'Swn i'n dweud fod y cymorth ges i ganddo fo a Jon yn amhrisiadwy.

I gau pen y mwdwl ar y stori aflonyddwch (er bod hynny'n mynd tu hwnt i'r cyfnodau clo; Gorffennaf 2024), roeddwn i'n dal i brofi aflonyddwch ar ôl hyn. Ac roedd Jon wedi nodi ei awydd, fwy nag unwaith, i fod yn bresennol yn ystod un o ymweliadau'r landlord. Mi oedd diwrnod gwobrwyo Llyfr y Flwyddyn yn cynnig y cyfla perffaith, gan fod Jon a finna'n mynd i fod yn Galeri ar gyfer y noson wobrwyo. O'n i wrth fy modd felly, a'r landlord yn y tŷ, pan ddaeth cnoc ar y drws. Er i ddim byd gael ei ddweud (roedden ni'n dau i lawr staer yn trafod y noson wobrwyo tra bo'r landlord yn y stafell folchi yn gwneud rhywbeth), y diwrnod canlynol ges i alwad ffôn gan fy landlord yn cadarnhau nad oedd am ddŵad ar gyfyl fy nghartref bellach, oni bai fy mod yn adrodd problem. Nes i adael i Jon wybod yn syth. Mi 'nath hyn gadarnhau i mi fod yr hyn ddwedais i wrth Meic yn wir. Doedd 'na'm pwynt cael rhywun di-Gymraeg fel Eric yno. Os oedd pethau am altro, roedd angen rhywun oedd yn siarad Cymraeg yn fy nghornel. Dwi'n ddiolchgar dros ben i Jon am ddŵad i'r tŷ y diwrnod hwnnw. Diolch anferth i chdi, gyfaill!

***

Digwyddodd rhywbeth annisgwyl yn ystod y cyfnod clo. Nes i ganfod fy mod wedi cael fy nghynnwys mewn grŵp DM ar Drydar. Bwriad y grŵp yma, gafodd ei greu gan gyfaill i mi oedd yn defnyddio'r llysenw 'Dic Penderyn' (do'n i ddim yn siŵr ynglŷn â defnyddio dy enw iawn yma, Dic, ond ti'n gwybod pwy wyt ti), oedd trefnu cyfarfodydd Zoom rheolaidd er mwyn creu gofod i gymdeithasu a rhoi'r byd yn ei le.

Rhaid cyfaddef, un fantais o gael fy mwlio gymaint 'stalwm oedd fy mod i'n ddigon hapus yn fy nghwmni fy hun. Doeddwn i'm yn saff a o'n i'n mynd i elwa rhyw lawar o'r sgyrsiau Zoom yma. Ond, ymhen ychydig fisoedd o chwerthin a rhoi'r byd yn ei le, o'n i'n dechrau dweud ar ddiwedd y cyfarfodydd eu bod nhw wir wedi gwneud lles i mi. Ac mae hynny'n wir. Diolch yn fawr iawn i Dic am eu trefnu, ac i Si wedyn am gymryd yr awenau ar yr ochr drefnu wrth i amser fynd heibio. Ddaru pawb oedd ynghlwm â'r cyfarfodydd Zoom yma roi hwb mawr i mi yn ystod y cyfnodau clo.

Mi gafodd yr aflonyddwch o'n i'n ei brofi gan y landlord ei grybwyll yn ystod y cyfarfodydd Zoom yma. Ac ynta'n rhedeg cwmni gosod eiddo myfyrwyr, dwi'n cofio Si yn cynnig teithio i'r gogledd er mwyn cael golwg i weld pa mor wael oedd y tŷ gen i. Dyma fo'n troi i fyny'n gwisgo masg, yn amlwg, ac yn cael golwg o gwmpas, cyn dweud:

"6/10. Mae yna bethau yma. Ond tydyn nhw ddim yn bethau 'sa rhywun rhesymol yn disgwyl i chdi'u gweld hefo dy nam golwg."

"Boi afresymol iawn ydi fy landlord, yn anffodus."

***

Dwi wedi crybwyll arbrofion a chyfarfodydd Zoom yng nghyd-destun y cyfnod clo. Sy'n arwain yn daclus, gobeithio, ataf fi'n helpu Gwynfor, am unwaith. Am resymau amlwg, roedd gwaith Gwynfor wedi symud ar-lein. O ganlyniad, byddwn i'n cael ceisiadau achlysurol i "arbrofi" hefo gosodiadau Zoom ei hun, clustffonau, neu'r ddau beth, er mwyn sicrhau bod Zoom yn mynd i ganiatáu iddo fo allu cyfieithu yn ystod cyfarfodydd heb drafferth. Gan ei fod o wedi bod yn gymaint o gymorth i mi byth ers i ni gyfarfod gyntaf, dwi wrth fy modd, wrth reswm, pryd bynnag dwi'n cael cyfla i fod o gymorth iddo yntau. Er, mae hynny'n wir am bawb. Dwi wrth fy modd yn helpu pobl! Ac er y byddai ambell i nam technolegol yn codi yn ystod yr arbrofion yma, gwell eu bod nhw'n codi yn ystod yr arbrofion na'r cyfarfodydd eu hunain, yn de? Wedi i ni lwyddo i sicrhau bod popeth yn gweithio'n iawn, byddai hi'n braf cael sgwrs sydyn bob tro. Fel y soniodd Gwynfor yng Nghaerdydd, ma' siŵr 'sa Mam wrth ei bodd ein bod ni'n gyfeillion cystal!

Felly, er i agweddau o'r pandemig brofi'n heriol i fi, yn enwedig felly yr archebion bwyd, dwi'n teimlo'n ffodus dros ben fod gen i ddigon o gefnogaeth, gan gynnwys cyfeillion newydd (rhai fel Jon a'i deulu). Ac roedd hi'n wych cael bod o gymorth, yn hytrach na rhywun oedd yn derbyn cymorth yn unig heb gael rhoi 'nôl.

Ella 'mod i, fel pawb arall, wedi gorfod cilio rhag y byd. Ond diolch i Zoom, galwadau FaceTime, galwadau ffôn, llyfrau a ffilmiau, mi ddoth y byd ata' i.

Pennod 22

Y Gwir yn erbyn y Byd

A FINNA WEDI agor y gyfrol yn trafod celwyddau, dyma fi'n cloi hefo'r gwir.

Yn gyntaf, mae popeth dwi wedi'i gynnwys yn y gyfrol hon yn wir. Fel nes i sôn ar y dechrau, y gwir sy'n bwysig, nid fi. Sy'n golygu bod rhai pethau yn gwneud i mi edrych yn wael. Ond dyna ydi hanfod y gwir, yn de? Siarad yn agored am bopeth. Hyd yn oed y pethau afiach mae rhywun wedi'u gwneud. A dyna pam dwi wedi crybwyll y ffaith imi gwffio hefo Nat a tharo Mam.

Dyma rai o'r pethau dwi wedi'u dysgu ar hyd y blynyddoedd, sy'n wir:

Dwi'n ffodus iawn o 'nheulu.

Nid plant ac athrawon ysgol yn unig ydi bwlis, fel y dysgais i yn fy swydd gyntaf.

Mae pobl ffeind a charedig yn bodoli. Oes, mae 'na bobl annifyr yn y byd yma. Gormod ohonyn nhw o lawar. Ond mae'r bobl ffeind a charedig dwi wedi'u cyfarfod ar hyd y blynyddoedd, sydd bellach yn gyfeillion imi, yn werth y byd i mi.

Hyd yn oed tu hwnt i'r bedd, mae Mam bob tro'n gywir. Yn benodol, ble mae Gwynfor yn y cwestiwn.

Fel y dysgais i am y tro cyntaf yn Yr Ariannin: nid pob ci sy'n gyfeillgar.

Boi cŵn ydw i, serch hynny.

Mae gen i'r gallu i wneud mwy nag o'n i wedi'i sylweddoli. Gan gynnwys siarad yn gyhoeddus a theithio i ben draw'r byd.

Dwi ddim yn Eisteddfodwr ystrydebol. Ond dwi'n mwynhau crwydro Cymru a mentro cystadlu, hyd yn oed.

Dwi'n fwy styfnig nag o'n i wedi'i sylweddoli. Chydig dros un ar ddeg o flynyddoedd oedd rhaid aros rhwng digartrefedd a chael cartref addas. Yn yr un modd (gan anwybyddu'r swydd gyntaf), mi ges i waith yn y diwedd. Swydd barhaol 'di'r nod nesaf.

Does 'na'm ots pa waith dwi'n ei wneud, cyn belled â fy mod i'n llwyddo i dalu am fwyd, talu rhent a biliau.

Dwi wedi newid dipyn. Dwi'n sicr yn fwy hyderus. Gobeithio 'mod i ddim wedi newid gormod!

Pennod 23

Annwyl Mam

Annwyl Mam,

'Dan ni'n sgwrsio dipyn yn y fynwant (ia, sgyrsiau unochrog, fel oeddach chdi'n eu cael hefo fi pan o'n i'n fabi, ond sgyrsiau 'run fath), ond dyma lythyr i chdi.

Dwi'n gwybod, "Paid BYTH â sgwennu unrhyw beth lawr sy'n debygol o ddŵad 'nôl i dy frathu di!" Dyna un o'r rhesymau pam o'n i mor nerfus ynglŷn â sgwennu'r llyfr 'ma, 'sdi. Ond, chdi ddwedodd fy mod i'n llyfr agored, yn de? Mae'n bwysig i bawb ddalld hynny amdana i, decini. Wel, pawb sy'n dalld Cymraeg beth bynnag.

Dwi wedi teithio i'r Ariannin erbyn hyn. Cyn i chdi ddweud, dwi'n gwybod fy mod i'n dal angen mynd i Wlad y Basg a'r Eidal. Dwi am fynd, gaddo.

'Sa chdi'n synnu faint o ffrindiau sydd gen i erbyn hyn. Ffrindiau sy'n bobl, 'lly. Gan gynnwys Gwynfor a'i deulu. Dwi'n dal heb gael ci ers colli Muffin. Ond mi ydw i'n pasa gwneud hynny cyn hir, rŵan 'mod i'n byw yn rhywle sy'n caniatáu cadw cŵn. Dwi'n gwybod 'sa chdi'n teimlo bod Alan yn ddylanwad drwg (ac yntau wedi deu'tha i am beidio â'i alw fo'n "chi"). Ond mae o'n hen foi iawn, 'sdi.

Mae pawb adra'n iawn. Ti'n gwybod dy hun pa mor aml

dwi'n dŵad adra i dy weld. A phawb arall, pan maen nhw o gwmpas. Ma' siŵr 'sa chdi'n gwirioni bod Gwynfor yn gynghorydd sir ar ran Harlach.

Mae pawb yn ochrau Lerpwl yn iawn. 'Sa chdi'n hen nain erbyn hyn, 'sdi. A chditha'n poeni am Nick tasen ni wedi symud i Gaernarfon fel teulu, sut 'sa chdi'n teimlo ynglŷn â fo'n byw yn St Helen's, tybed? Dwi'n dal yn gwrtais hefo Eric bob tro dwi'n ei weld. Er, mae'n cau siarad hefo fi ar y funud, ers ffeindio allan am fy enw, ar ôl iddo fo a Sioned fy helpu i i symud.

Dwi'n dal wrthi'n trio dod o hyd i waith parhaol. Bechod nad oedden ni'n dau wedi sylweddoli cymaint o broblem 'sa gweithio yng Nghymru heb drwydded yrru. Ond, fel yn achos popeth arall nes di ofyn i mi'i wneud, dwi am aros yma, gaddo. Oni bai bod angen i mi ddiflannu, yn de? Er, dwi ddim yn gweld hynny'n digwydd rŵan. Ond mi wna i, os bydd rhaid.

Bechod dy fod di'n methu dŵad i lansiad y llyfr 'ma. Dwi'n gwybod 'sa chdi yn y rhes flaen. Dy law di 'sa'r gyntaf i fyny er mwyn holi cwestiynau ar y diwedd. A dwi'n gwybod hefyd 'sa chdi'n gofyn i Gwynfor am bâr o glustffonau "er mwyn cael dalld y boi 'na o'r de sy'n holi Ant". Dwi'n siŵr, er 'sa chdi'n mynnu siarad Saesneg hefo fo, 'sa chdi a Jon yn dŵad ymlaen yn dda iawn. A 'sa hynny'n wir am fy ffrindiau'n gyffredinol, decini.

Dyma'r cyntaf o nifer o lyfrau dwi'n pasa eu sgwennu, Mam. Gobeithio bod y llyfr hwn, a'r rhai sydd eto i ddod, yn dy blesio di.

Caru chdi, ac yn dy golli di llwyth,
Ant. XXXX

Hefyd o'r Lolfa:

£11.99

£11.99

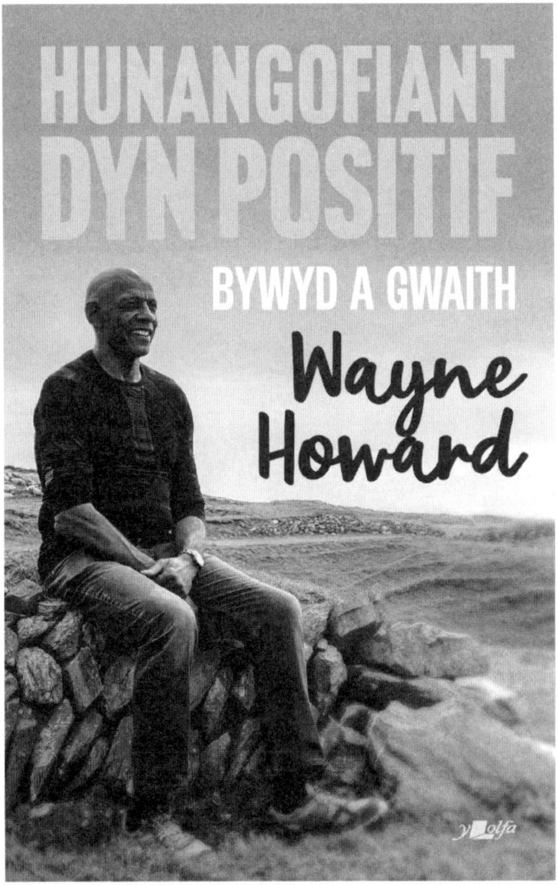
HUNANGOFIANT
DYN POSITIF
BYWYD A GWAITH
Wayne
Howard
y Lolfa

£9.99

£11.99

Marged Berry
y olfa
NEST
FERCH·RHYS
'Campwaith. Mi wnes i ei llowcio hi.'
Sioned Erin Hughes

£11.99